쉽고 재미있게 생각하는 연산!

연산력 수학

노크

B1
(7세~초1)

가르기와 모으기

똑!똑! 연산력 수학
노크의 구성

연산 학습 ▶ 하루에 4쪽씩 한 가지 주제를 학습합니다.

이미지 활동을 통해 배울
내용을 이해해요.

활동을 통해 배운 내용을 연습해요.

공부한 날짜를 적어 보며
학습 관리를 해요.

평가 ▶ 배웠던 주제를 평가해 봅니다.

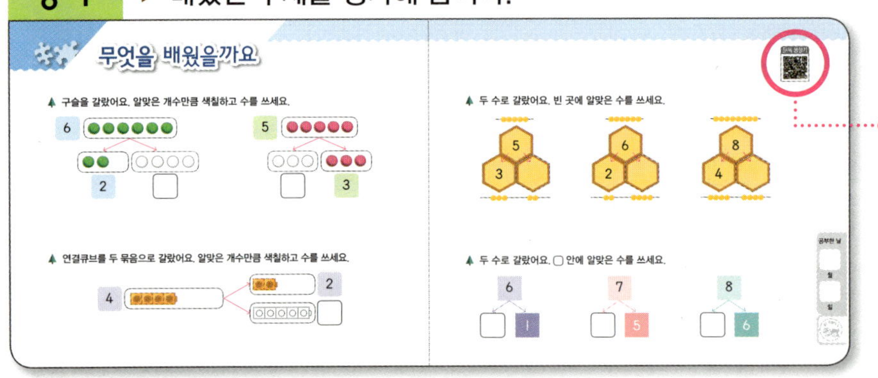

"문제 생성기" QR코드를 이용하면
여러 문제를 더 풀어 볼 수 있어요.

연산 보충 학습 ▶ 연산 학습의 부족한 부분을 연습합니다.

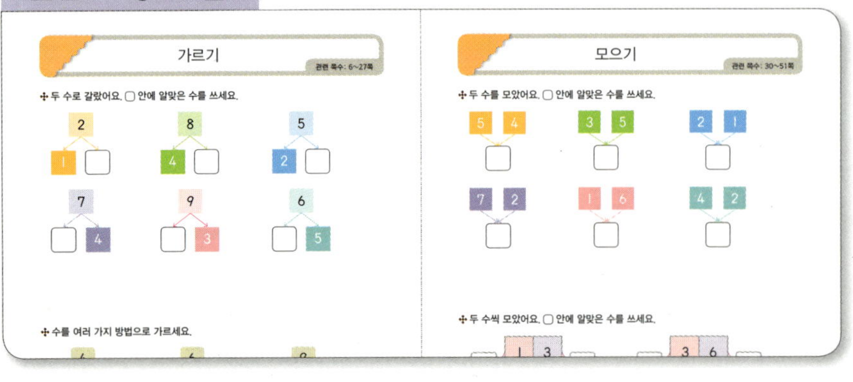

각 주제별로 학습했던 연산 학습 중 연습
이 더 필요한 부분을 본책 맨 뒤에서 제공
합니다.
해당 연산 학습을 끝낸 후에 사용하세요.

연산력 수학 노크

정답

가르기와 모으기

쉽고 재미있게
생각하는 연산!
연산력 수학
노크

121 두 묶음으로 가르기 (I)

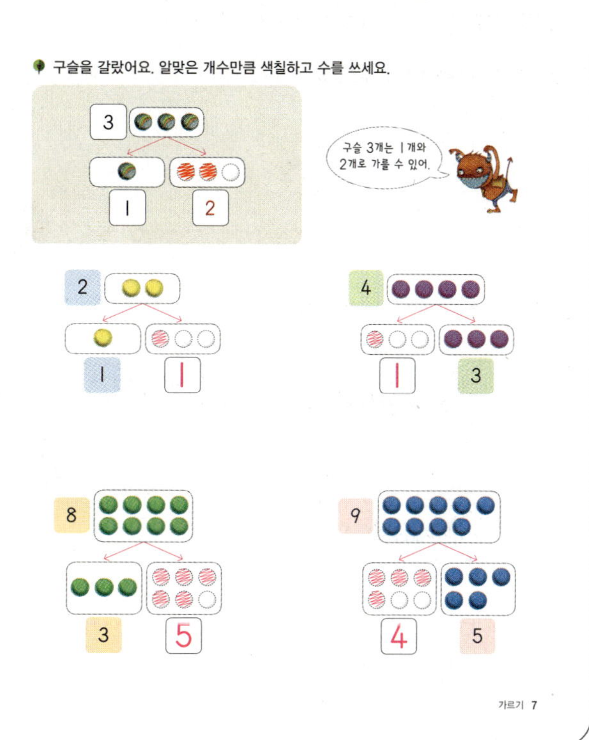

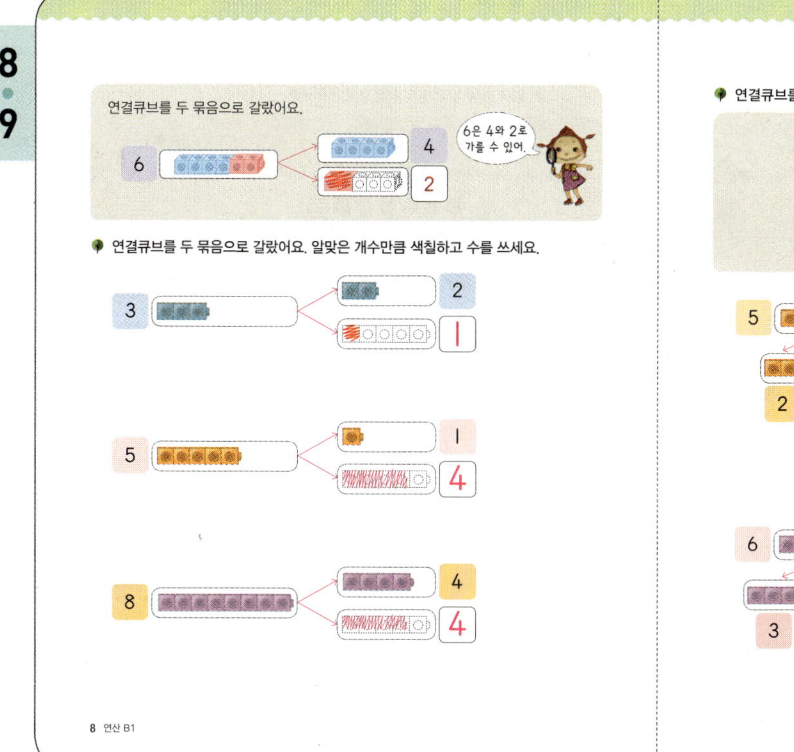

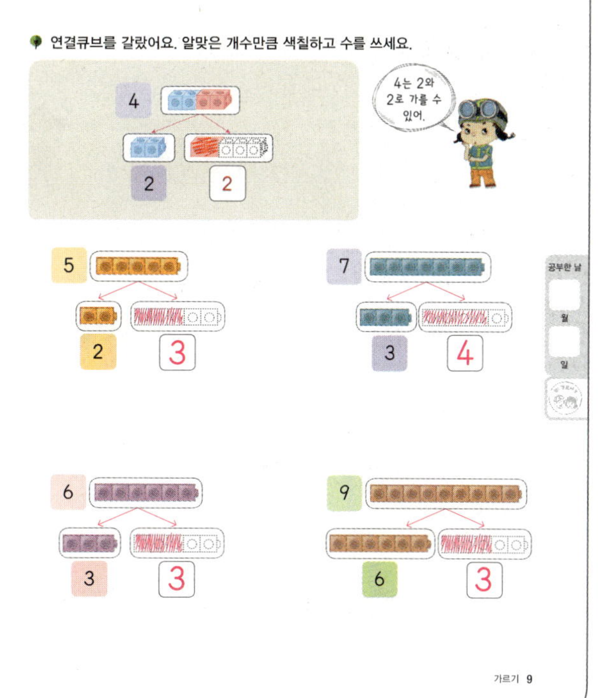

122 두 묶음으로 가르기 (2)

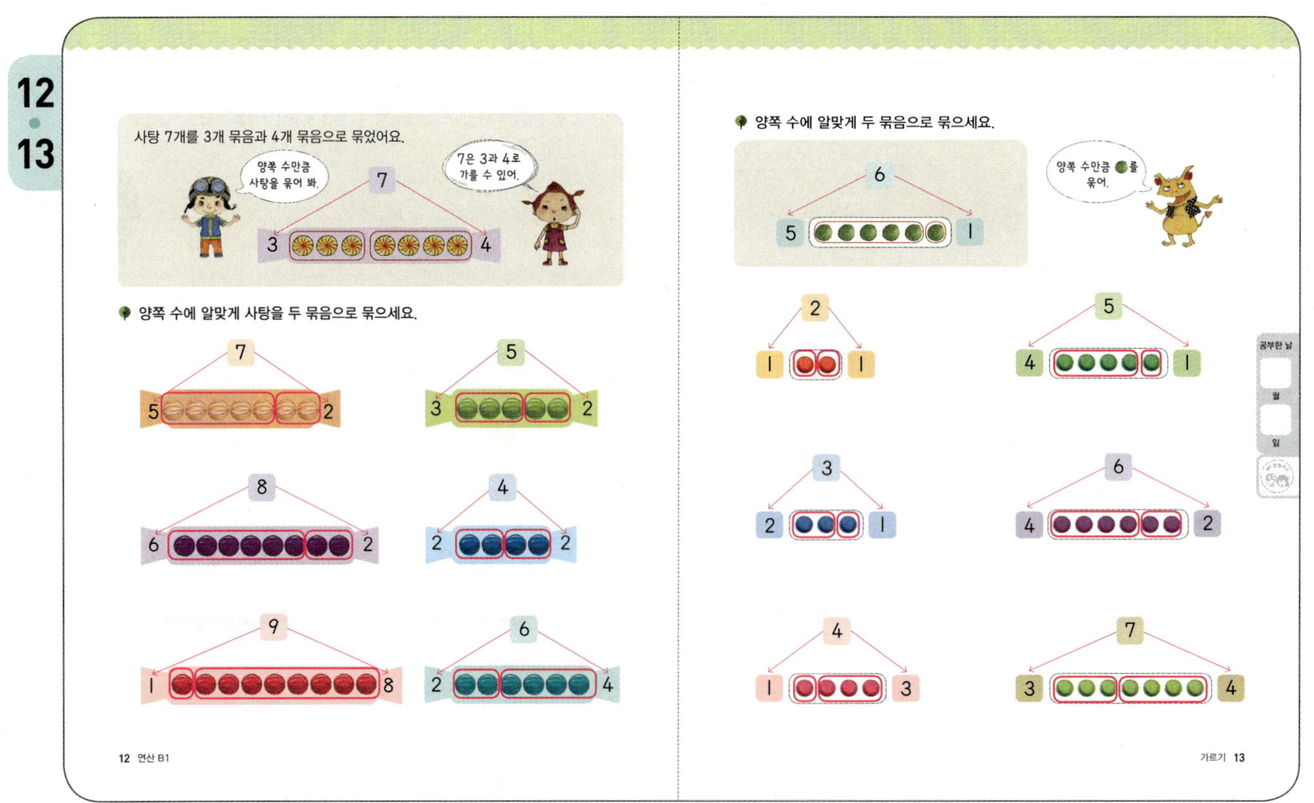

123 개수만큼 가르기

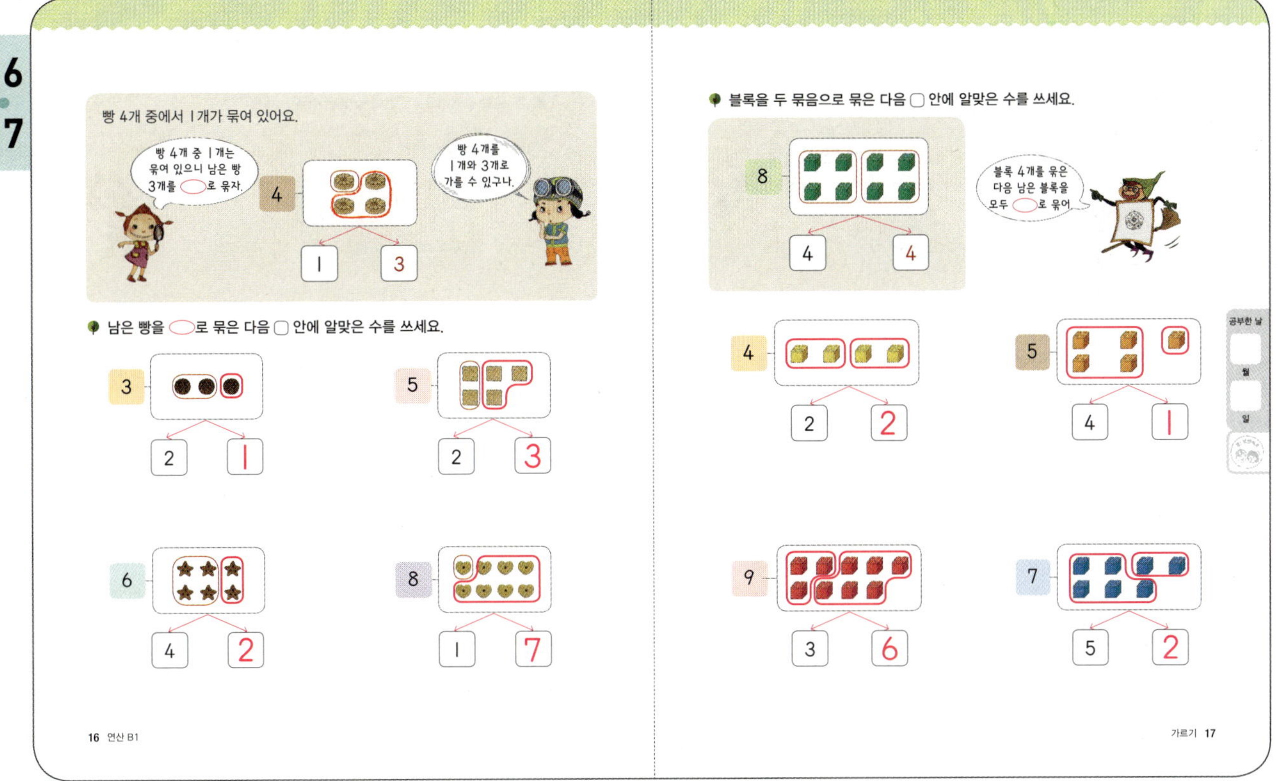

공부한 날
월
일

정답 **3**

18
19
124 수 가르기
벌집에서 위에 있는 수를 두 수로 갈라 아래에 써요.
꿀 4방울이
있어.
4
3 1
3방울과 1방울로
가를 수 있어.
두 수로 갈랐어요. 빈 곳에 알맞은 수를 쓰세요.
3
1 2
7
6 1
8
3 5
5
4 1
6
3 3
9
4 5
두 수로 갈랐어요. ◯ 안에 알맞은 수를 쓰세요.
5
2 3
5는 2와 3으로
가를 수 있어.
2
1 1
3
2 1
6
4 2
7
2 5
9
5 4
4
1 3
5
3 2
8
7 1
9
7 2
18 연산 B1
가르기 19

20
21
태경이와 지오가 8을 두 수로 가르려고 해요.
8은 2와 6으로
가를 수 있어.
8
2 6
두 수로 갈랐어요. 빈 곳에 알맞은 수를 쓰세요.
4
1 3
6
4 2
9
2 7
5
2 3
7
5 2
8
7 1
두 수로 갈랐어요. ◯ 안에 알맞은 수를 쓰세요.
7
1 6
7은 1과 6으로
가를 수 있어.
3
2 1
4
2 2
5
1 4
6
3 3
6
1 5
8
5 3
8
4 4
9
8 1
9
3 6
공부한 날
월
일
20 연산 B1
가르기 21

125 여러 가지 가르기

공 7개를 여러 가지 방법으로 갈라 보았어요.

🌳 그림을 보고 수를 여러 가지 방법으로 가르세요.

8
3 5   6 2   4 4

6
5 1   3 3   2 4

🌳 그림을 보고 수를 여러 가지 방법으로 가르세요.

아이들이 각자 지붕에 적힌 수를 두 수로 갈라서 창문에 썼어요.

🌳 ◯ 안의 수를 여러 가지 방법으로 가르세요.

5
3 2
1 4
2 3

8
1 7
6 2
4 4

7
4 3
6 1
5 2

9
5 4
2 7
3 6

🌳 수를 여러 가지 방법으로 가르세요.

7
1 6
2 5
3 4
4 3
5 2
6 1

8
1 7
2 6
3 5
4 4
5 3
6 2
7 1

9
1 8
2 7
3 6
4 5
5 4
6 3
7 2
8 1

공부한 날
월
일

정답 **5**

26
27
무엇을 배웠을까요
구슬을 갈랐어요. 알맞은 개수만큼 색칠하고 수를 쓰세요.
6   2   4
5   2   3
연결큐브를 두 묶음으로 갈랐어요. 알맞은 개수만큼 색칠하고 수를 쓰세요.
4   2   2
구슬을 두 묶음으로 갈랐어요. 각 묶음의 개수를 세어 ☐ 안에 쓰세요.
8   5   3
9   7   2
두 수로 갈랐어요. 빈 곳에 알맞은 수를 쓰세요.
5   3   2
6   2   4
8   4   4
두 수로 갈랐어요. ☐ 안에 알맞은 수를 쓰세요.
6   5   1
7   2   5
8   2   6
그림을 보고 수를 여러 가지 방법으로 가르세요.
9   3   6   5   4   1   8
공부한 날
월
일
26 연산 B1
가르기 27

30
31
126 하나로 모으기 (1)
태경이와 지오가 각자 가지고 있는 콩 주머니를 하나로 모았어요.
콩 주머니 5개와 1개를 모으자.
5   1
5와 1을 모으면 6이네.
6
구슬을 모았어요. 알맞은 개수만큼 색칠하고 수를 쓰세요.
3   2   3   5
5   8
구슬을 모았어요. 알맞은 개수만큼 색칠하고 수를 쓰세요.
2   1
3
구슬 2개와 1개를 모아서 세면 모두 3개야.
1   4   5
3   3   6
6   2   8
4   5   9
30 연산 B1
모으기 31

32·33

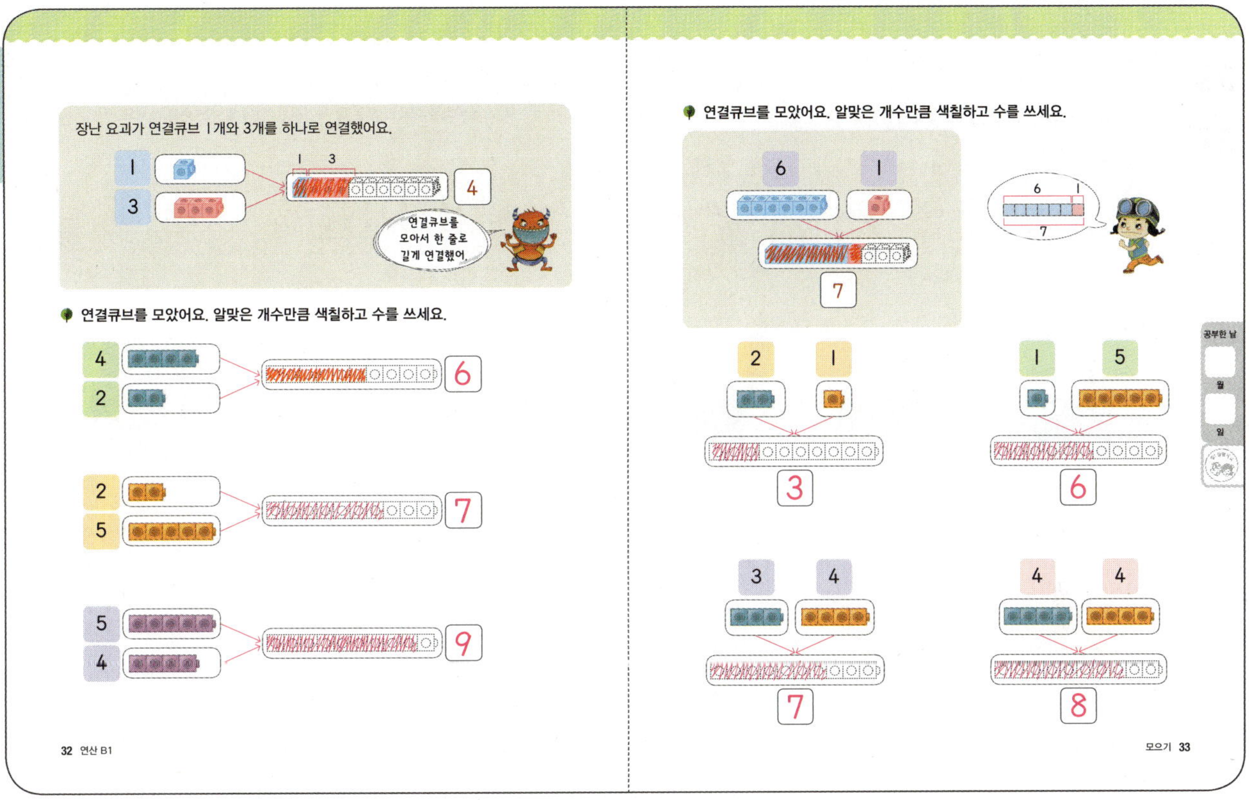

장난 요괴가 연결큐브 1개와 3개를 하나로 연결했어요.

1, 3 → 4

연결큐브를 모아서 한 줄로 길게 연결했어.

● 연결큐브를 모았어요. 알맞은 개수만큼 색칠하고 수를 쓰세요.

4, 2 → 6

2, 5 → 7

5, 4 → 9

● 연결큐브를 모았어요. 알맞은 개수만큼 색칠하고 수를 쓰세요.

6, 1 → 7

2, 1 → 3

1, 5 → 6

3, 4 → 7

4, 4 → 8

공부한 날 월 일

34·35

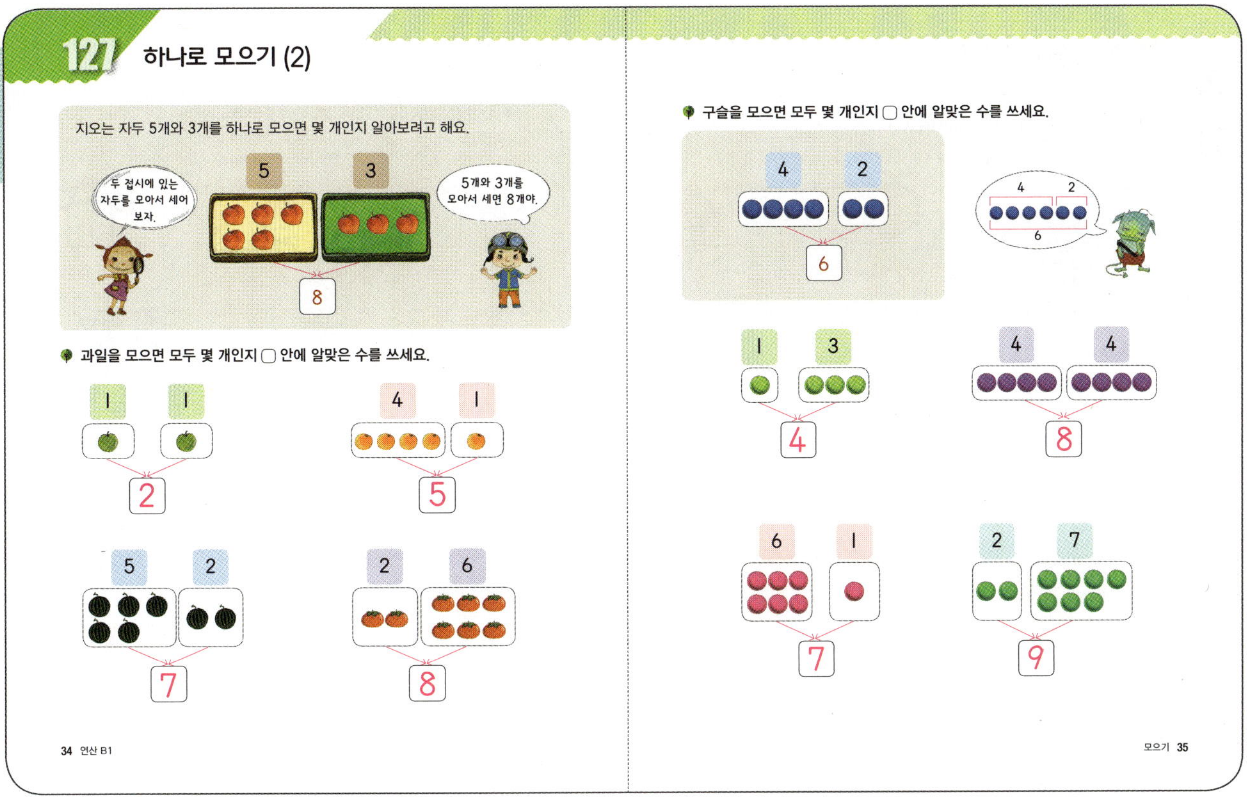

127 하나로 모으기 (2)

지오는 자두 5개와 3개를 하나로 모으면 몇 개인지 알아보려고 해요.

두 접시에 있는 자두를 모아서 세어 보자.

5, 3 → 8

5개와 3개를 모아서 세면 8개야.

● 과일을 모으면 모두 몇 개인지 ▢ 안에 알맞은 수를 쓰세요.

1, 1 → 2

4, 1 → 5

5, 2 → 7

2, 6 → 8

● 구슬을 모으면 모두 몇 개인지 ▢ 안에 알맞은 수를 쓰세요.

4, 2 → 6

1, 3 → 4

4, 4 → 8

6, 1 → 7

2, 7 → 9

36 · 37

태경이와 지오는 도미노의 양쪽 점의 수를 모두 세어 보았어요.

● 도미노의 양쪽 점의 수를 모았어요. ☐ 안에 알맞은 수를 쓰세요.

2 2 → 4
3 5 → 8
1 5 → 6

4 3 → 7
2 6 → 8
5 4 → 9

● 크레파스를 모으면 모두 몇 개인지 ☐ 안에 알맞은 수를 쓰세요.

3 3 → 6

4 1 → 5
3 2 → 5

3 6 → 9
1 7 → 8

38 · 39

128 수 모으기

태경이는 두 곳에 있는 꿀을 모으려고 해요.

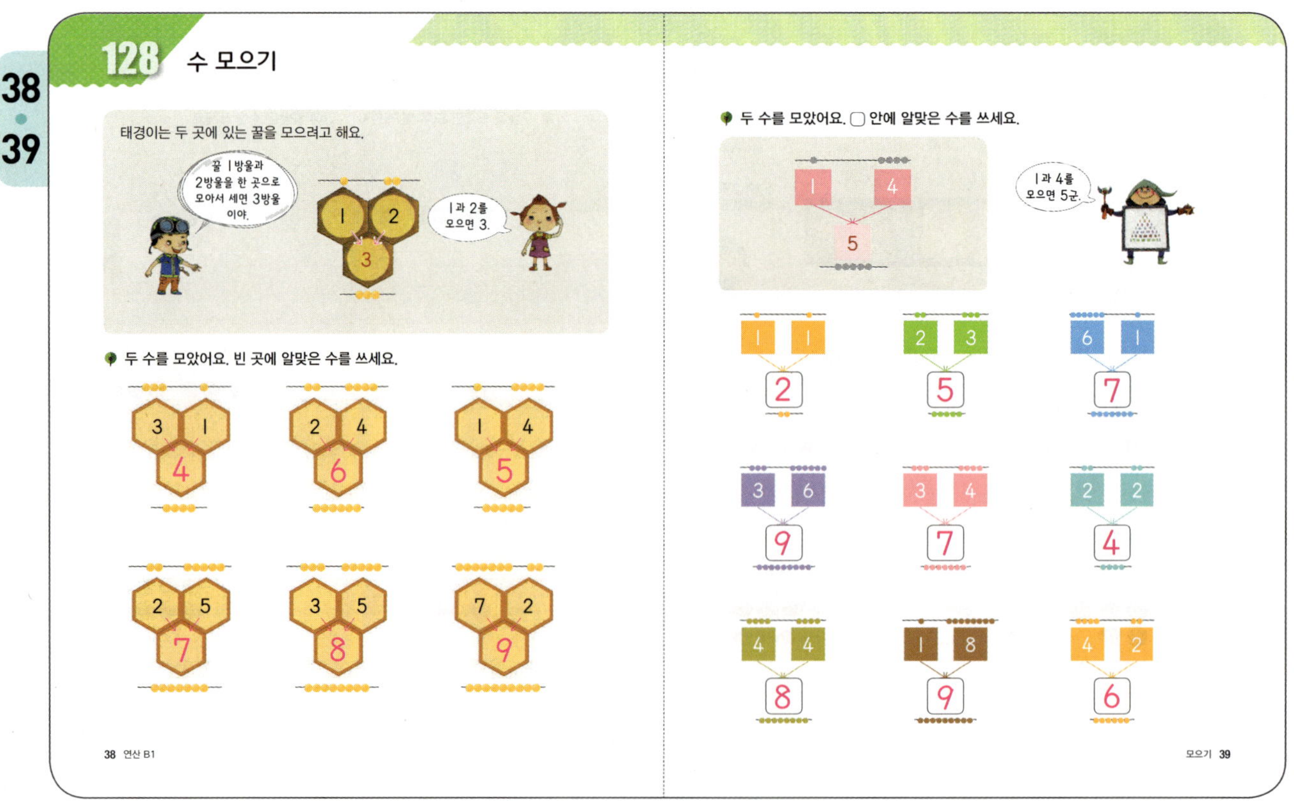

● 두 수를 모았어요. 빈 곳에 알맞은 수를 쓰세요.

3 1 → 4
2 4 → 6
1 4 → 5

2 5 → 7
3 5 → 8
7 2 → 9

● 두 수를 모았어요. ☐ 안에 알맞은 수를 쓰세요.

1 1 → 2
2 3 → 5
6 1 → 7

3 6 → 9
3 4 → 7
2 2 → 4

4 4 → 8
1 8 → 9
4 2 → 6

보석에 적힌 두 수를 모으려고 해요.

두 수를 모았어요. 빈 곳에 알맞은 수를 쓰세요.

3 3 → 6
2 5 → 7
1 3 → 4

5 1 → 6
3 6 → 9
6 2 → 8

두 수를 모았어요. ⬜ 안에 알맞은 수를 쓰세요.

2 1 → 3
1 4 → 5
3 4 → 7

4 1 → 5
1 3 → 4
5 2 → 7

3 3 → 6
3 5 → 8
8 1 → 9

---

129 네 방향 모으기

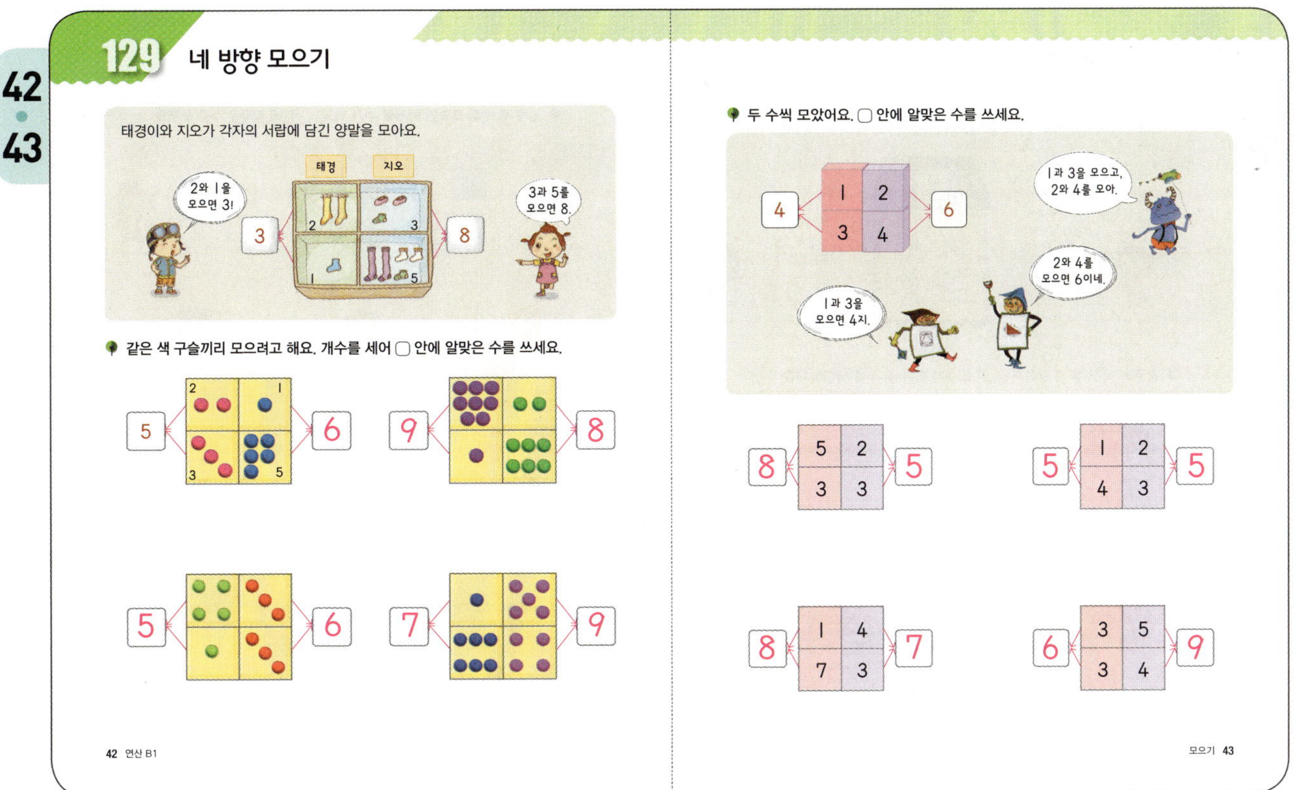

같은 색 구슬끼리 모으려고 해요. 개수를 세어 ⬜ 안에 알맞은 수를 쓰세요.

5 ← [2 1 / 3 5] → 6
9 ← → 8
5 ← → 6
7 ← → 9

두 수씩 모았어요. ⬜ 안에 알맞은 수를 쓰세요.

8 ← [5 2 / 3 3] → 5
5 ← [1 2 / 4 3] → 5
8 ← [1 4 / 7 3] → 7
6 ← [3 5 / 3 4] → 9

44 · 45

초콜릿에 적힌 수를 네 방향으로 모아요.

🌱 수를 네 방향으로 모았어요. ☐ 안에 알맞은 수를 쓰세요.

🌱 수를 네 방향으로 모았어요. ☐ 안에 알맞은 수를 쓰세요.

---

46 · 47

130 모아서 수 만들기

지오와 태경이가 창문에 적힌 수 중 모아서 5가 되는 두 수에 색칠해요.

🌱 창문에 적힌 수 중 모아서 ◯ 안의 수가 되는 두 수에 색칠하세요.

🌱 위쪽 두 수를 모으면 아래쪽 수가 돼요. ☐ 안에 알맞은 수를 쓰세요.

10 연산 B1

48 · 49

50 · 51

무엇을 배웠을까요

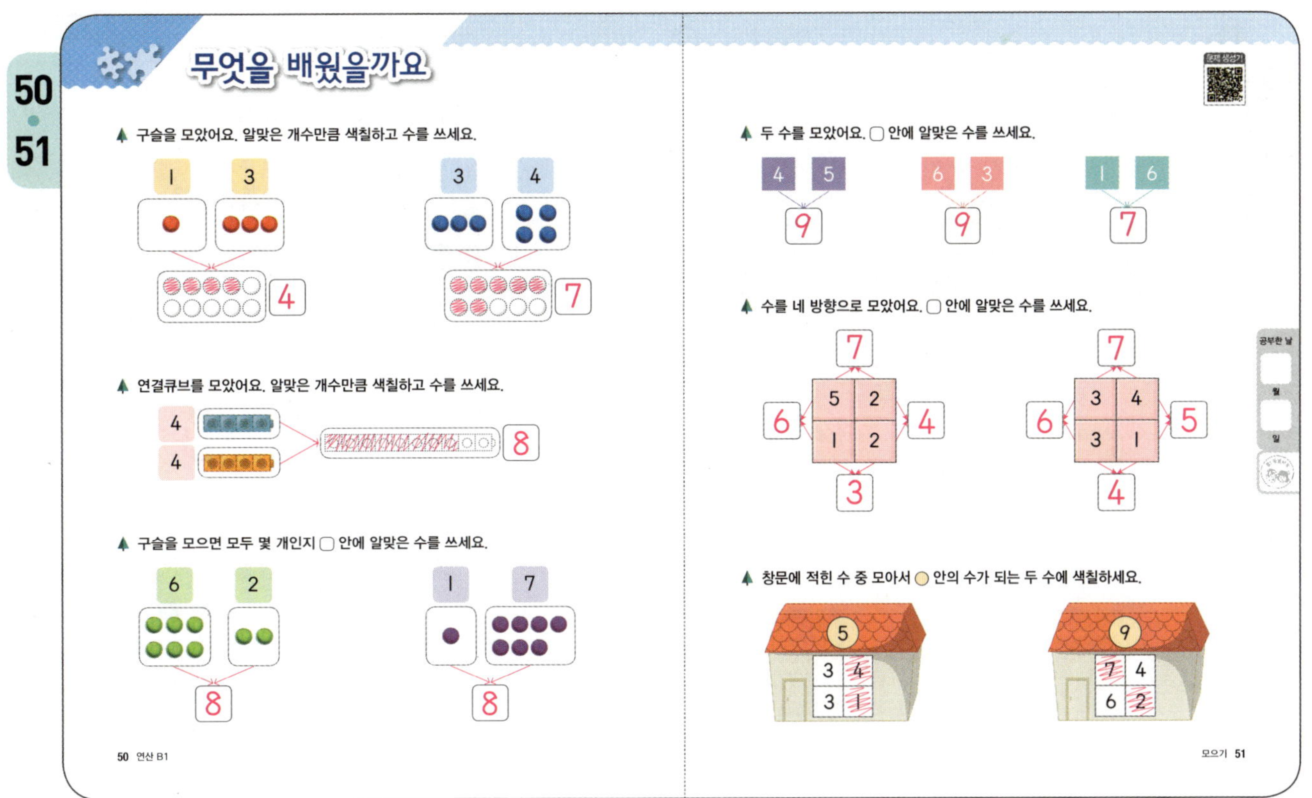

131 영역 나누기

54 · 55

태경이와 지오가 구슬 5개를 3개와 2개로 나누었어요.

🌱 점선을 따라 두 점을 잇는 선을 긋고 나누어진 사탕의 수를 각각 세어 ⬜ 안에 쓰세요.

🌱 점선을 따라 두 점을 잇는 선을 긋고 나누어진 구슬의 수를 각각 세어 ⬜ 안에 쓰세요.

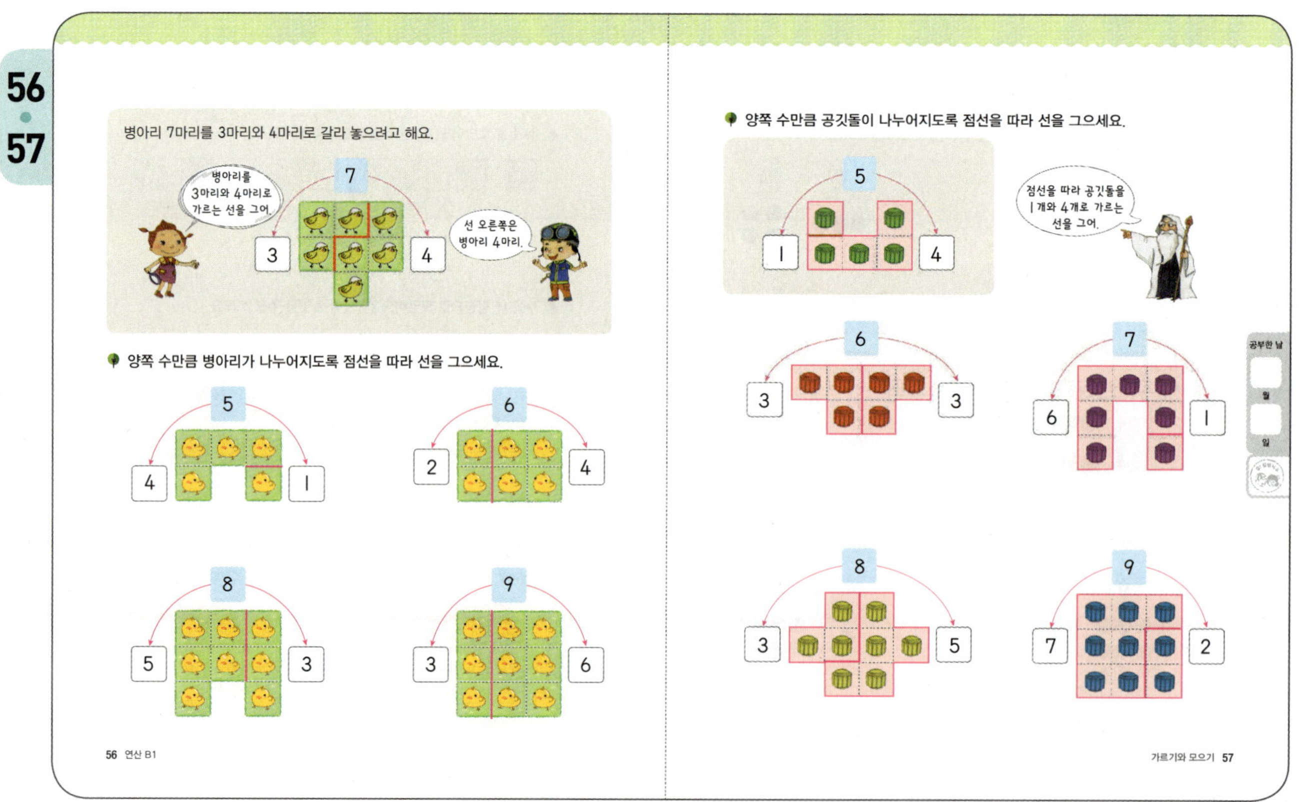

56 · 57

132 똑같이 가르기

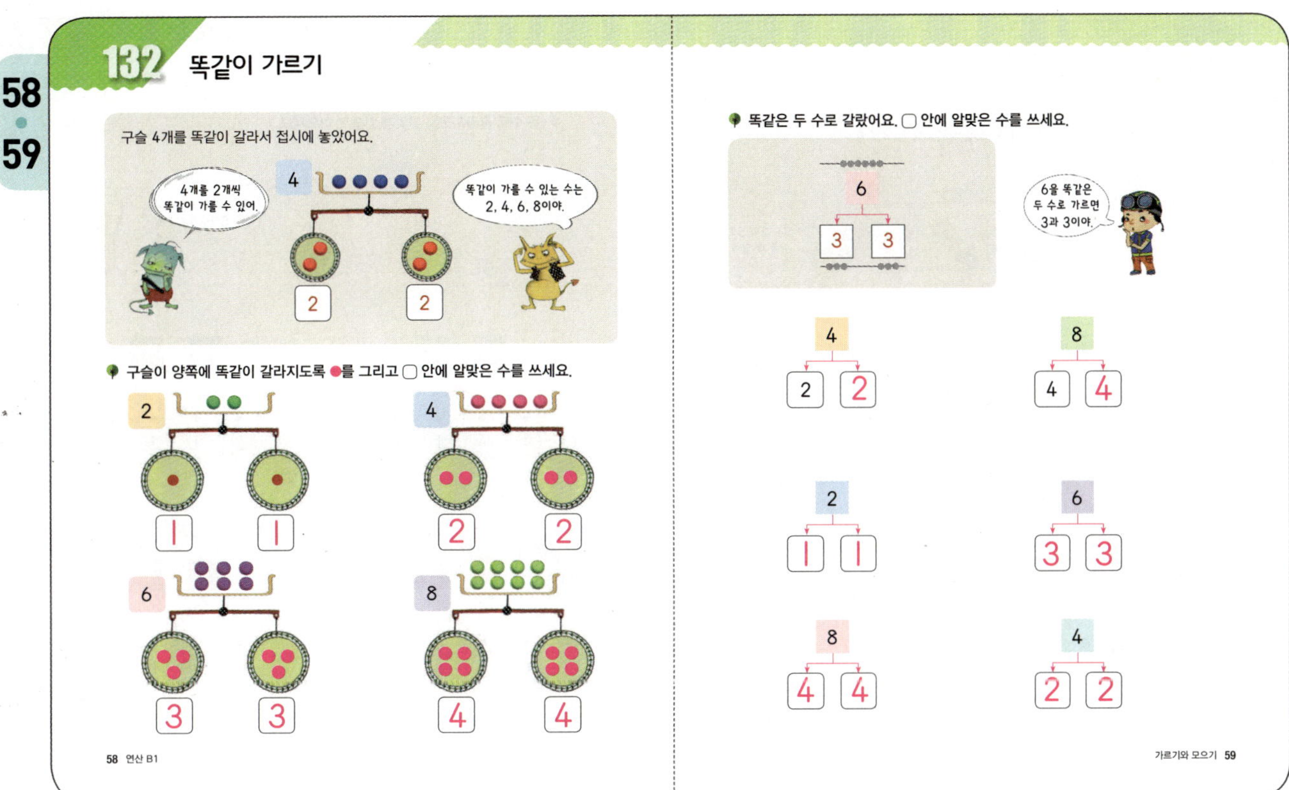

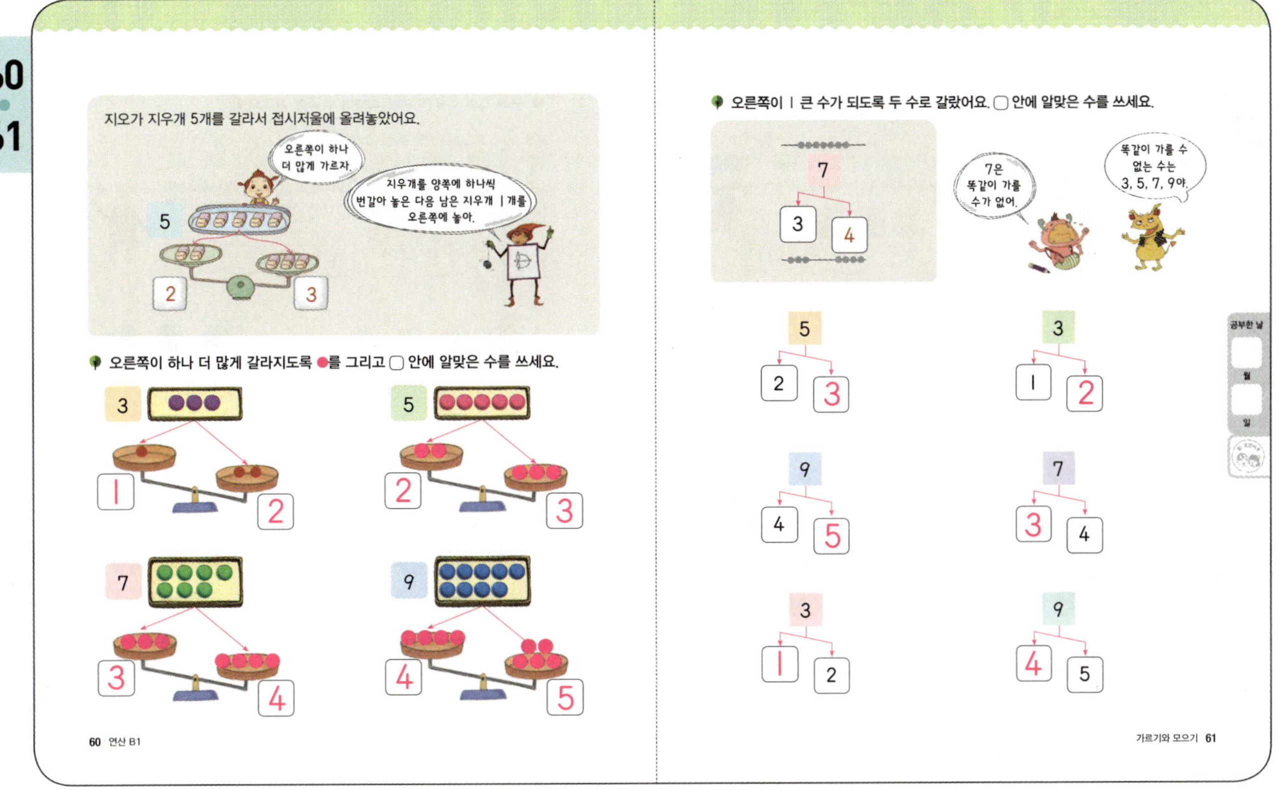

정답 **13**

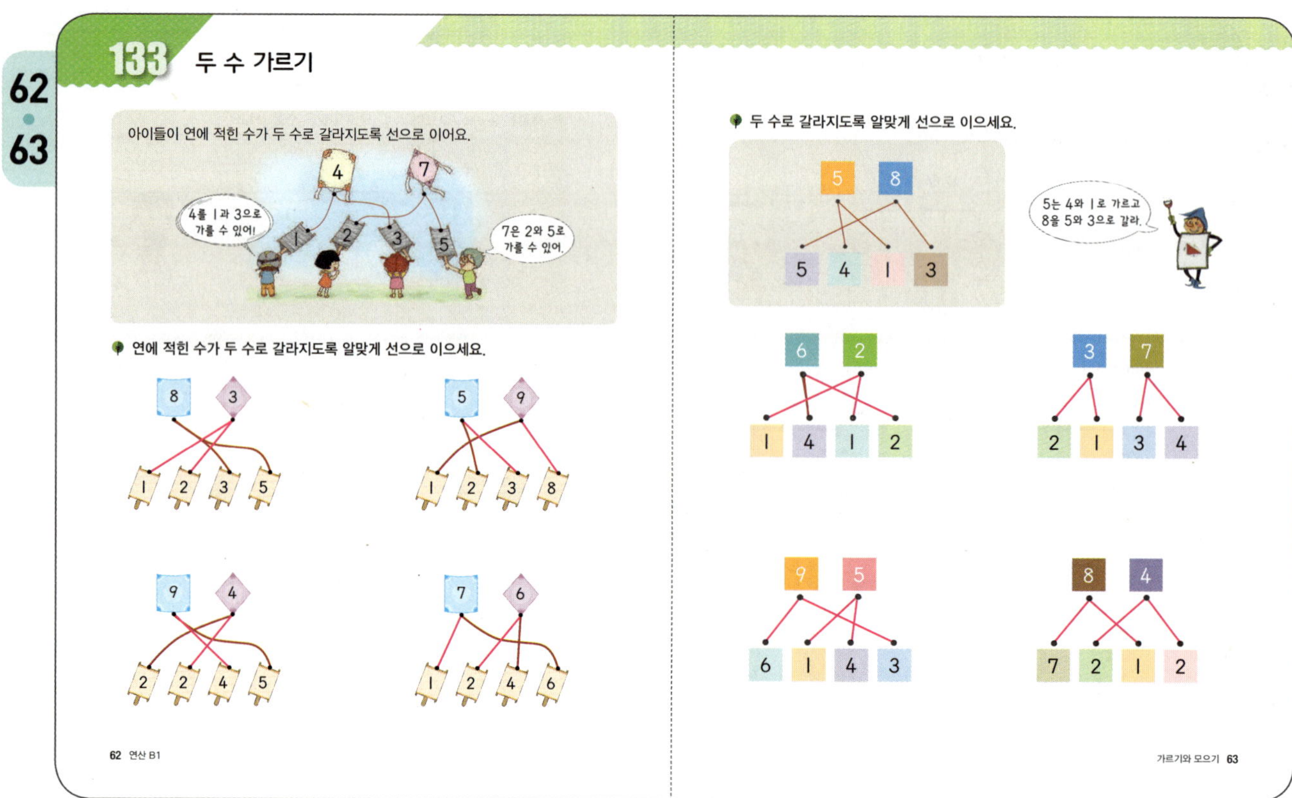
62
63
133 두 수 가르기
아이들이 연에 적힌 수가 두 수로 갈라지도록 선으로 이어요.
4
7
4를 |과 3으로 가를 수 있어!
7은 2와 5로 가를 수 있어.
연에 적힌 수가 두 수로 갈라지도록 알맞게 선으로 이으세요.
8 3
| 2 3 5
5 3
| 2 3 8
9 4
2 2 4 5
7 6
| | 4 6
두 수로 갈라지도록 알맞게 선으로 이으세요.
5 8
5 4 | 3
5는 4와 |로 가르고 8을 5와 3으로 갈라.
6 2
| 4 | 2
3 7
2 | 3 4
9 5
6 | 4 3
8 4
7 2 | 2
62 연산 B1
가르기와 모으기 63

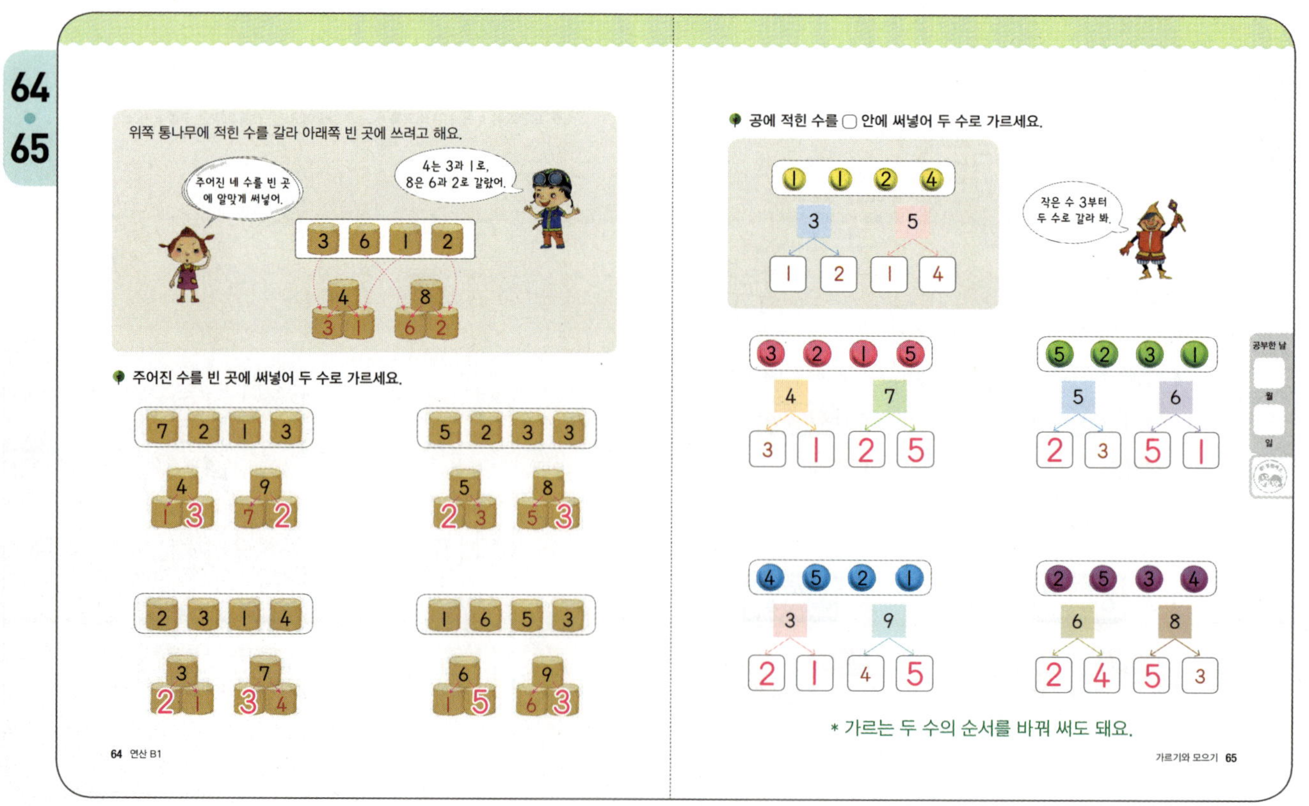
64
65
위쪽 통나무에 적힌 수를 갈라 아래쪽 빈 곳에 쓰려고 해요.
주어진 네 수를 빈 곳에 알맞게 써넣어.
4는 3과 |로, 8은 6과 2로 갈랐어.
3 6 | 0
4 8
3 | 6 2
주어진 수를 빈 곳에 써넣어 두 수로 가르세요.
7 2 | 3
4 9
| 3 7 2
5 2 3 3
5 8
2 3 5 3
2 3 | 4
3 7
2 | 3 4
| 6 5 3
6 9
| 5 6 3
공에 적힌 수를 □ 안에 써넣어 두 수로 가르세요.
| | 2 4
3 5
| 2 | 4
작은 수 3부터 두 수로 갈라 봐.
3 2 | 5
4 7
3 | 2 5
5 2 3 |
5 6
2 3 5 |
4 5 2 |
3 9
2 | 4 5
2 5 3 4
6 8
2 4 5 3
* 가르는 두 수의 순서를 바꿔 써도 돼요.
공부한 날
월
일
64 연산 B1
가르기와 모으기 65

134 두 수 모으기

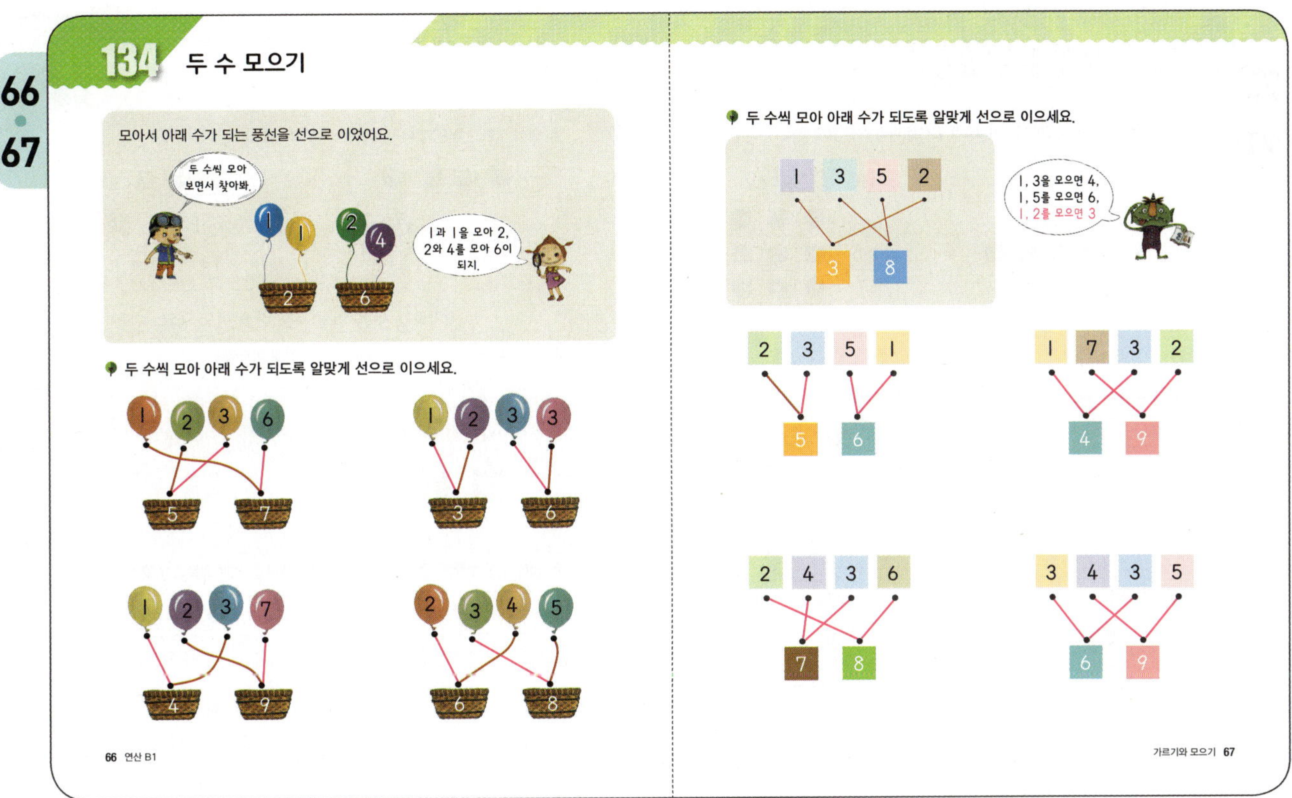

정답 **15**

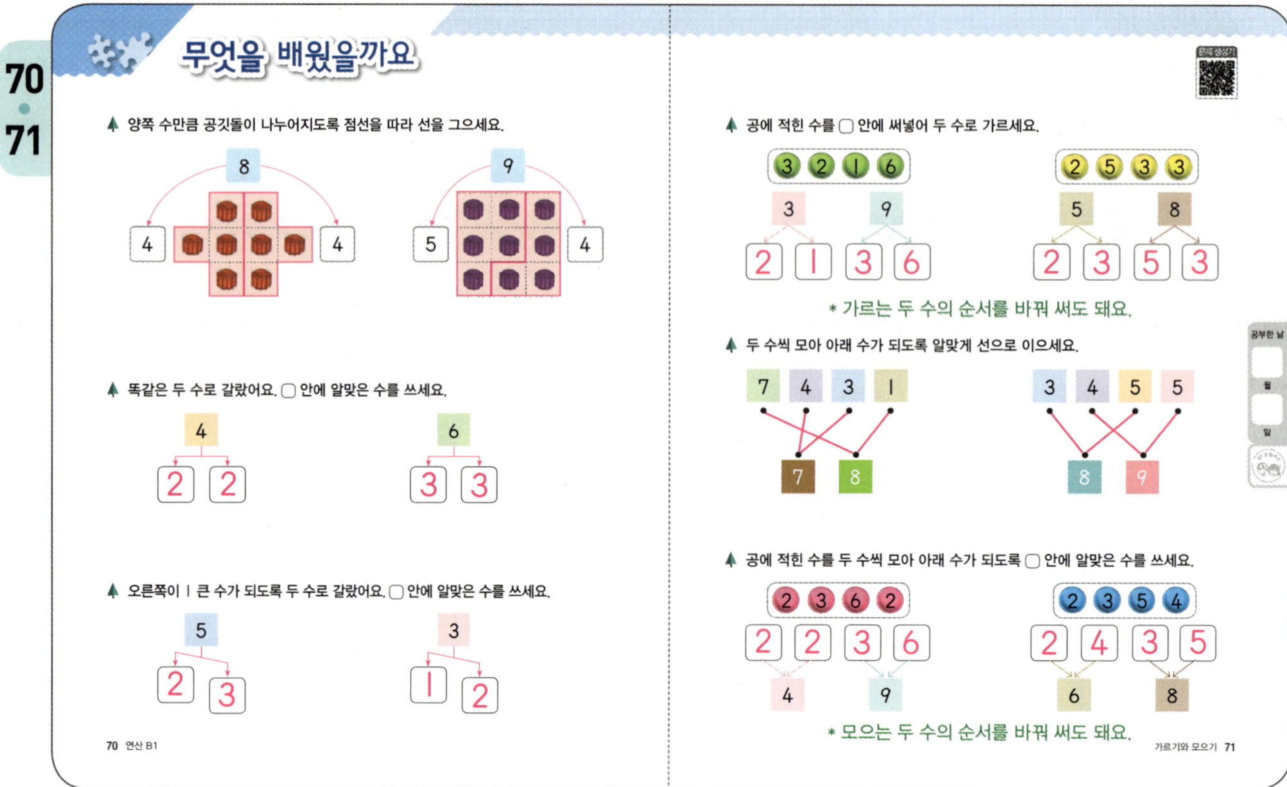

70
71
무엇을 배웠을까요
양쪽 수만큼 공깃돌이 나누어지도록 점선을 따라 선을 그으세요.
8
4 4
9
5 4
똑같은 두 수로 갈랐어요. ☐ 안에 알맞은 수를 쓰세요.
4
2 2
6
3 3
오른쪽이 1 큰 수가 되도록 두 수로 갈랐어요. ☐ 안에 알맞은 수를 쓰세요.
5
2 3
3
1 2
공에 적힌 수를 ☐ 안에 써넣어 두 수로 가르세요.
3 2 1 6
3 9
2 1 3 6
2 5 3 3
5 8
2 3 5 3
* 가르는 두 수의 순서를 바꿔 써도 돼요.
두 수씩 모아 아래 수가 되도록 알맞게 선으로 이으세요.
7 4 3 1
7 8
3 4 5 5
8 9
공에 적힌 수를 두 수씩 모아 아래 수가 되도록 ☐ 안에 알맞은 수를 쓰세요.
2 3 6 2
2 2 3 6
4 9
2 3 5 4
2 4 3 5
6 8
* 모으는 두 수의 순서를 바꿔 써도 돼요.
70 연산 B1
가르기와 모으기 71
공부한 날
월
일

74
75
135 이중 가르기
포도에 적힌 수를 두 수로 가르고 또 갈라요. 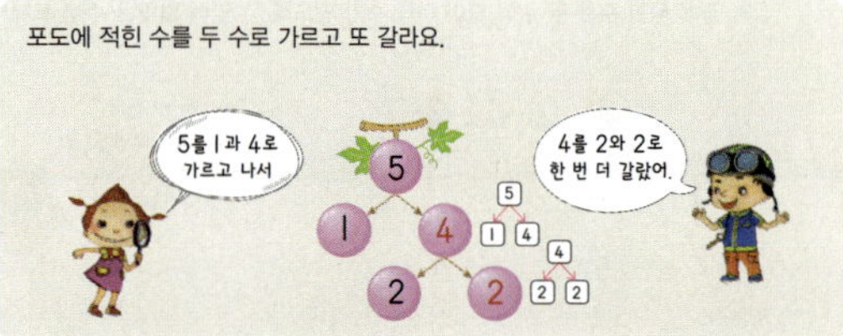
5를 1과 4로 가르고 나서
4를 2와 2로 한 번 더 갈랐어.
5
1 4
2 2
두 수로 가르고 또 갈랐어요. 빈 곳에 알맞은 수를 쓰세요.
6
3 3
2 1
7
1 6
2 4
위에서부터 차례대로 구하자.
8
4 4
1 3
9
7 2
4 3 
두 수로 가르고 또 갈랐어요. ☐ 안에 알맞은 수를 쓰세요.
7 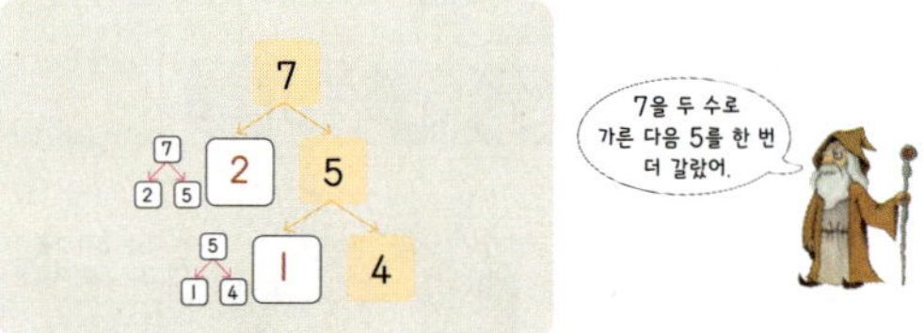
2 5
1 4
7을 두 수로 가른 다음 5를 한 번 더 갈랐어.
5
2 3
1 2
8
2 6
3 3
9
3 6
2 1
7
3 4
2 1
74 연산 B1
이중 가르기와 모으기 75

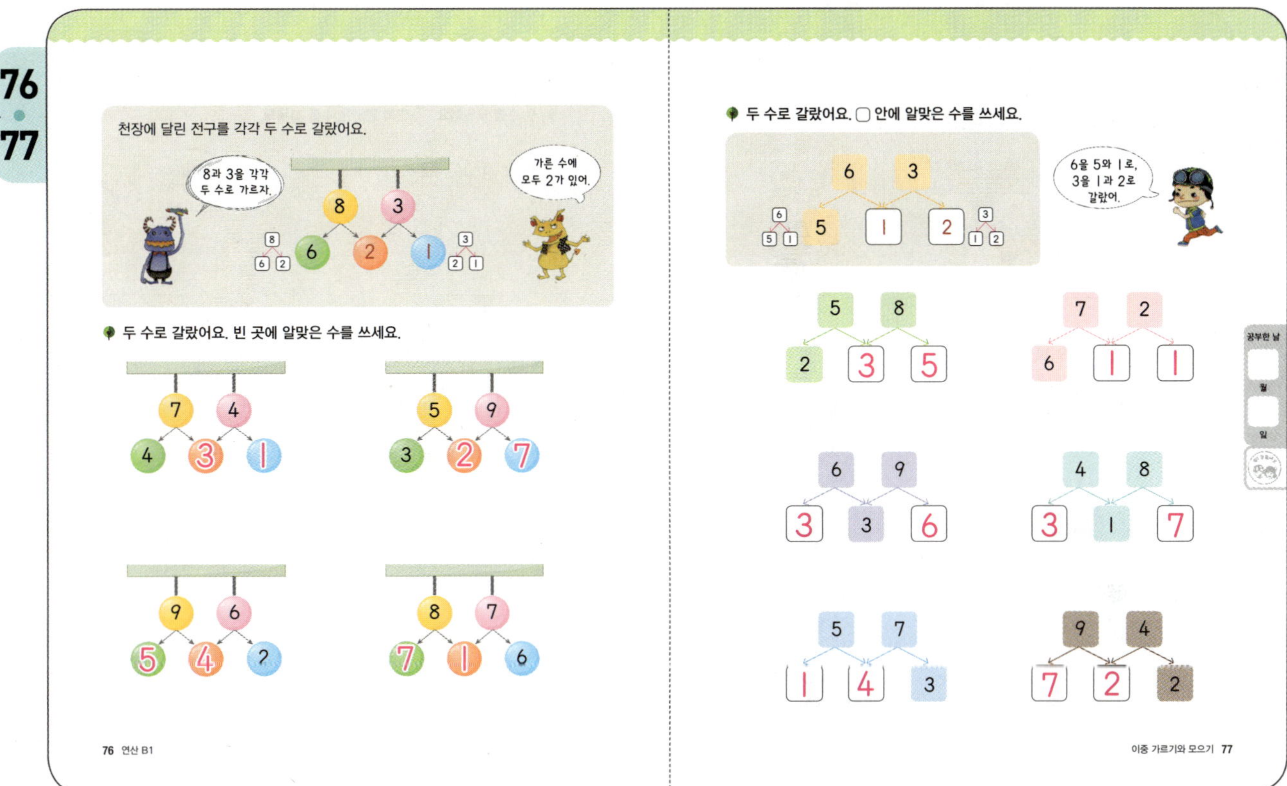
천장에 달린 전구를 각각 두 수로 갈랐어요.
8과 3을 각각 두 수로 가르자.
가른 수에 모두 2가 있어.
두 수로 갈랐어요. 빈 곳에 알맞은 수를 쓰세요.
두 수로 갈랐어요. ☐ 안에 알맞은 수를 쓰세요.
6을 5와 1로, 3을 1과 2로 갈랐어.
공부한 날
월
일
76 연산 B1
이중 가르기와 모으기 77

136 이중 모으기

배에 적힌 두 수를 모으고 또 모았어요.
5와 2를 모아 7을 만든 다음
7과 1을 한 번 더 모아 8을 만들었어.
두 수를 모으고 또 모았어요. 빈 곳에 알맞은 수를 쓰세요.
두 수를 모으고 또 모았어요. ☐ 안에 알맞은 수를 쓰세요.
두 수를 모아 4를 만들고, 4와 3을 모아 7을 만들었어요.
78 연산 B1
이중 가르기와 모으기 79

80·81

새들이 우체통에 편지를 넣으려고 해요.

두 수를 모았어요. 빈 곳에 알맞은 수를 쓰세요.

두 수를 모았어요. ☐ 안에 알맞은 수를 쓰세요.

82·83

137 두 번 가르기와 모으기

태경이와 지오는 이집트 피라미드에 적힌 수를 살펴보았어요.

수를 가르고 또 갈랐어요. ☐ 안에 알맞은 수를 쓰세요.

수를 가르고 또 갈랐어요. ☐ 안에 알맞은 수를 쓰세요.

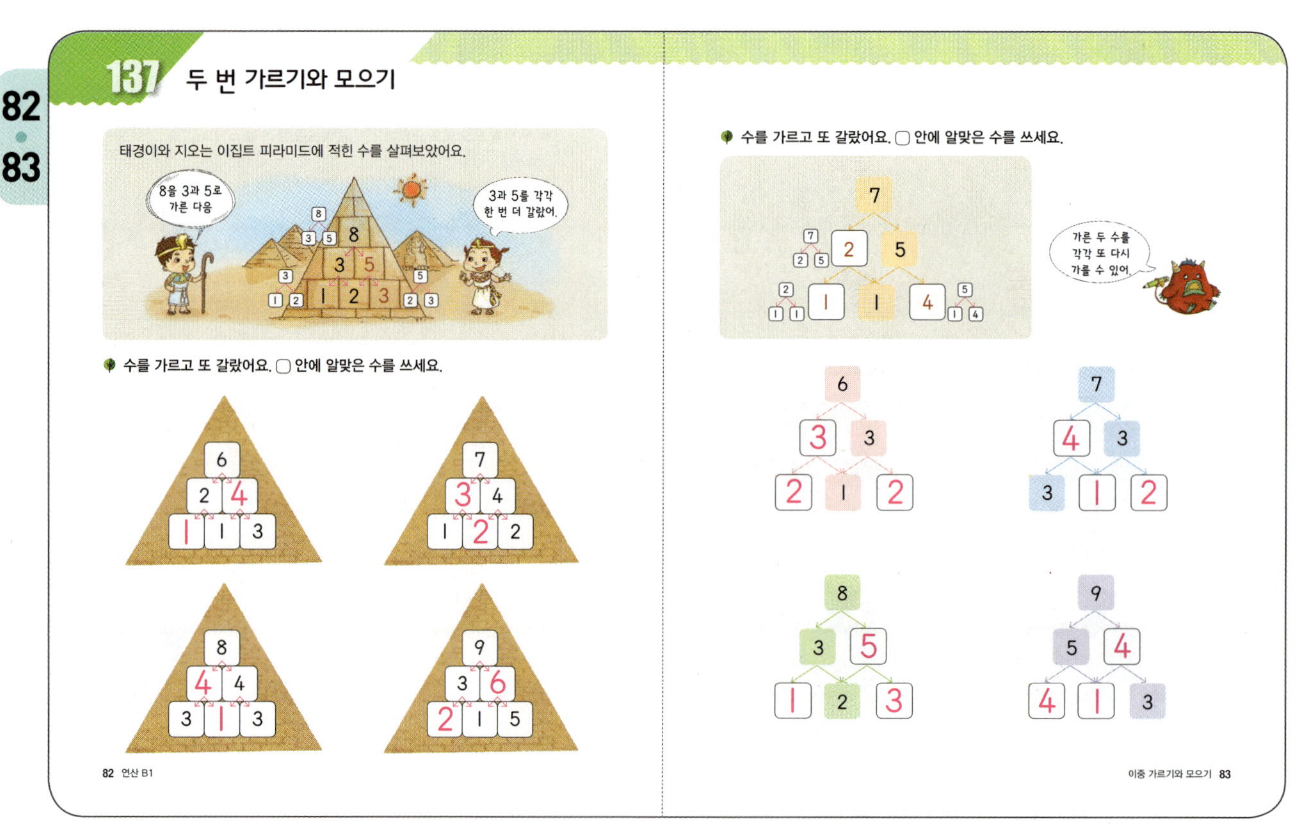

위의 두 수를 모아 아래에 써요.

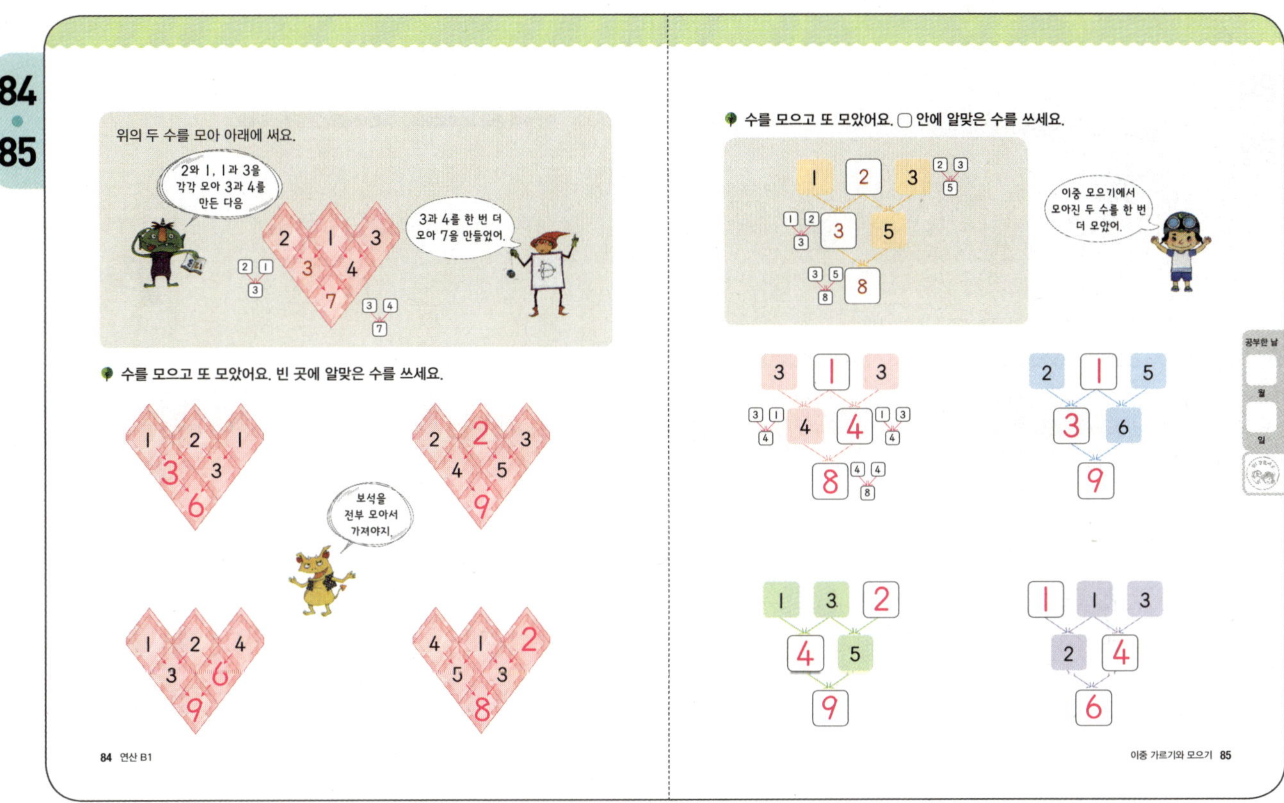

138 가르고 모으기

모래시계 위쪽에 있는 두 수를 모으고 다시 갈라서 아래쪽에 써요.

연산력 수학 노크 정답

88·89

벽돌에 쓰여 있는 수를 가르고 모아 봐요.

수를 가르고 모았어요. 빈 곳에 알맞은 수를 쓰세요.

수를 가르고 모았어요. ▢ 안에 알맞은 수를 쓰세요.

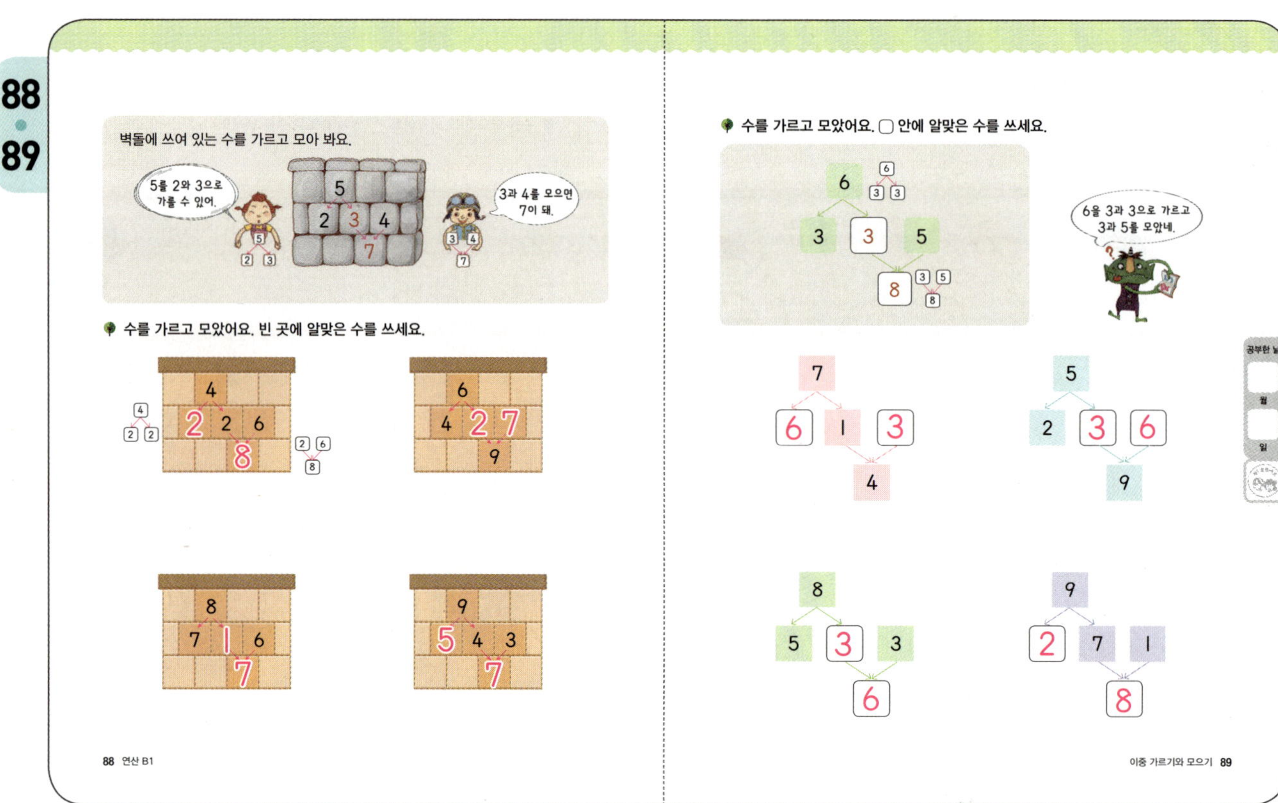

90·91

139 도미노 가르기와 모으기

도미노의 점을 갈라 다른 도미노에 그려요.

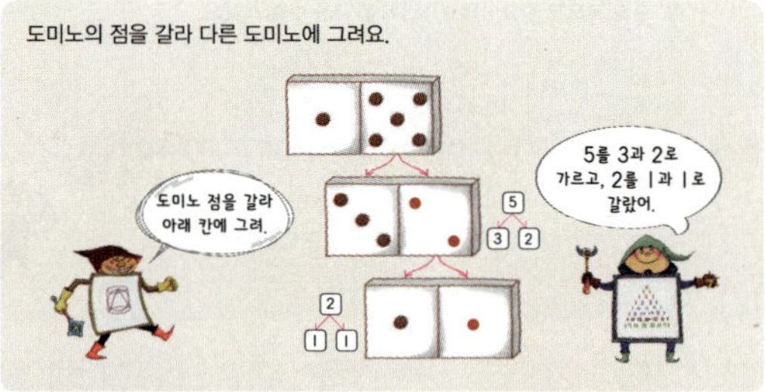

도미노의 점을 갈랐어요. 빈 곳에 알맞게 점을 그리세요.

도미노의 점을 갈랐어요. 빈 곳에 알맞게 점을 그리세요.

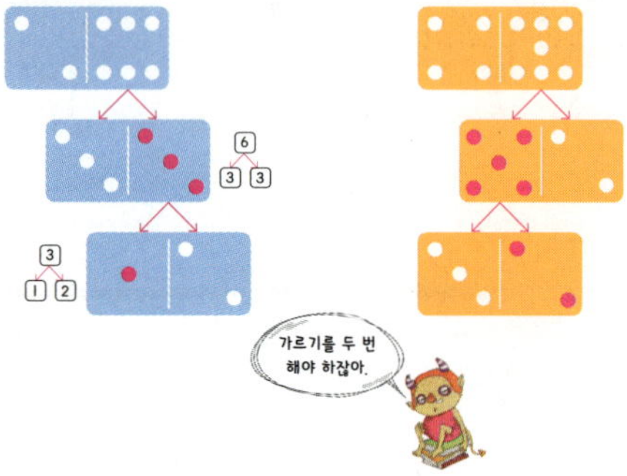

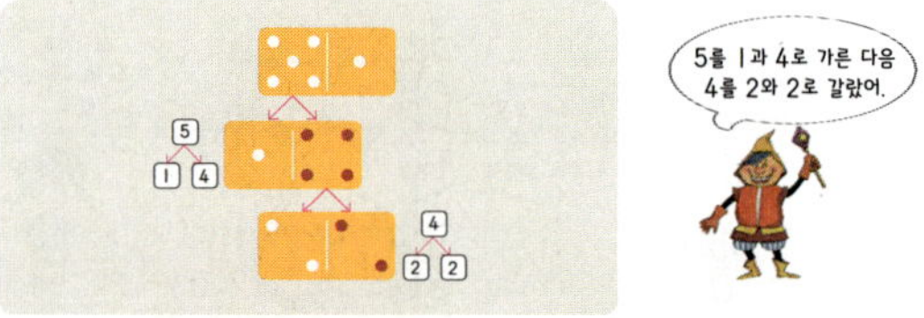

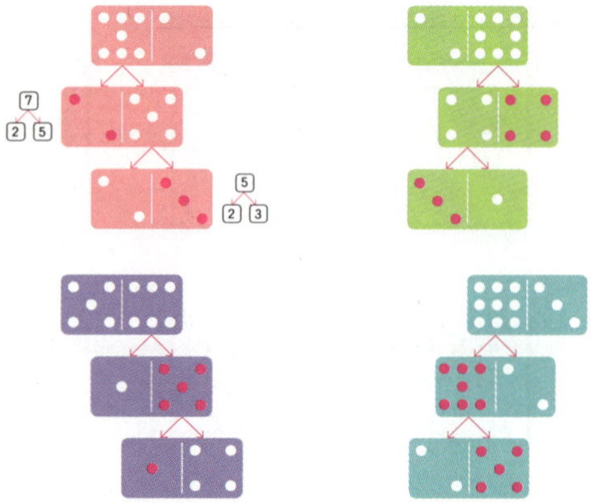

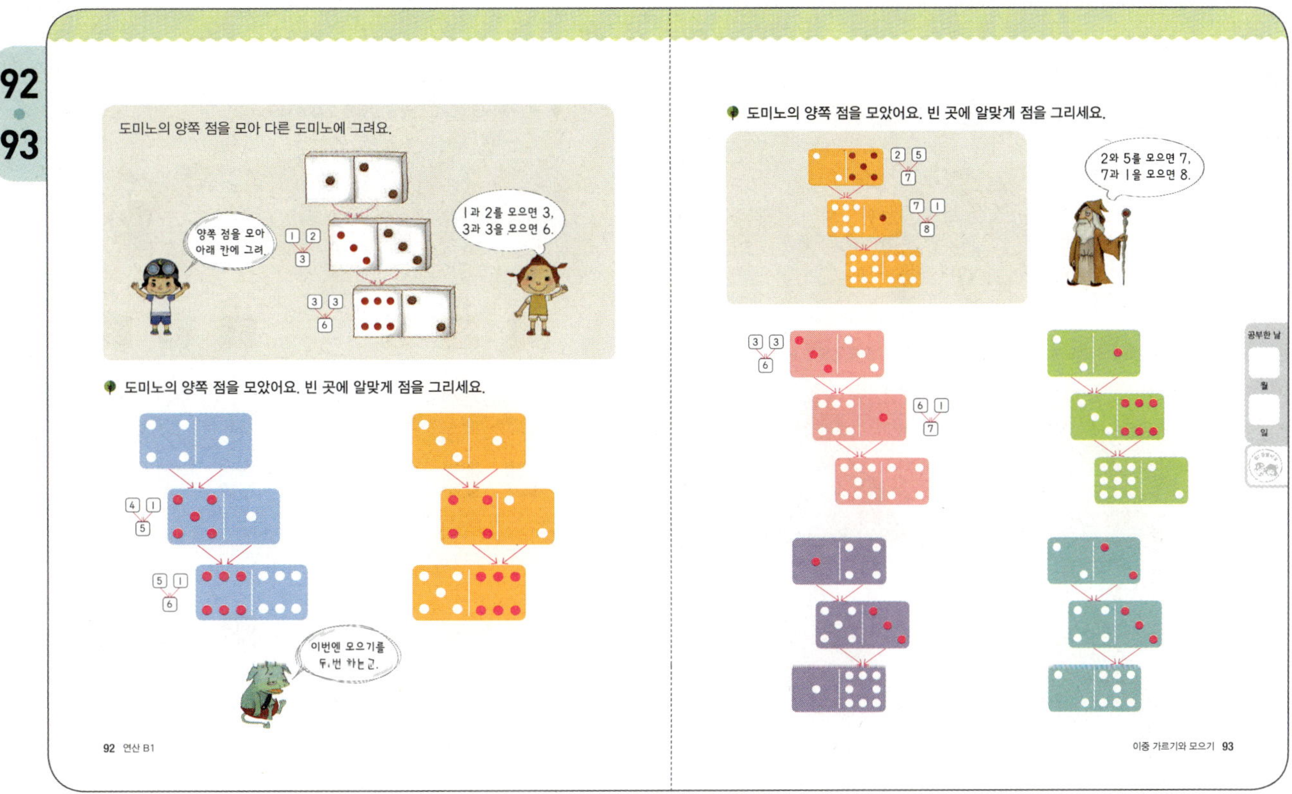
도미노의 양쪽 점을 모아 다른 도미노에 그려요.
양쪽 점을 모아 아래 칸에 그려.
1과 2를 모으면 3, 3과 3을 모으면 6.
도미노의 양쪽 점을 모았어요. 빈 곳에 알맞게 점을 그리세요.
이번엔 모으기를 두 번 하는군.
92 연산 B1
도미노의 양쪽 점을 모았어요. 빈 곳에 알맞게 점을 그리세요.
2와 5를 모으면 7, 7과 1을 모으면 8.
공부한 날
월
일
이중 가르기와 모으기 93

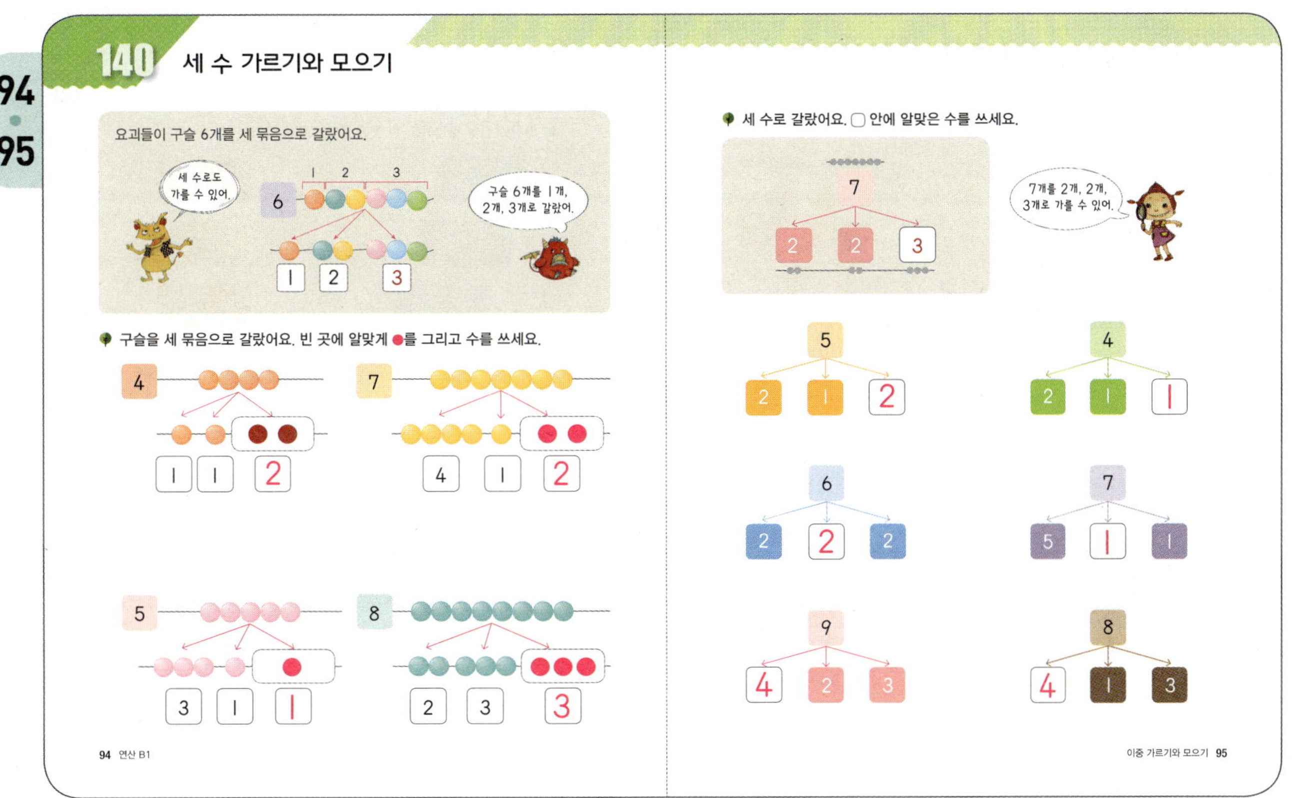
140 세 수 가르기와 모으기
요괴들이 구슬 6개를 세 묶음으로 갈랐어요.
세 수로도 가를 수 있어.
구슬 6개를 1개, 2개, 3개로 갈랐어.
구슬을 세 묶음으로 갈랐어요. 빈 곳에 알맞게 ●를 그리고 수를 쓰세요.
4
1 1 2
7
4 1 2
5
3 1 1
8
2 3 3
세 수로 갈랐어요. ◯ 안에 알맞은 수를 쓰세요.
7
2 2 3
7개를 2개, 2개, 3개로 가를 수 있어.
5
2 1 2
4
2 1 1
6
2 2 2
7
5 1 1
9
4 2 3
8
4 1 3
94 연산 B1
이중 가르기와 모으기 95

96 · 97

98 · 99

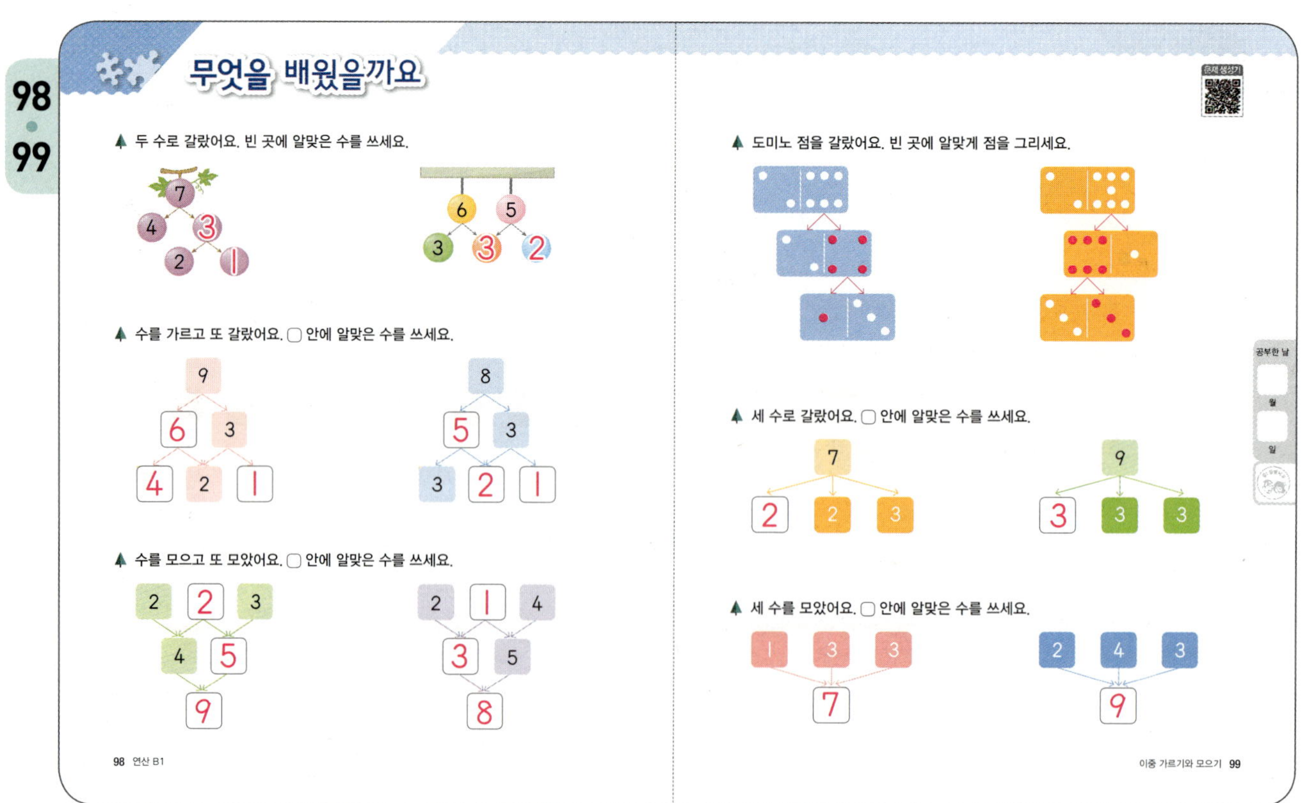

가르기

관련 쪽수: 6~27쪽

✛ 두 수로 갈랐어요. ☐ 안에 알맞은 수를 쓰세요.

✛ 수를 여러 가지 방법으로 가르세요.

모으기

관련 쪽수: 30~51쪽

✛ 두 수를 모았어요. ☐ 안에 알맞은 수를 쓰세요.

✛ 두 수씩 모았어요. ☐ 안에 알맞은 수를 쓰세요.

✛ 수를 네 방향으로 모았어요. ☐ 안에 알맞은 수를 쓰세요.

✛ 위쪽 두 수를 모으면 아래쪽 수가 돼요. ☐ 안에 알맞은 수를 쓰세요.

가르기와 모으기

관련 쪽수: 54~71쪽

✛ 똑같은 두 수로 갈랐어요. ☐ 안에 알맞은 수를 쓰세요.

✛ 오른쪽이 1 큰 수가 되도록 두 수로 갈랐어요. ☐ 안에 알맞은 수를 쓰세요.

정답 **23**

106 107

❖ 공에 적힌 수를 ◯ 안에 써넣어 두 수로 가르세요.

① ② ④ ⑥   ④ ② ② ⑤

8   5   4   9

2 6 │ 1 4   2 2 │ 4 5

* 가르는 두 수의 순서를 바꿔 써도 돼요.

❖ 공에 적힌 수를 두 수씩 모아 아래 수가 되도록 ◯ 안에 알맞은 수를 쓰세요.

② ① ④ ②   ⑦ ② ① ⑤

2 1 4 2   7 1 2 5

3   6   8   7

② ④ ③ ⑤   ③ ① ② ④

2 3 4 5   2 4 3 1

5   9   6   4

* 모으는 두 수의 순서를 바꿔 써도 돼요.

이중 가르기와 모으기
관련 쪽수: 74~99쪽

❖ 두 수로 갈랐어요. ◯ 안에 알맞은 수를 쓰세요.

8   7

2   6   4   3

5 1   3 1

9   5   6   8

6 3 2   1 5 3

❖ 두 수를 모았어요. ◯ 안에 알맞은 수를 쓰세요.

4 2   3 2

6 2   5 4

8   9

2 6 1   6 3 3

8 7   9 6

108

❖ 수를 가르고 또 갈랐어요. ◯ 안에 알맞은 수를 쓰세요.

7   9

2 5   3 6

1 1 4   2 1 5

❖ 수를 모으고 또 모았어요. ◯ 안에 알맞은 수를 쓰세요.

1 3 2   5 1 2

4 5   6 3

9   9

❖ ◯ 안에 알맞은 수를 쓰세요.

8   3 1 4

5 2 1   8

연산력 수학 노크 정답

가르기와 모으기

연산력 수학 노크만의 스마트 학습

문제 생성기

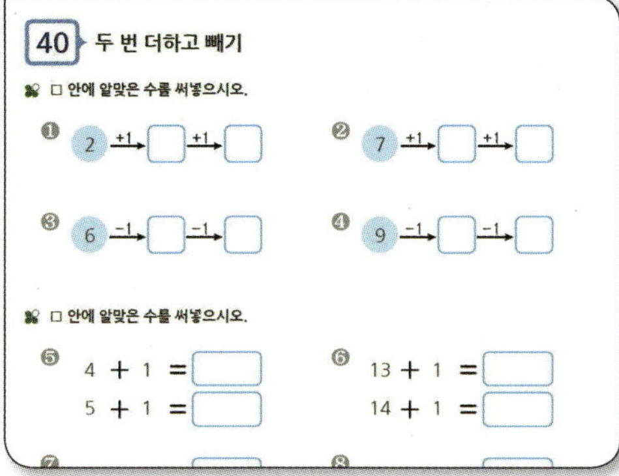

"무엇을 배웠을까요"를 풀고 난 후 QR코드를 찍어 보세요.
새로운 문제들이 계속 생성됩니다.
출력하여 사용하세요.

연산력 게임

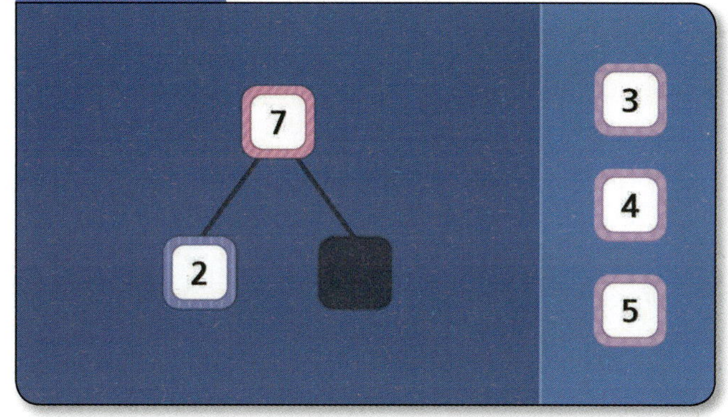

"연산력 게임" 코너에 있는 QR코드를 찍어 보세요.
연산 학습과 연계된 재미있는 연산력 게임을 할 수 있습니다.

연산력 수학 노크에 나오는 친구들을 소개해요!!

모험가 친구들

지오
호기심 공주

태경
활동파 리더

마법사 멀린과 수학 요정

마법사 멀린

꼬마 요괴

딴소리

한입

장난

딴짓

멍하니

잠만자

울보

거꾸로

차례

▶ 연산 보충 학습(102쪽)에서 더 풀어 보세요.

학부모 지도 가이드

이 차시에서는 2부터 9까지의 수 가르기를 공부합니다. 직접 물건의 수를 갈라 보면서 여러 가지 방법으로 가르기를 연습하게 해 줍니다.

가르기 연습을 반복하면서 물건을 사용하지 않고도 두 수로 가르는 능력을 기릅니다.

또한 가른 두 수는 순서를 바꾸어 나타낼 수도 있다는 것을 자연스럽게 알아가도록 합니다.

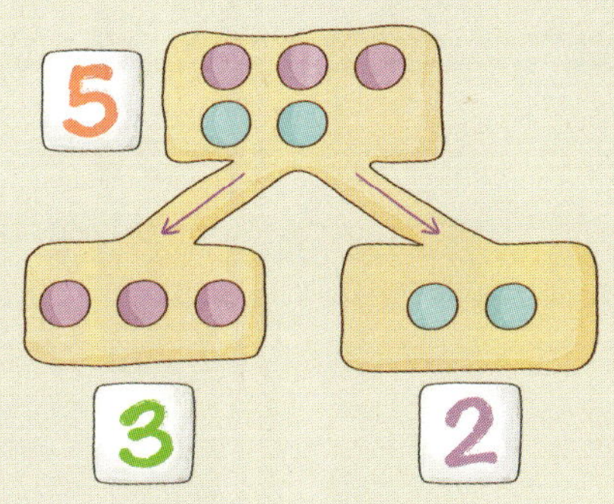

태경이가 구슬을 갈림길로 굴렸어요.

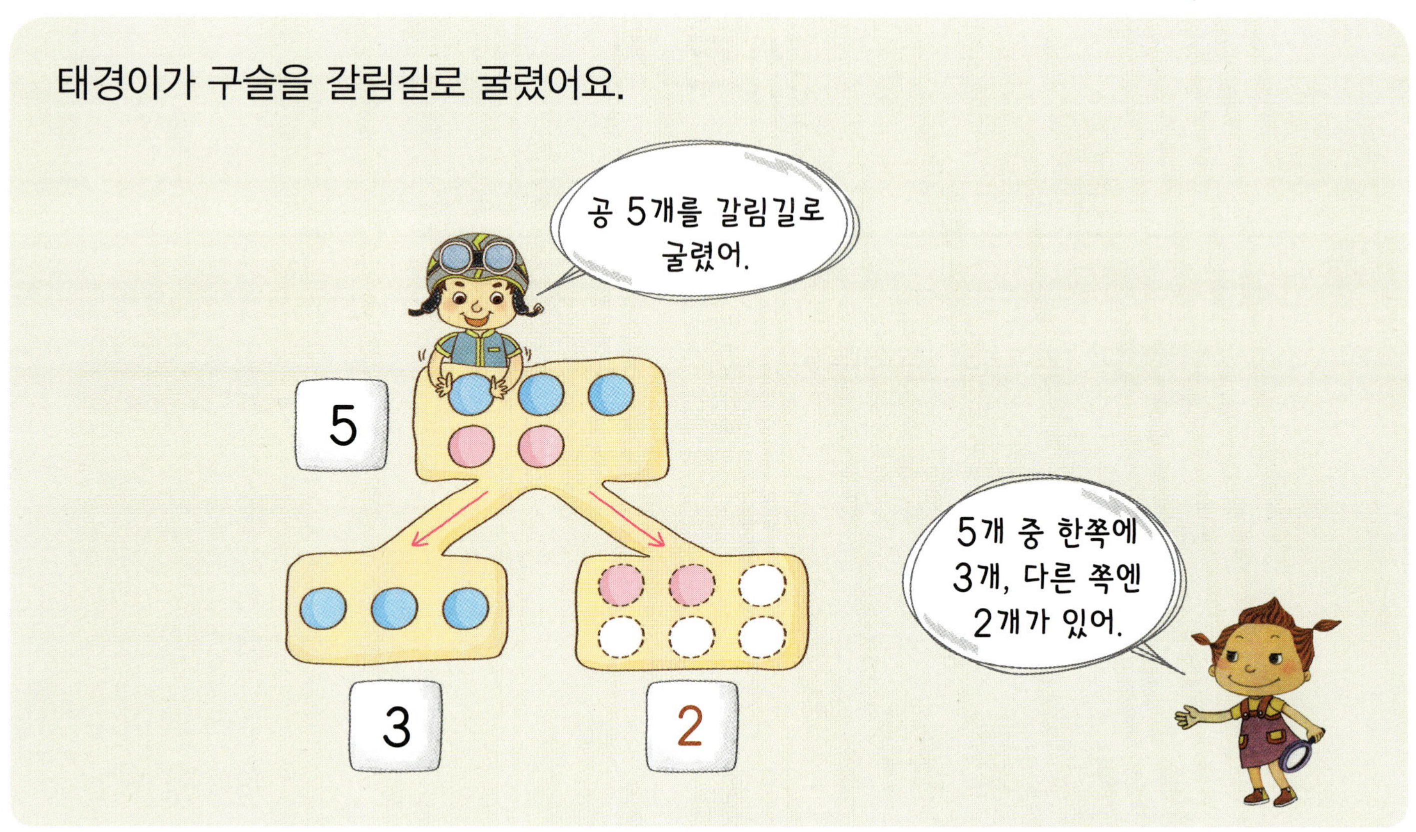

🌳 구슬을 갈림길로 굴렸어요. 알맞은 개수만큼 색칠하고 수를 쓰세요.

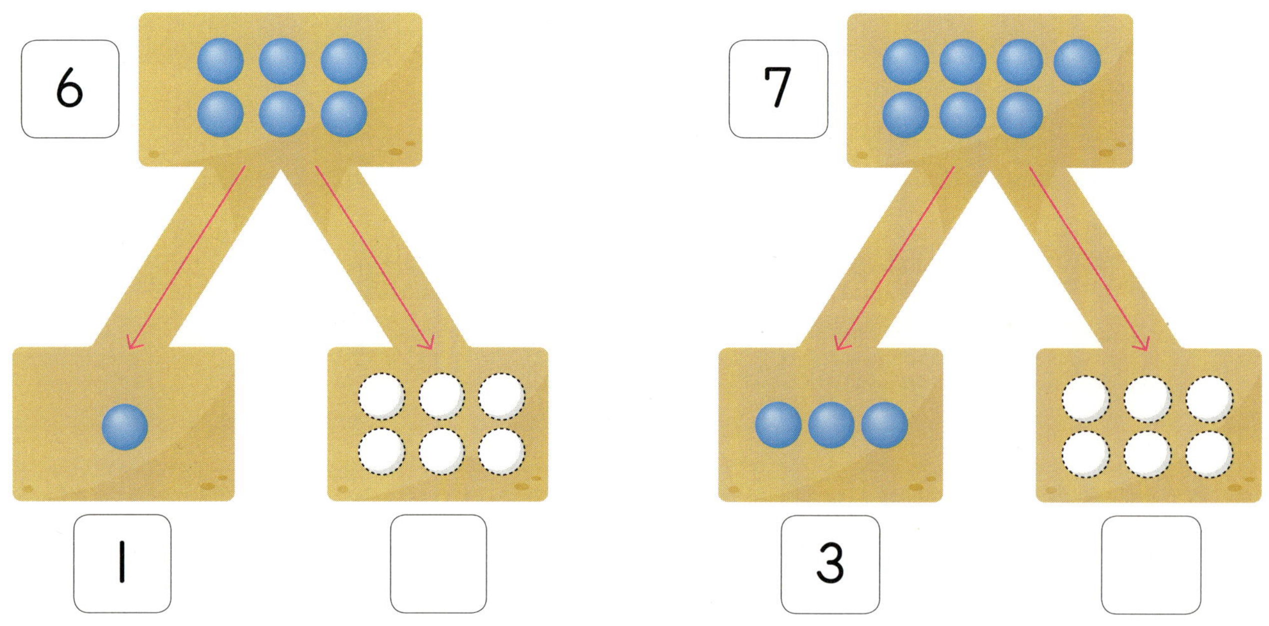

🌳 구슬을 갈랐어요. 알맞은 개수만큼 색칠하고 수를 쓰세요.

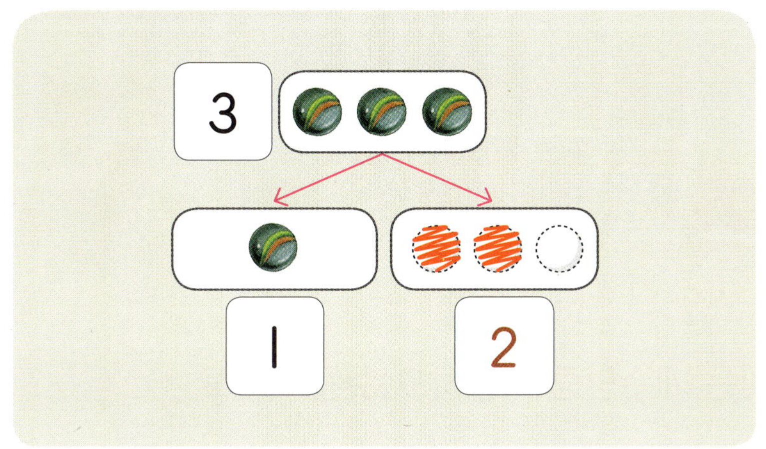

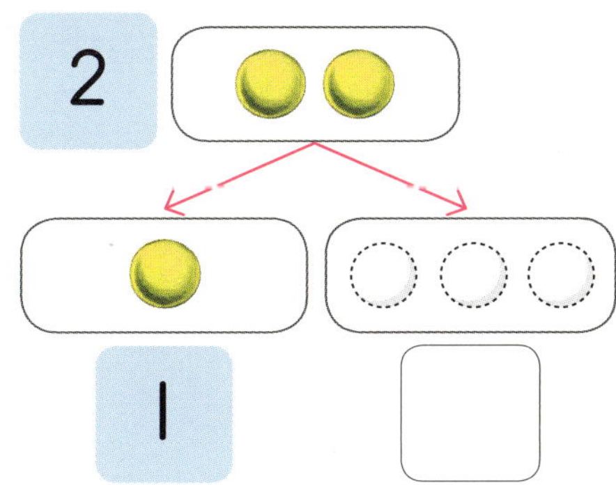

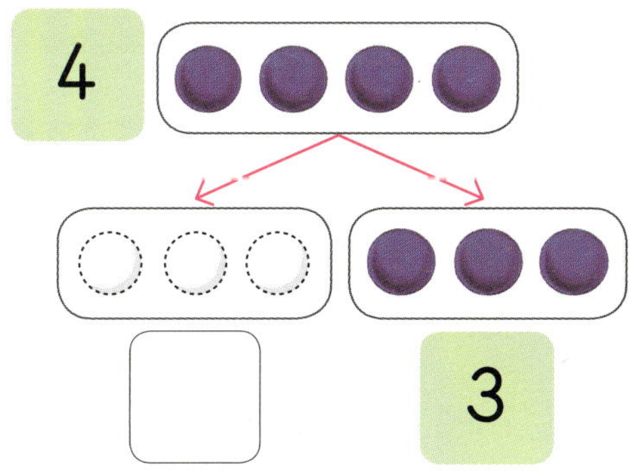

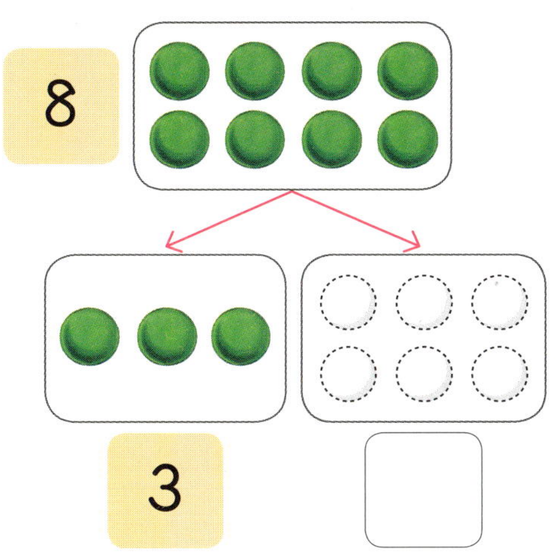

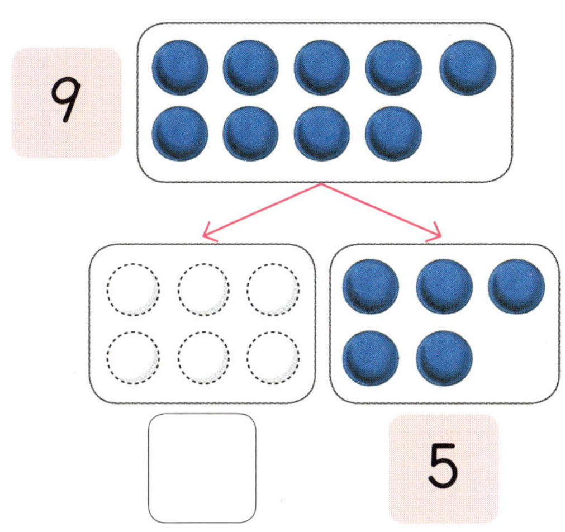

연결큐브를 두 묶음으로 갈랐어요.

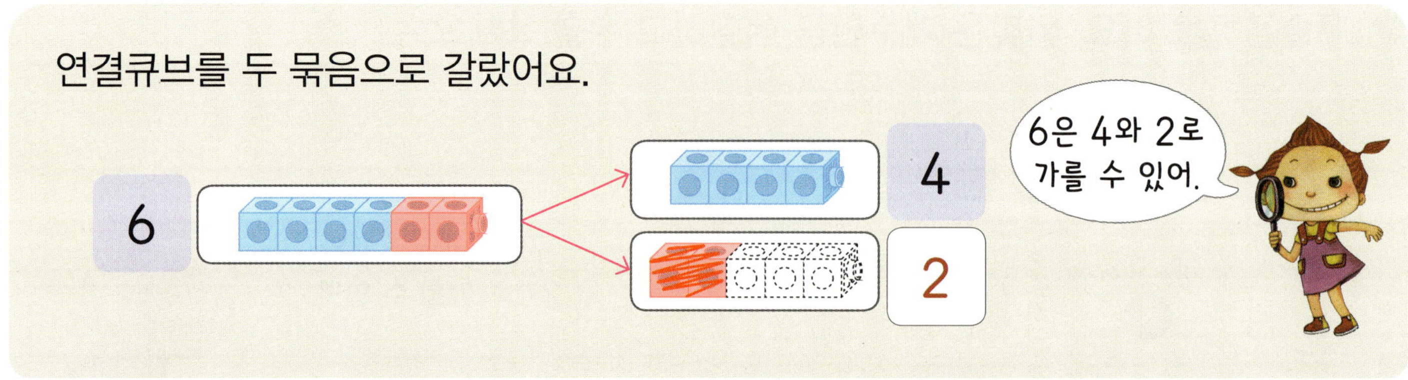

🌳 연결큐브를 두 묶음으로 갈랐어요. 알맞은 개수만큼 색칠하고 수를 쓰세요.

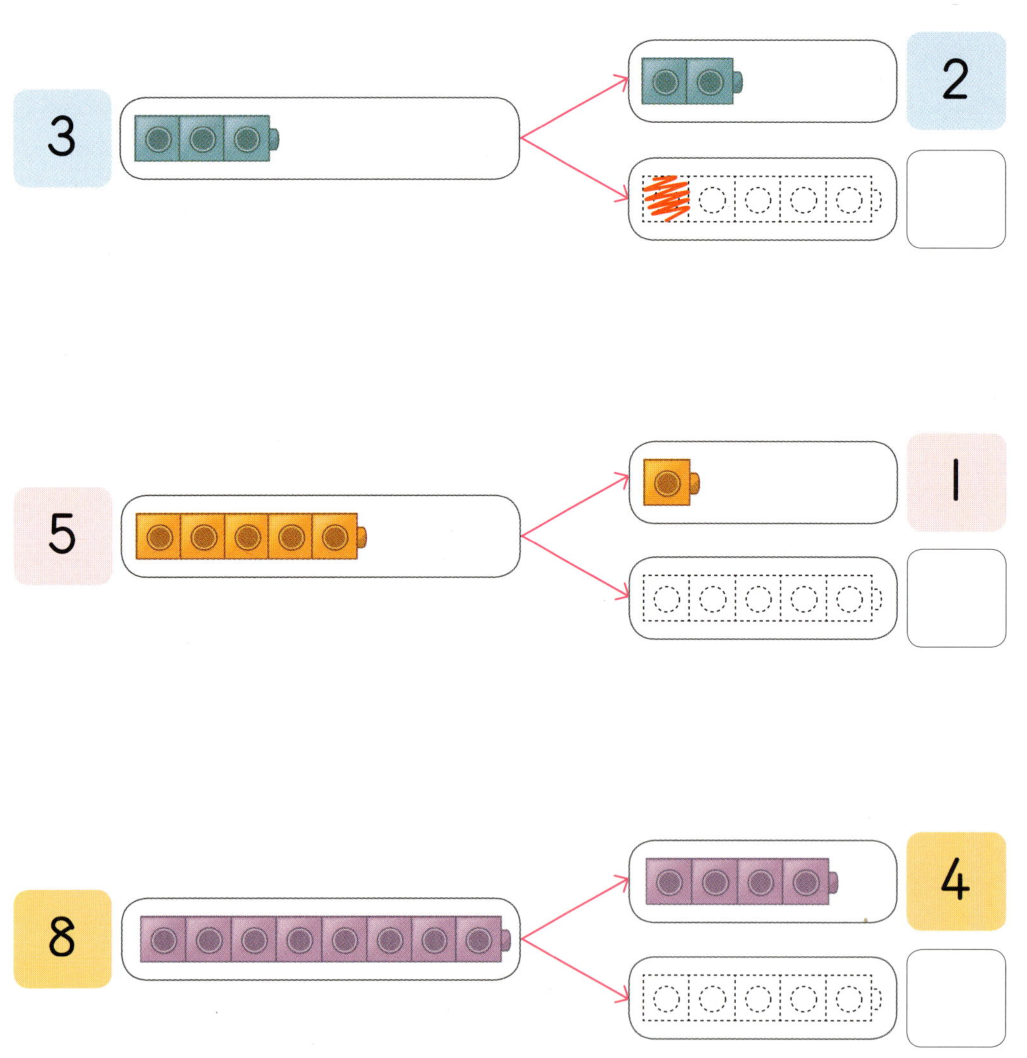

🌳 연결큐브를 갈랐어요. 알맞은 개수만큼 색칠하고 수를 쓰세요.

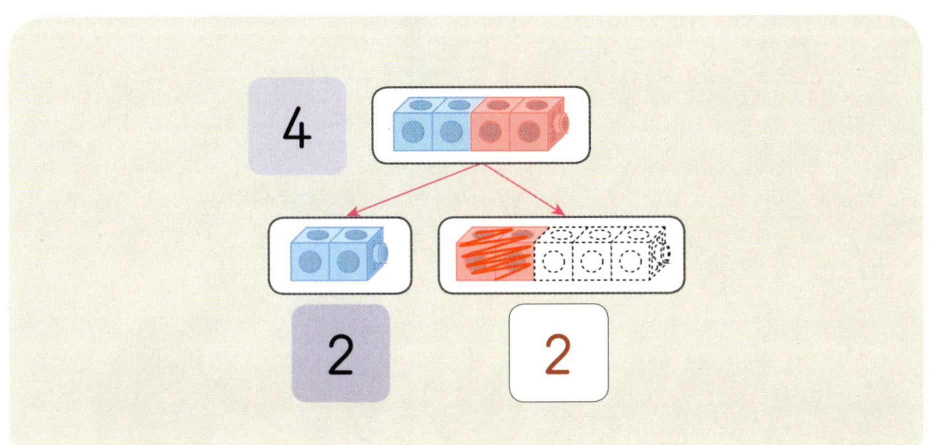

4는 2와
2로 가를 수
있어.

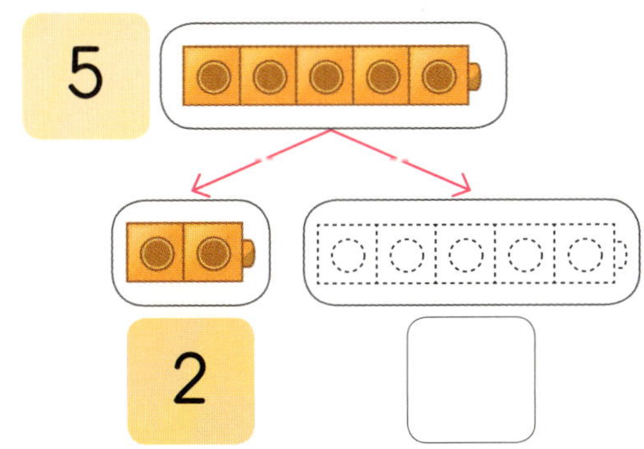

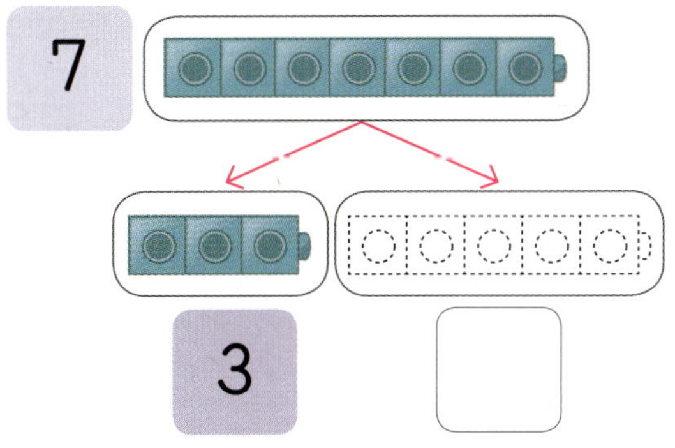

공부한 날
월
일
참 잘했어요

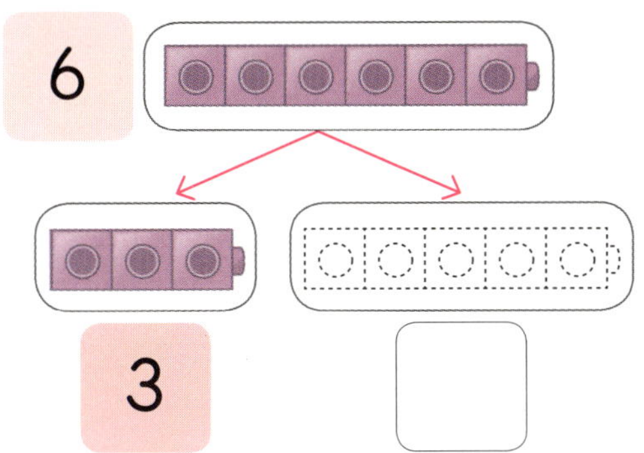

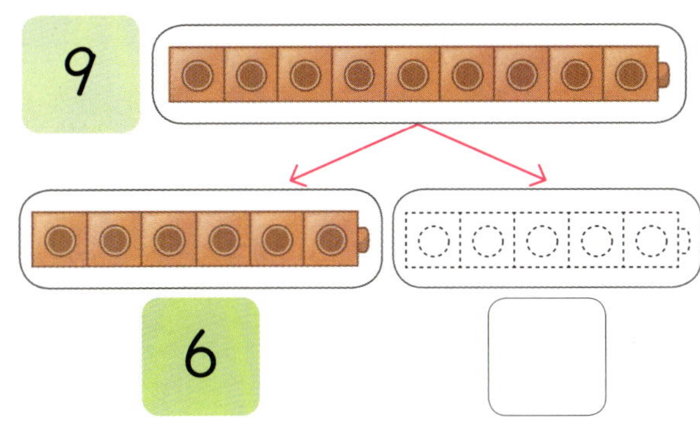

두 묶음으로 가르기 (2)

🌳 양쪽 수에 알맞게 꼬치를 두 묶음으로 가르는 선을 그으세요.

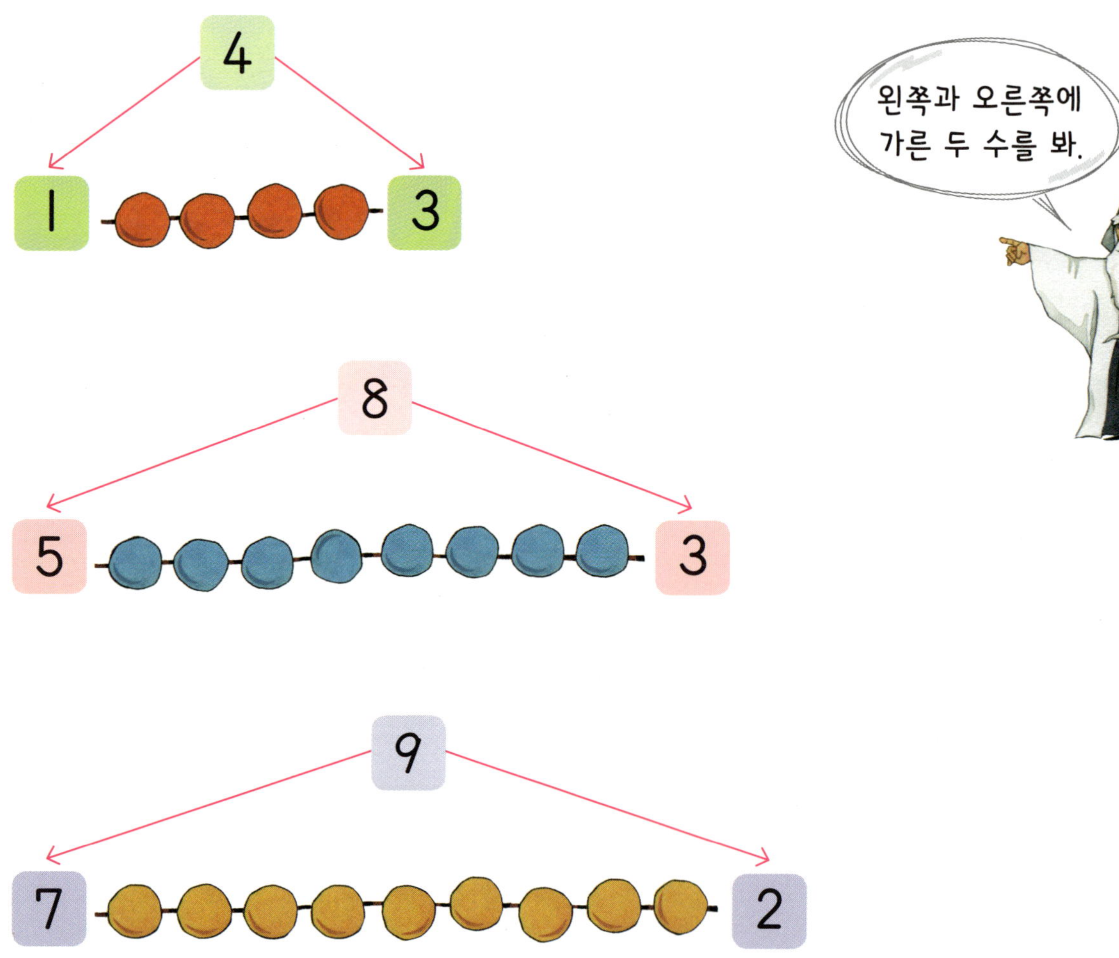

🌳 양쪽 수에 알맞게 두 묶음으로 가르는 선을 그으세요.

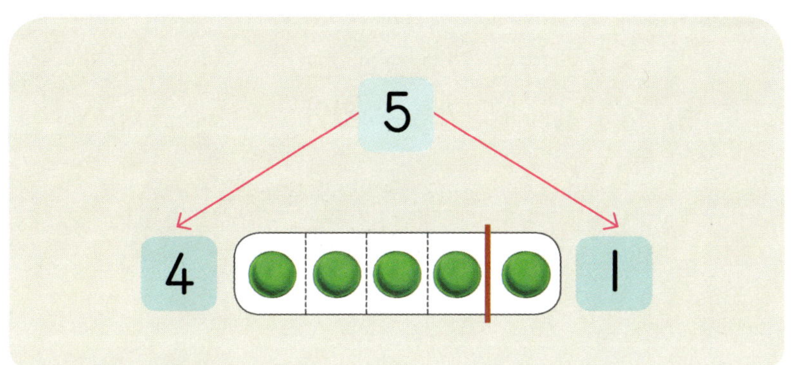

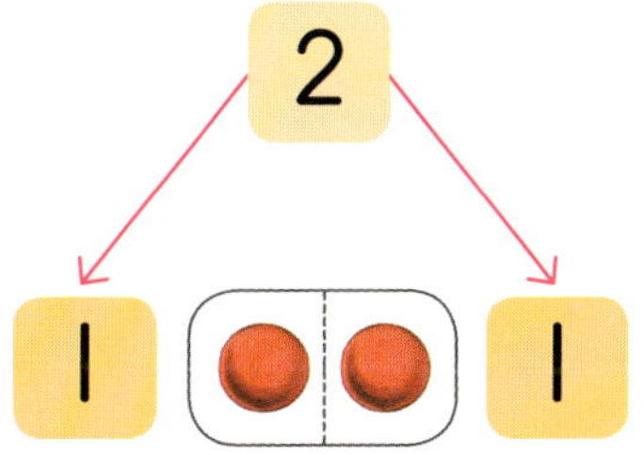

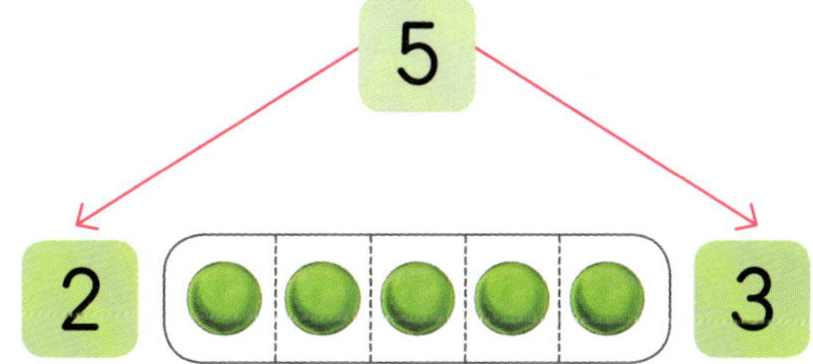

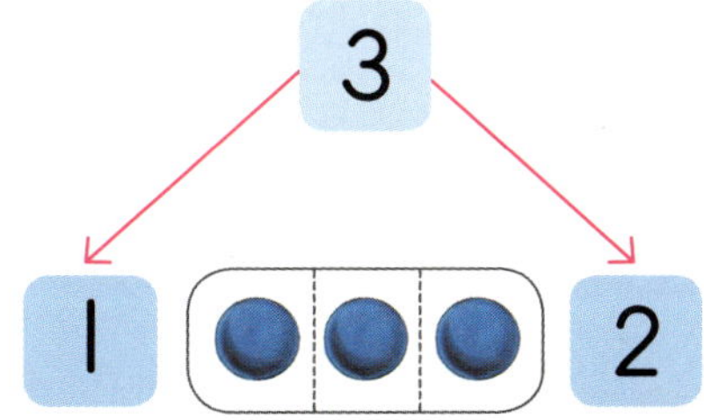

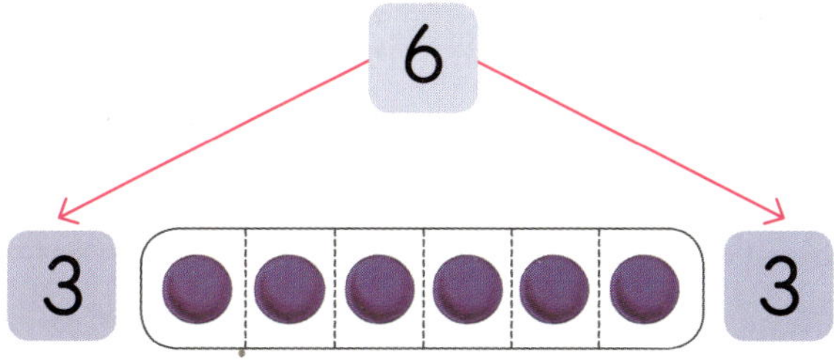

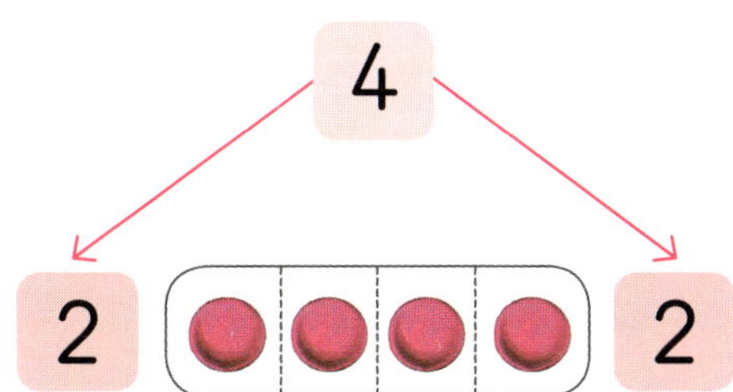

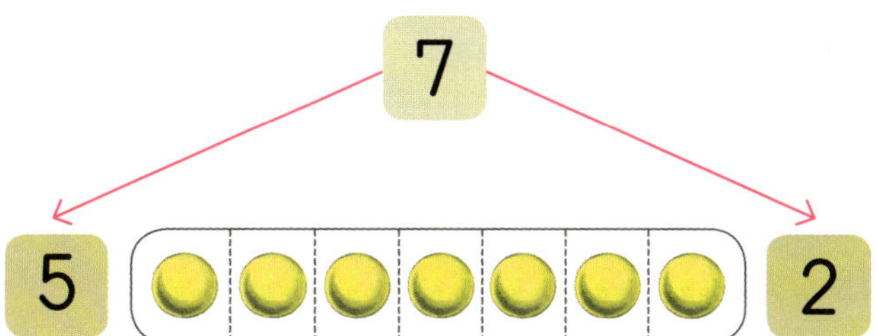

사탕 7개를 3개 묶음과 4개 묶음으로 묶었어요.

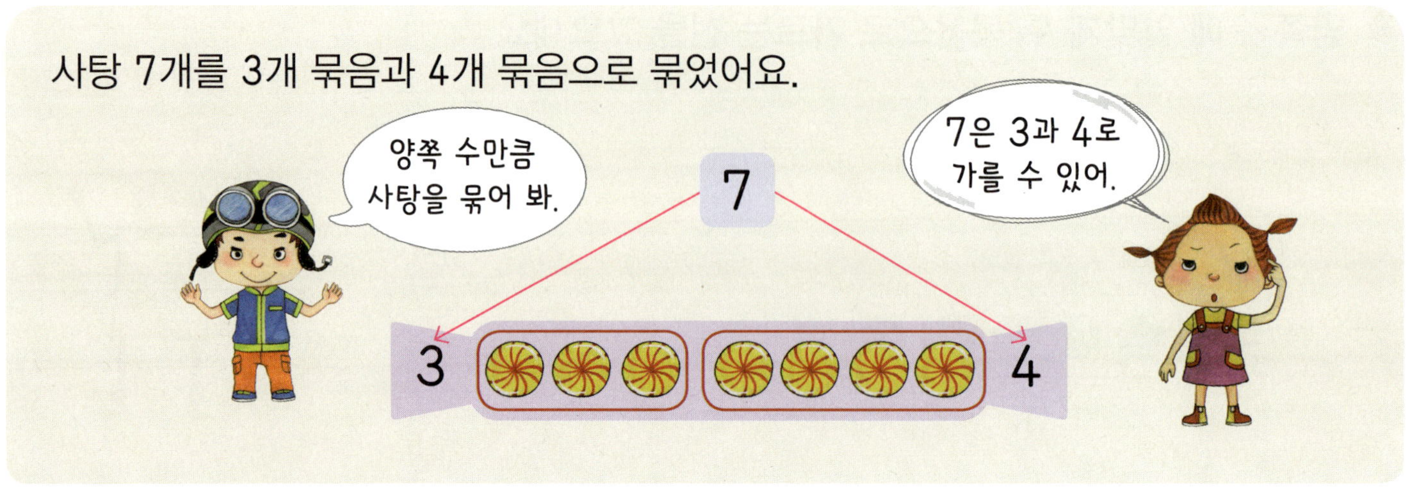

🌳 **양쪽 수에 알맞게 사탕을 두 묶음으로 묶으세요.**

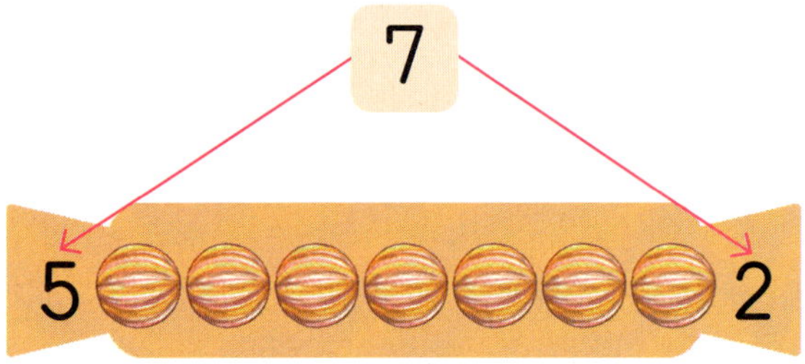

7
5   2

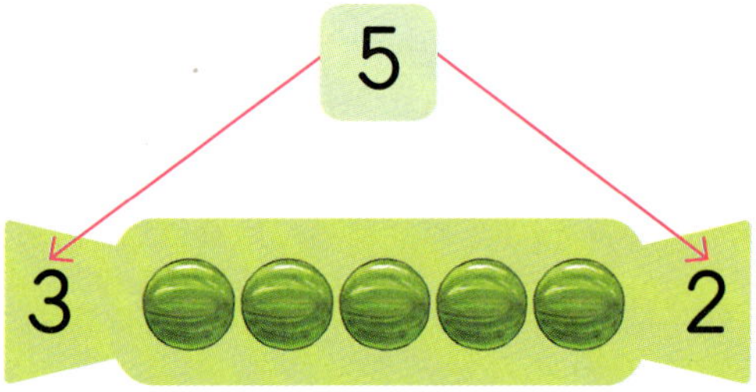

5
3   2

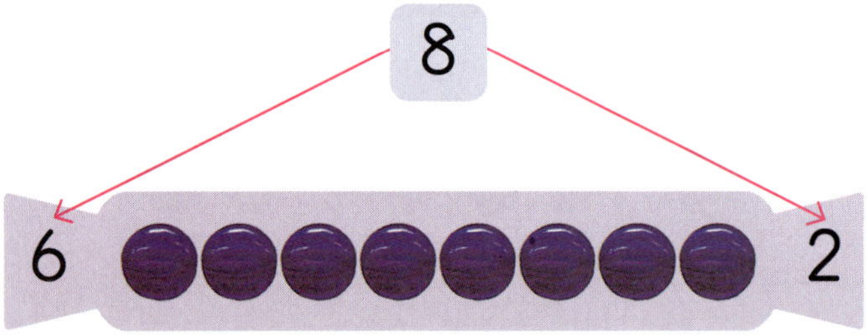

8
6   2

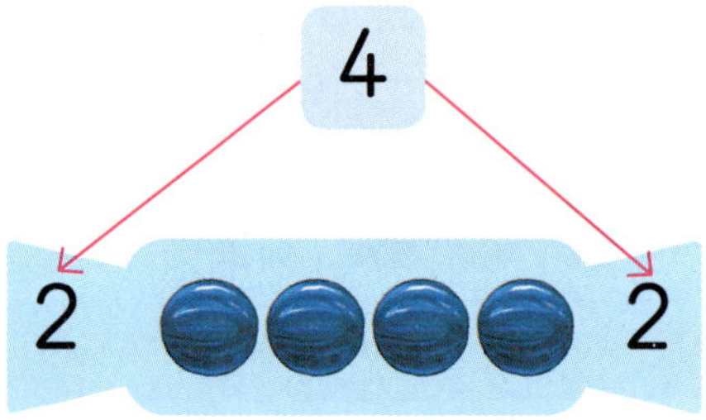

4
2   2

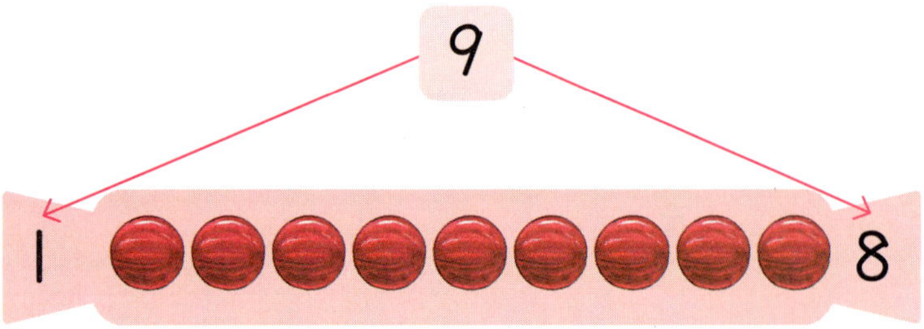

9
1   8

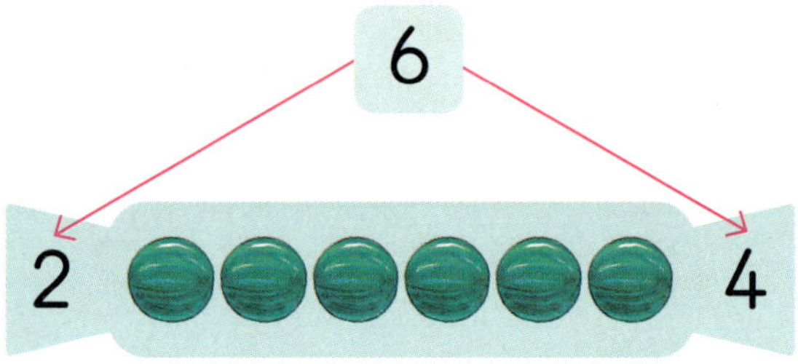

6
2   4

🌳 양쪽 수에 알맞게 두 묶음으로 묶으세요.

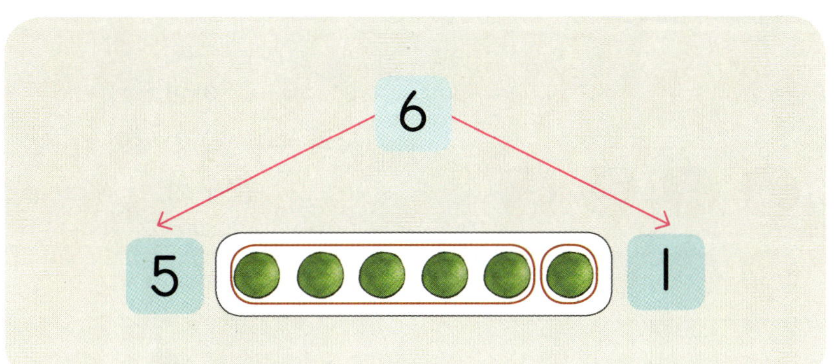

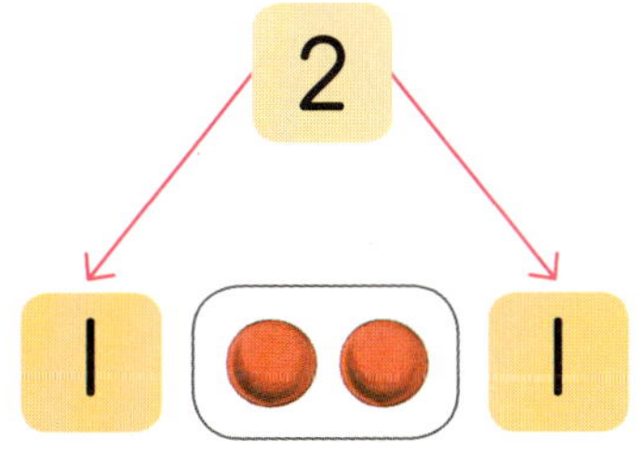

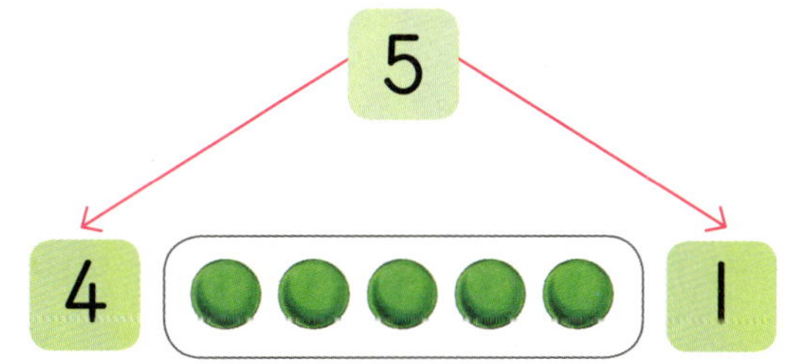

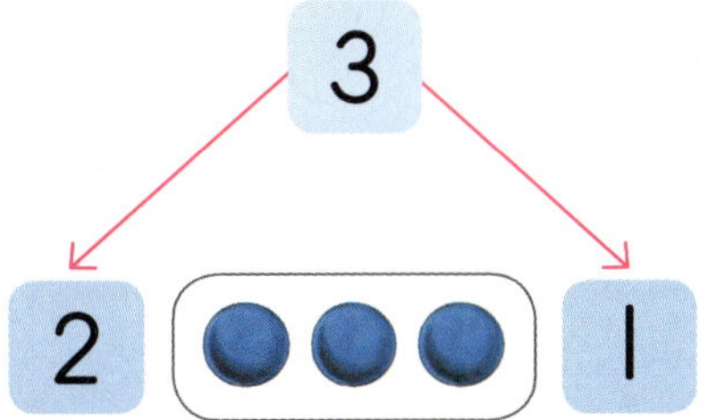

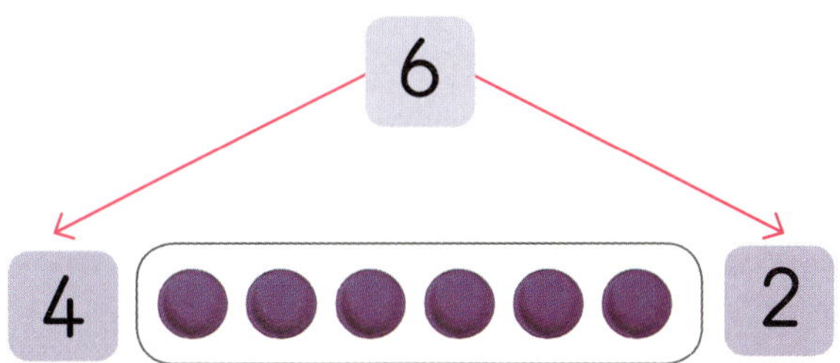

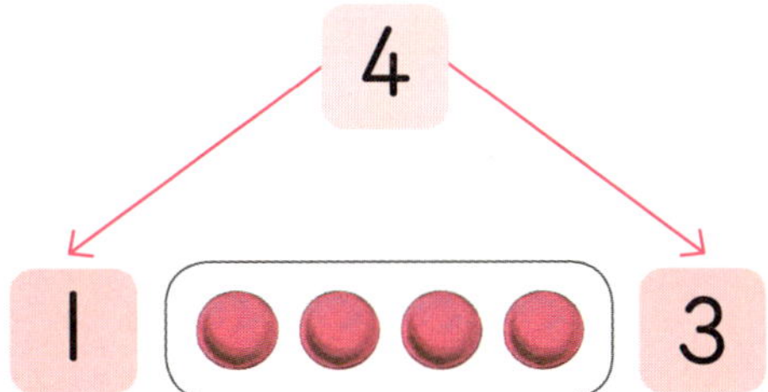

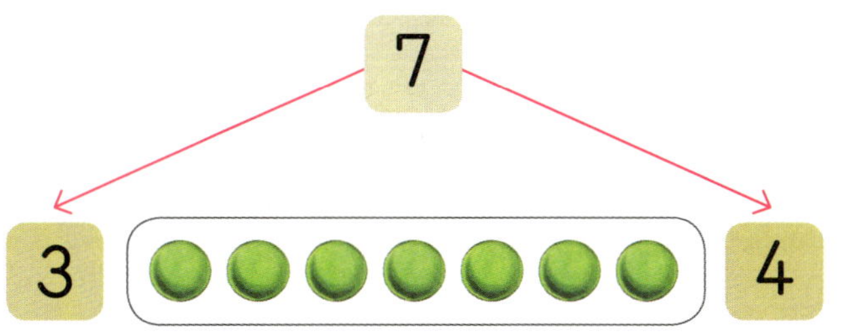

개수만큼 가르기

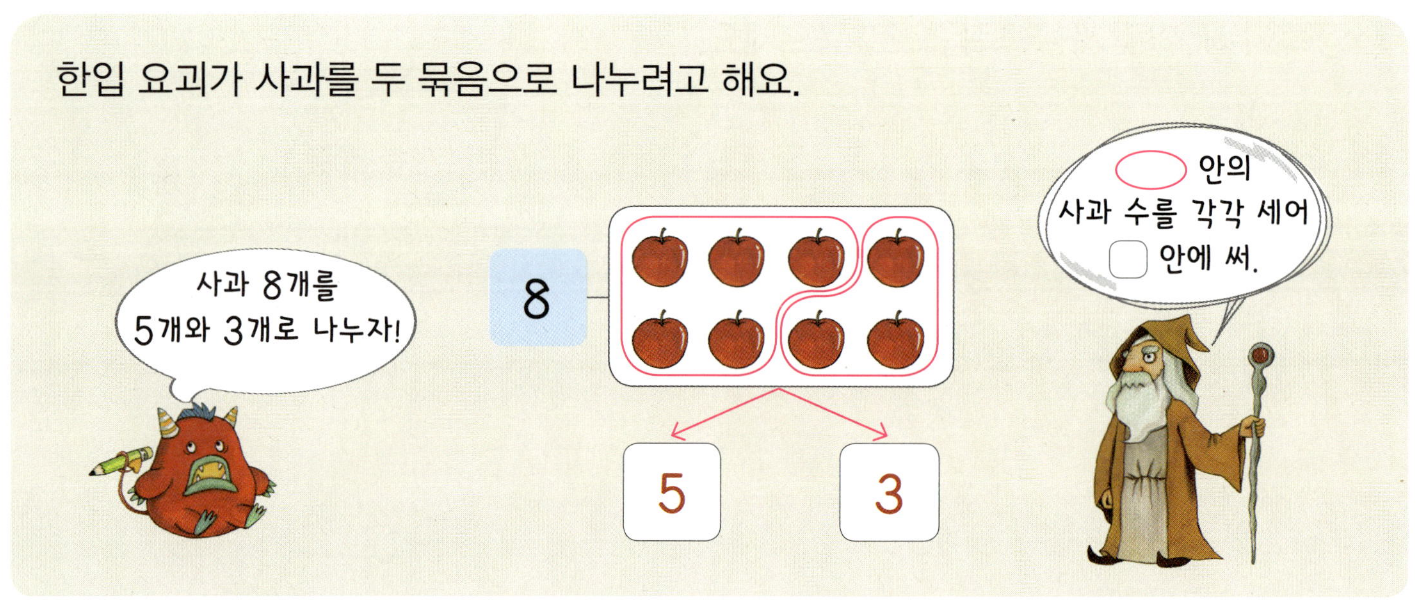

🌳 과일을 두 묶음으로 갈랐어요. 각 묶음의 개수를 세어 □ 안에 쓰세요.

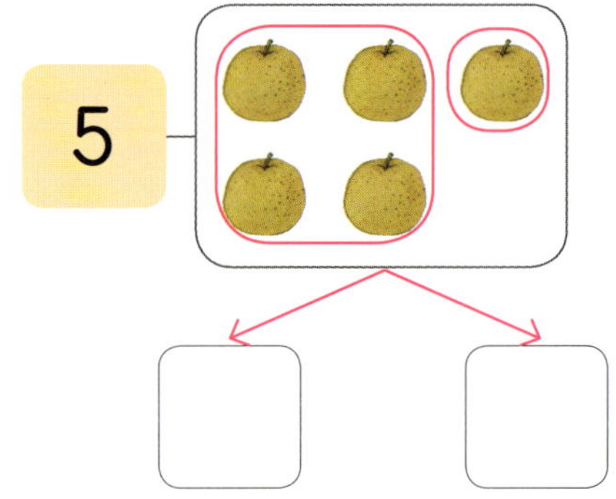

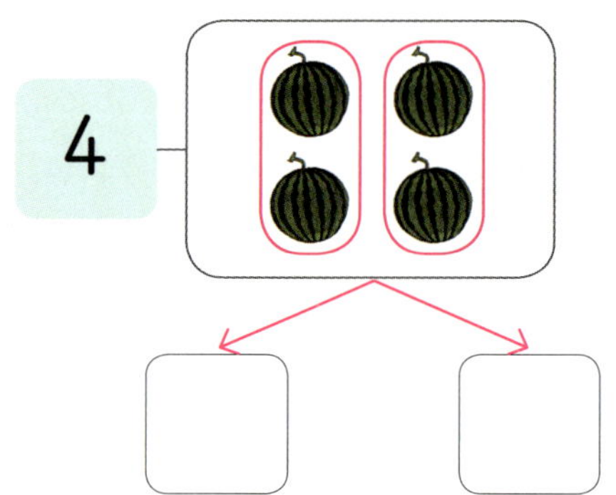

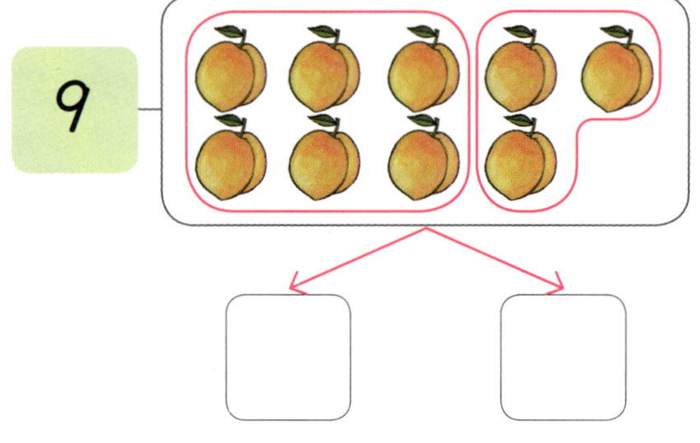

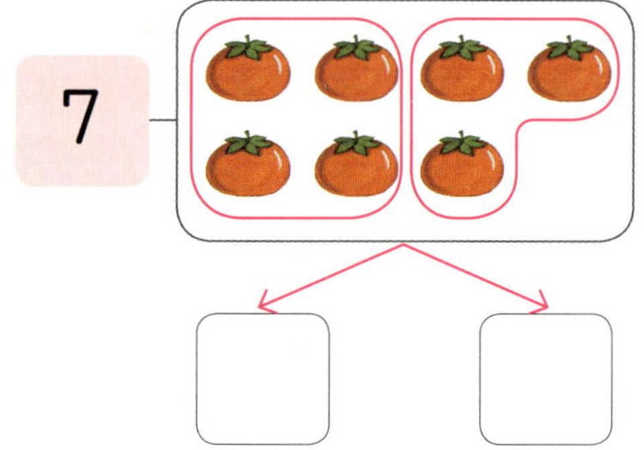

🌳 동그라미를 두 묶음으로 갈랐어요. 각 묶음의 개수를 세어 ☐ 안에 쓰세요.

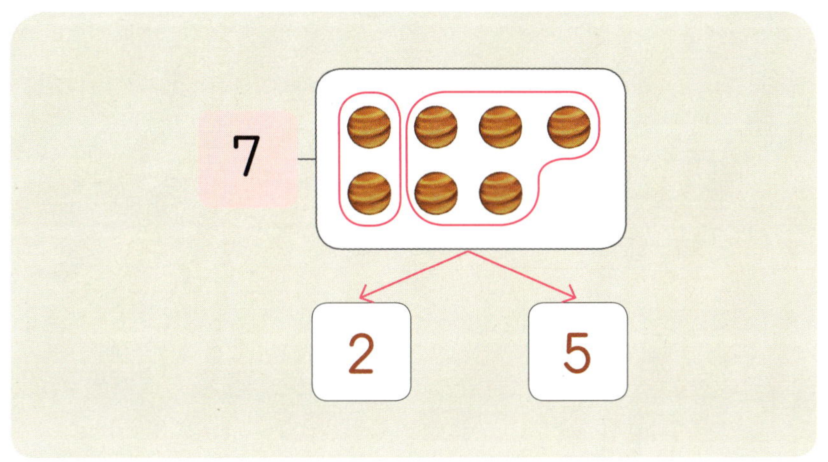

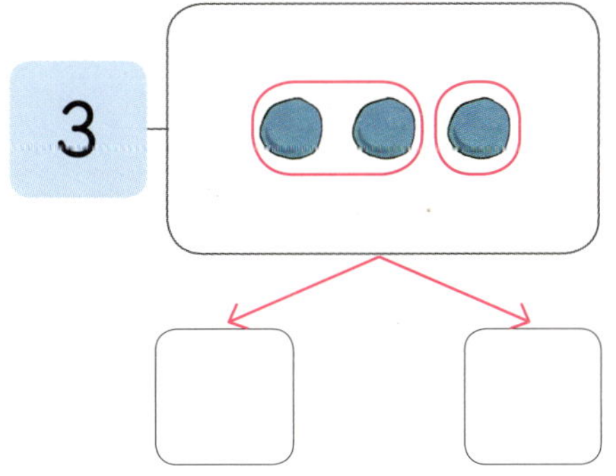

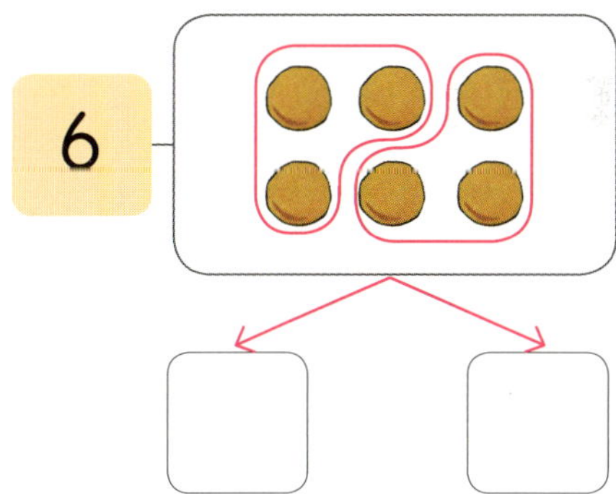

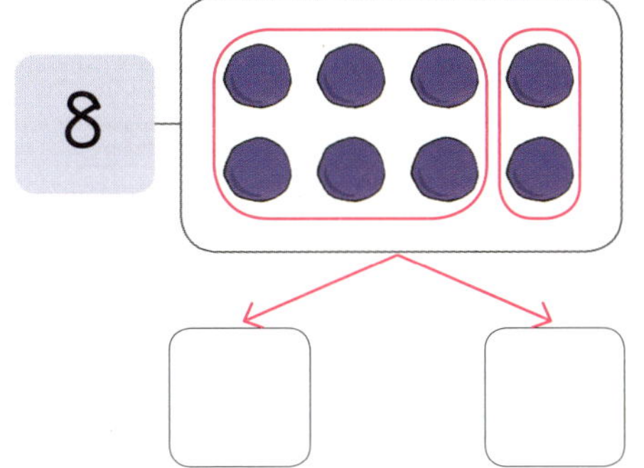

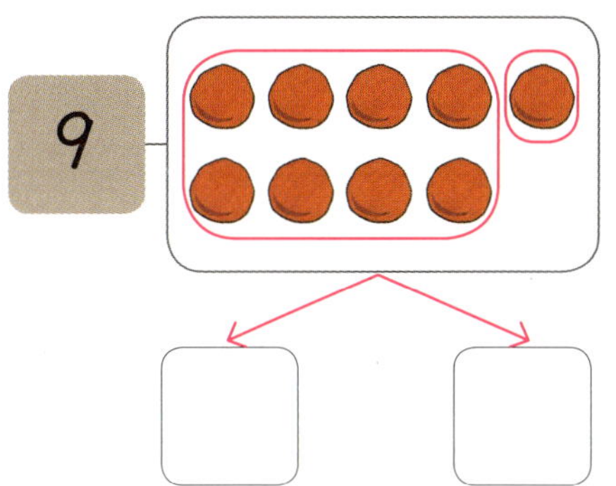

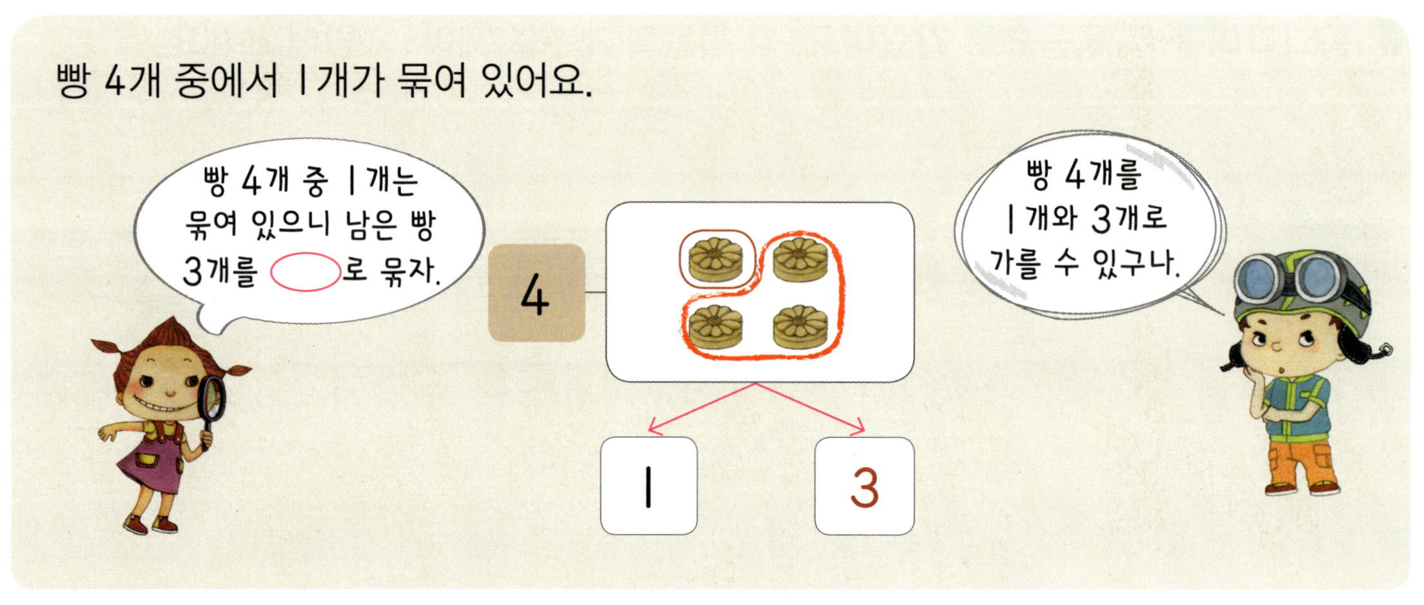

🌳 남은 빵을 ◯로 묶은 다음 ☐ 안에 알맞은 수를 쓰세요.

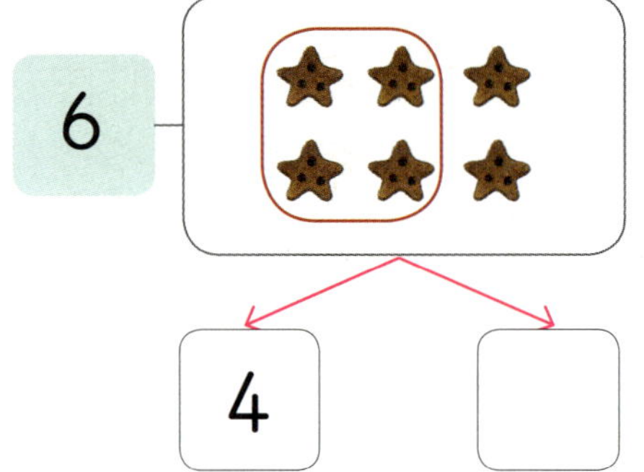

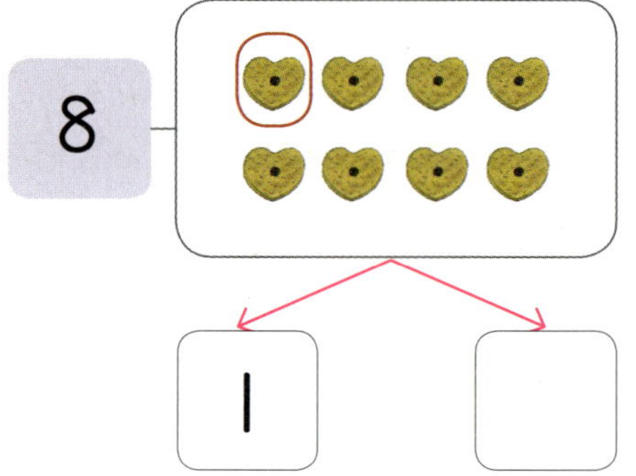

블록을 두 묶음으로 묶은 다음 ☐ 안에 알맞은 수를 쓰세요.

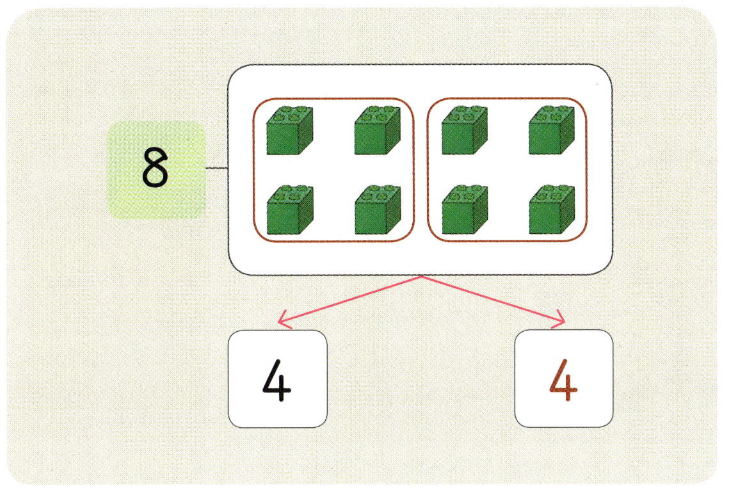

블록 4개를 묶은
다음 남은 블록을
모두 ◯로 묶어.

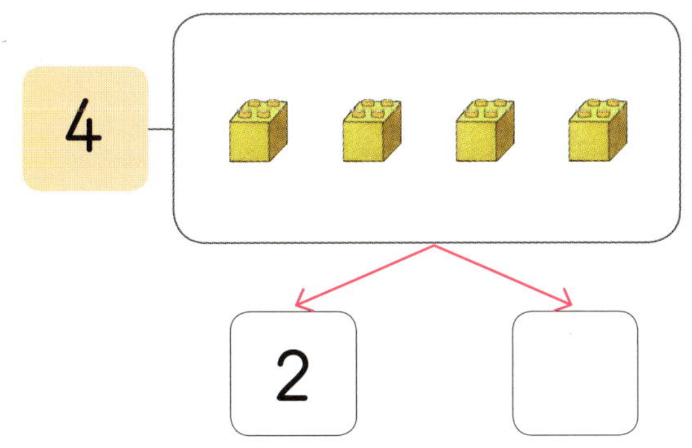

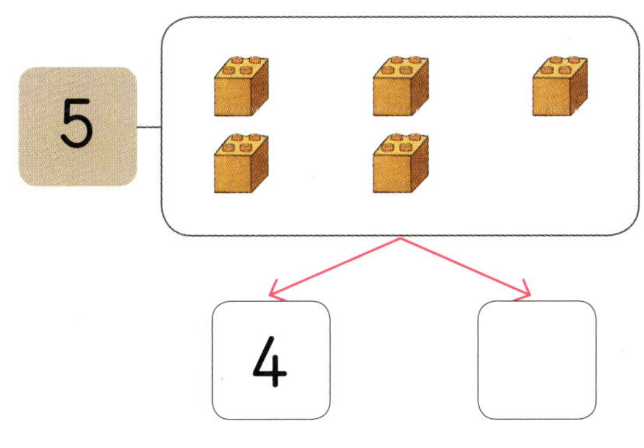

공부한 날
월
일
참! 잘했어요

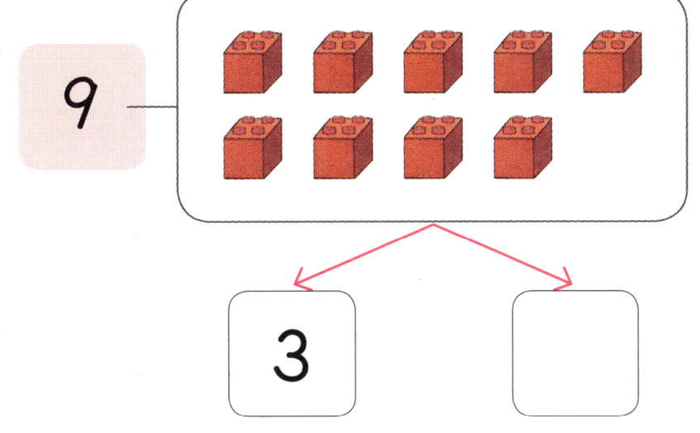

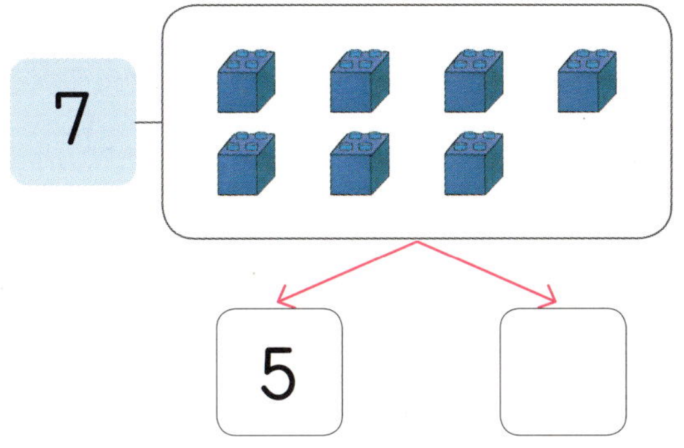

수 가르기

벌집에서 위에 있는 수를 두 수로 갈라 아래에 써요.

🌳 두 수로 갈랐어요. 빈 곳에 알맞은 수를 쓰세요.

두 수로 갈랐어요. ☐ 안에 알맞은 수를 쓰세요.

태경이와 지오가 8을 두 수로 가르려고 해요.

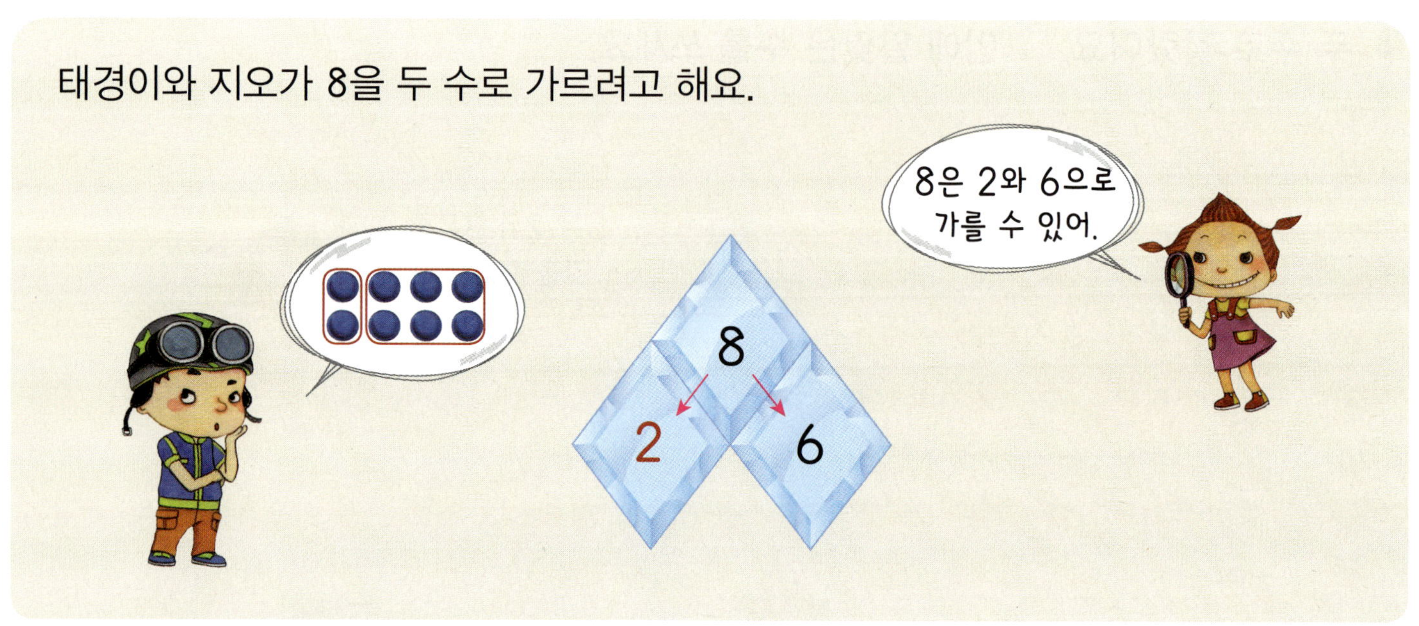

🌳 두 수로 갈랐어요. 빈 곳에 알맞은 수를 쓰세요.

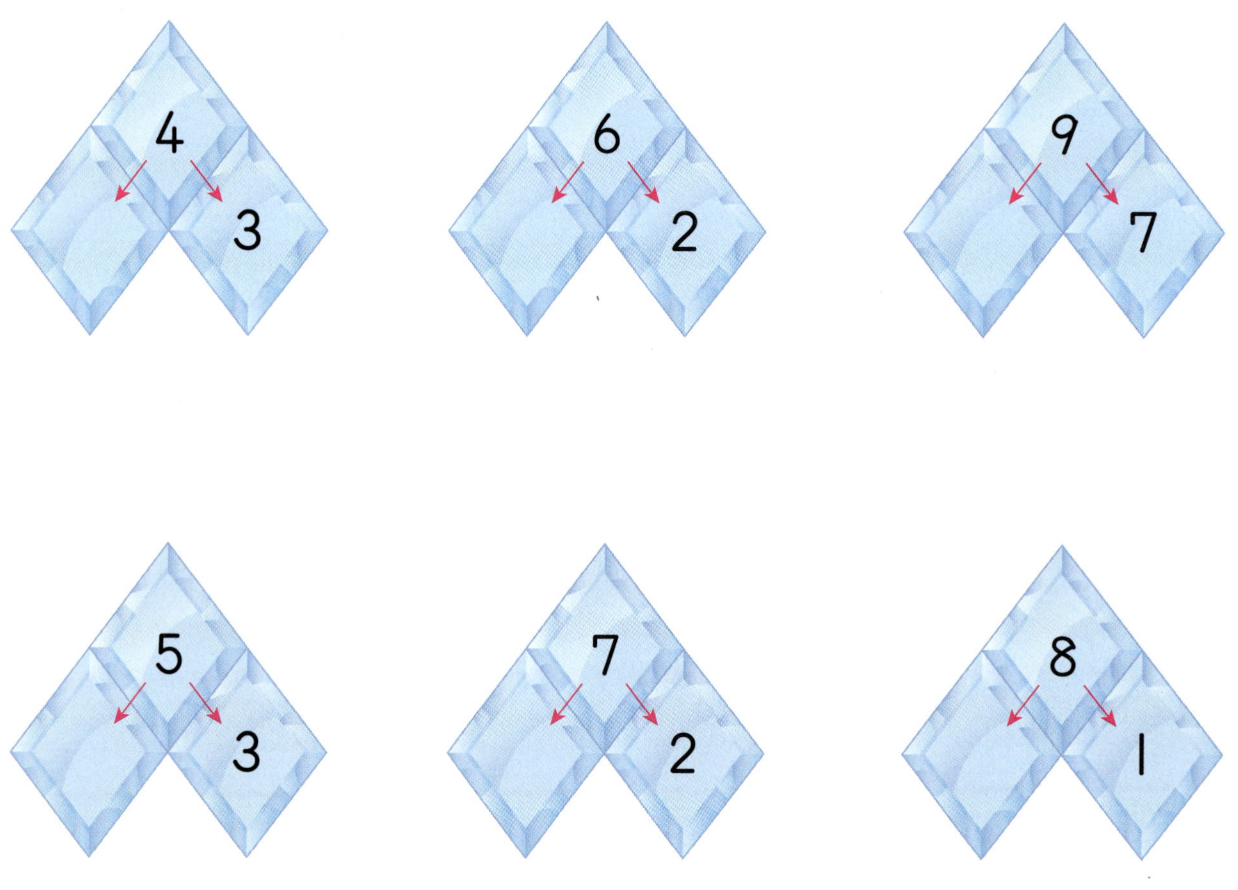

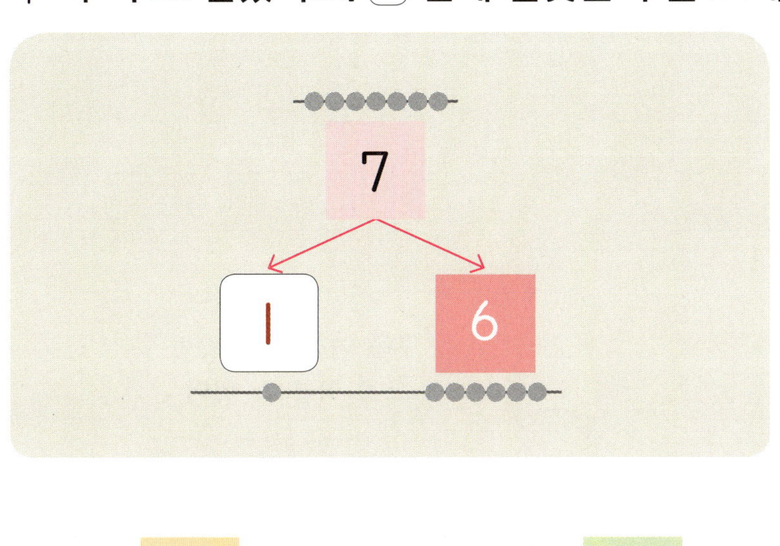

7은 1과 6으로
가를 수 있어.

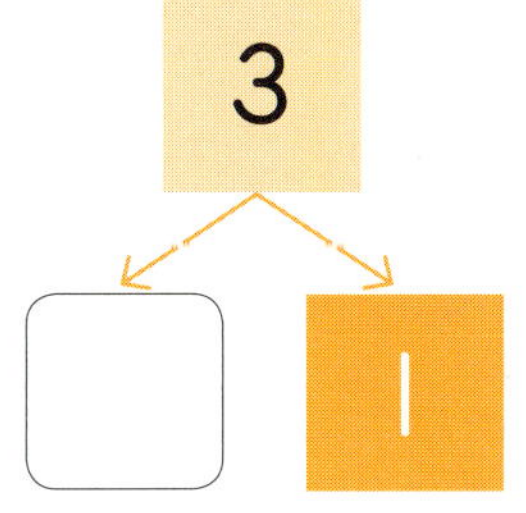

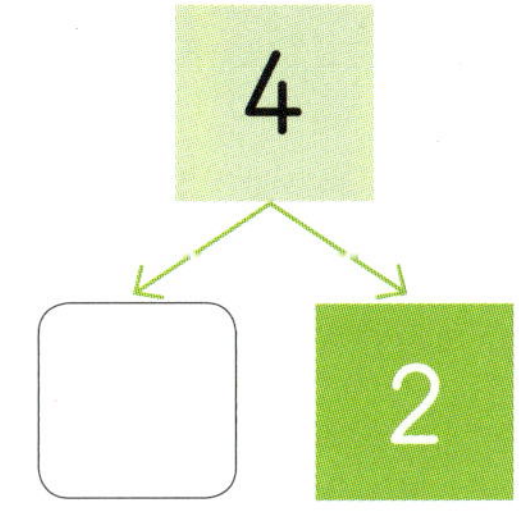

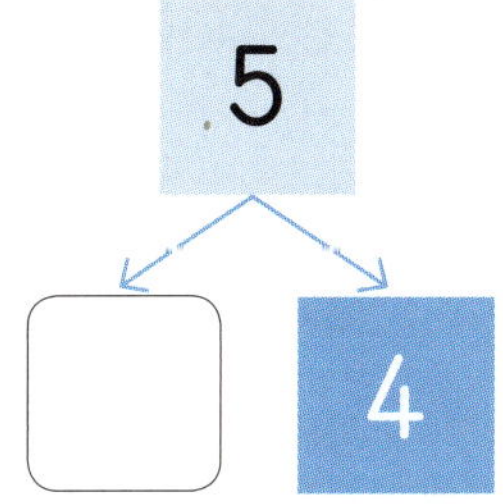

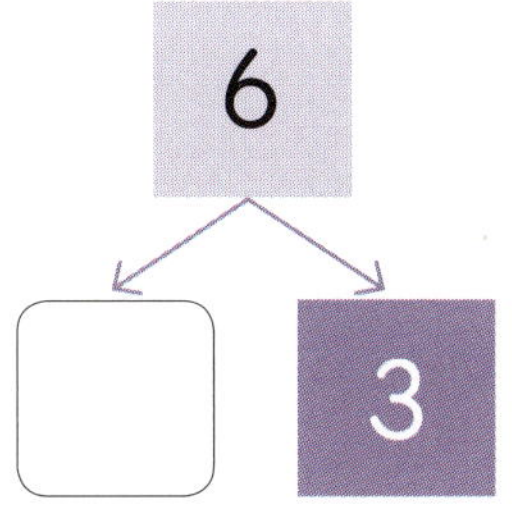

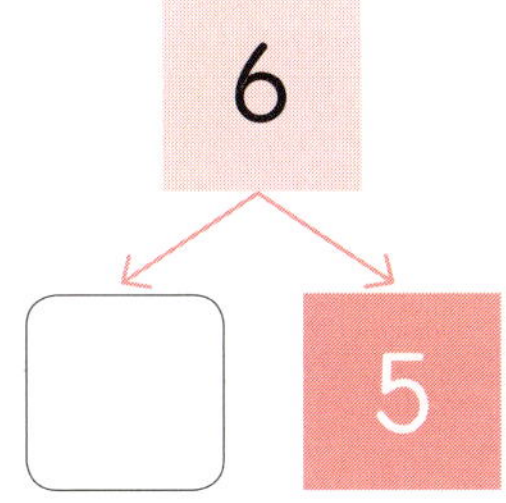

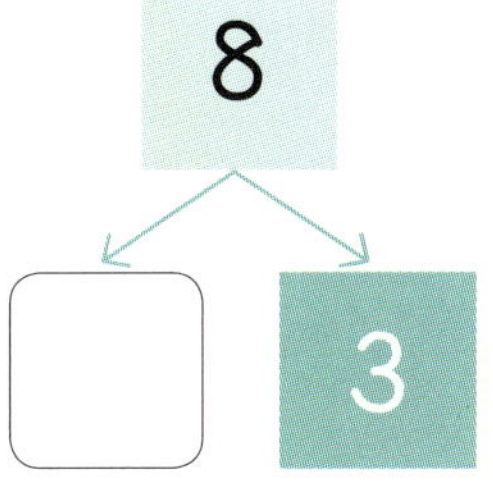

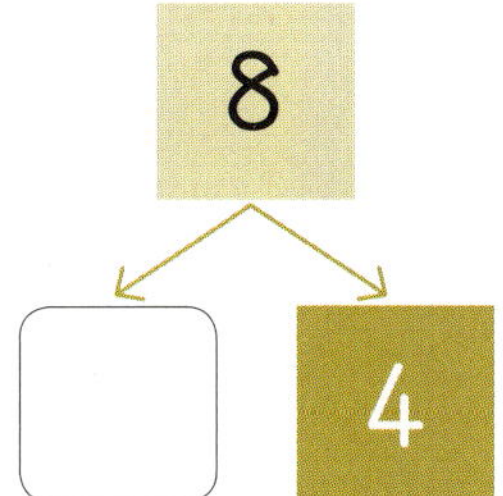

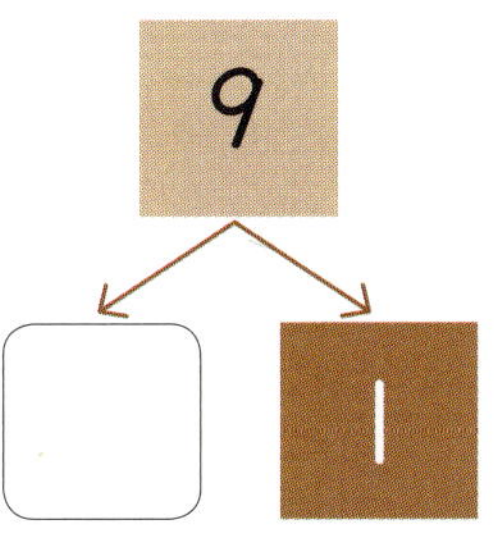

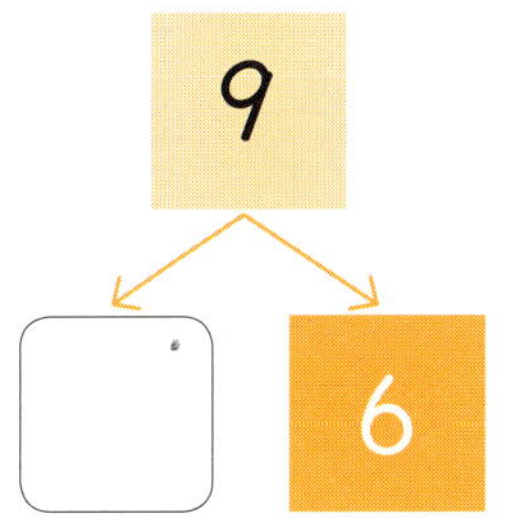

여러 가지 가르기

🌳 그림을 보고 수를 여러 가지 방법으로 가르세요.

그림을 보고 수를 여러 가지 방법으로 가르세요.

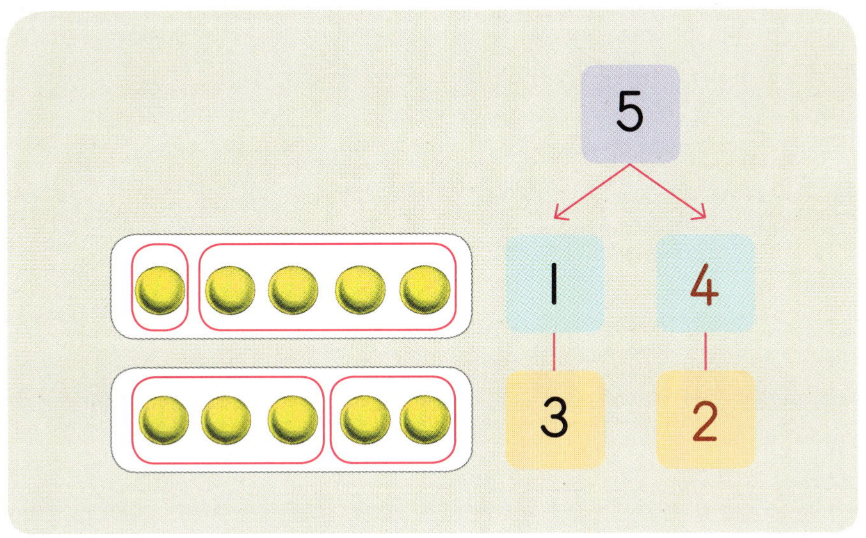

5를 1과 4로 가를 수도 있고, 3과 2로 가를 수도 있어.

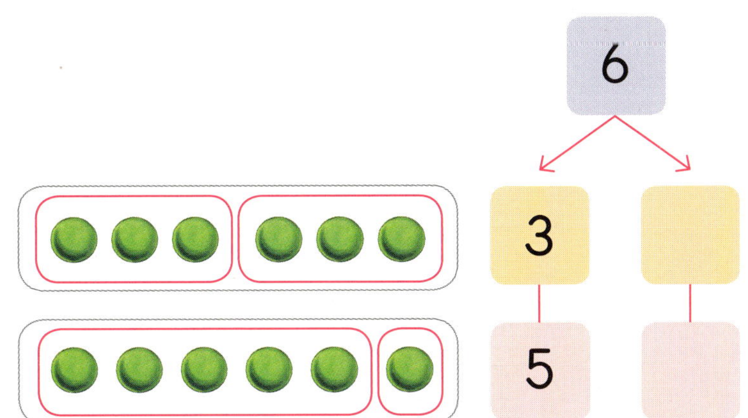

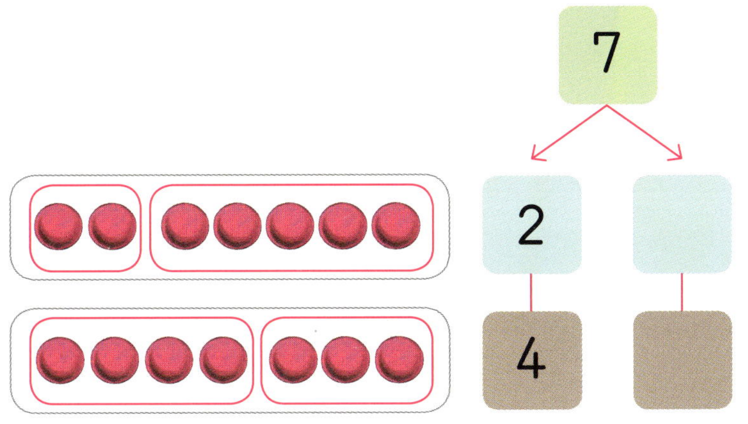

그림을 보고 어떤 두 수로 갈랐는지 알아보라고.

아이들이 각자 지붕에 적힌 수를 두 수로 갈라서 창문에 썼어요.

🌳 ○ 안의 수를 여러 가지 방법으로 가르세요.

수를 여러 가지 방법으로 가르세요.

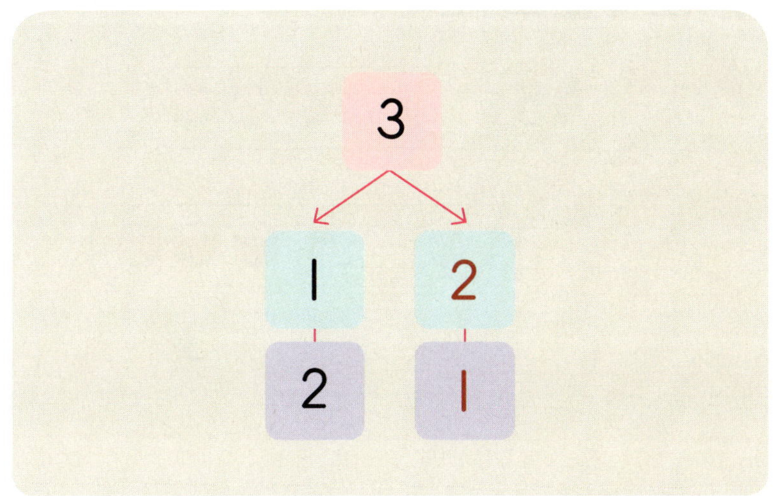

무엇을 배웠을까요

▲ 구슬을 갈랐어요. 알맞은 개수만큼 색칠하고 수를 쓰세요.

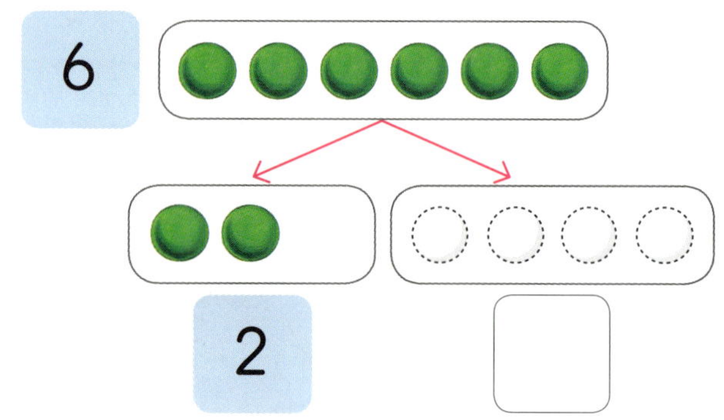

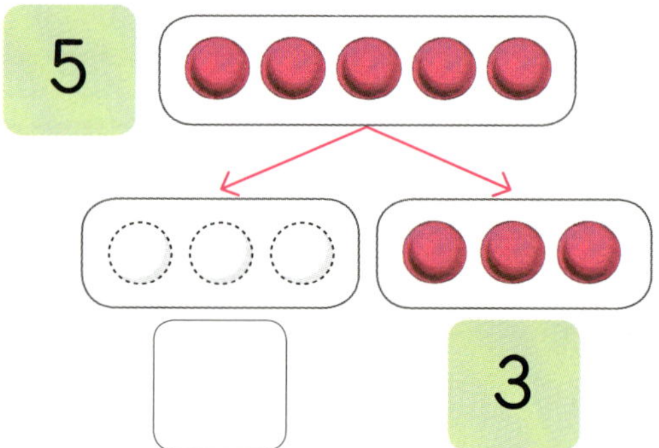

▲ 연결큐브를 두 묶음으로 갈랐어요. 알맞은 개수만큼 색칠하고 수를 쓰세요.

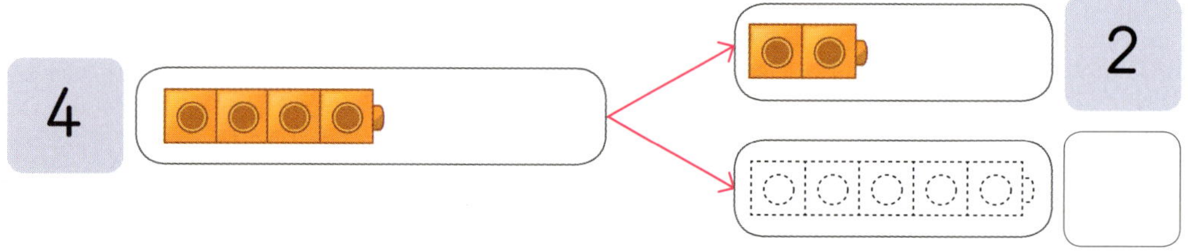

▲ 구슬을 두 묶음으로 갈랐어요. 각 묶음의 개수를 세어 ☐ 안에 쓰세요.

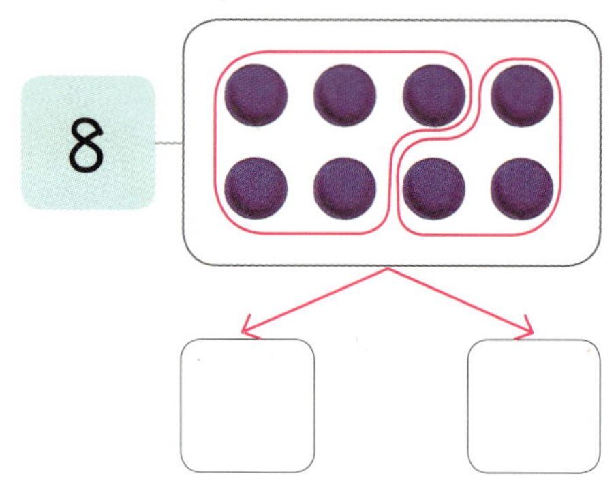

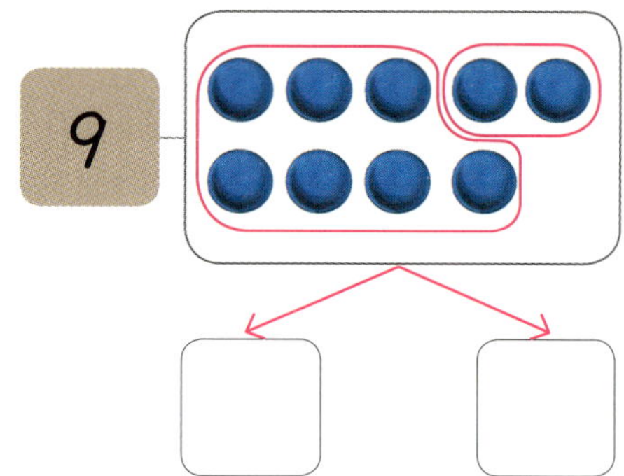

🌲 두 수로 갈랐어요. 빈 곳에 알맞은 수를 쓰세요.

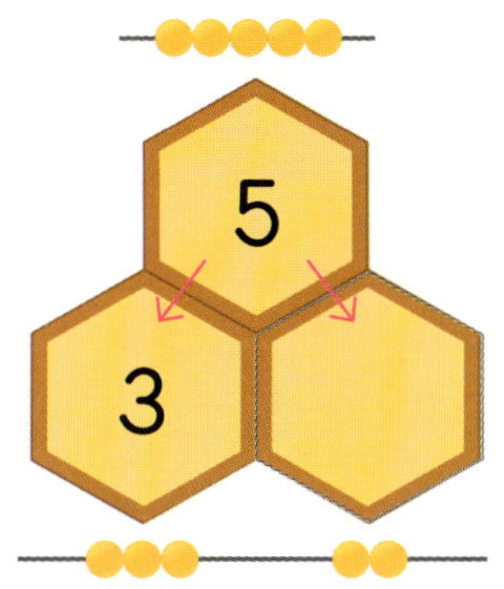

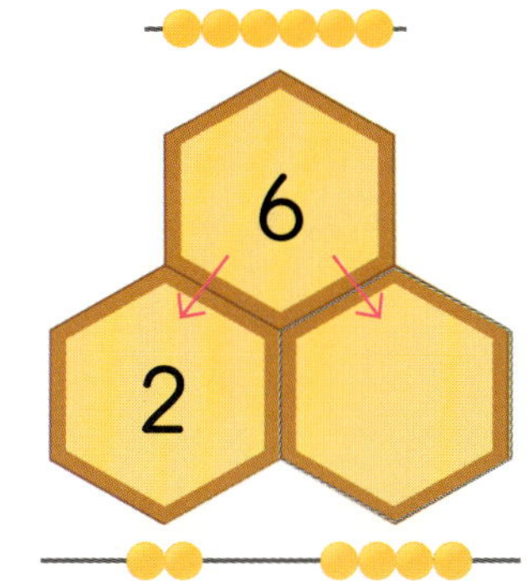

🌲 두 수로 갈랐어요. ⬜ 안에 알맞은 수를 쓰세요.

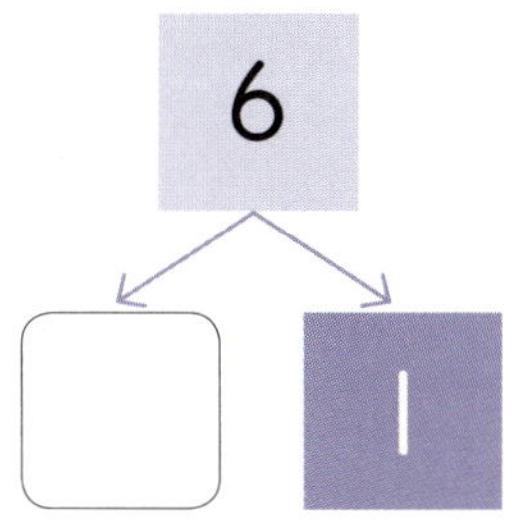

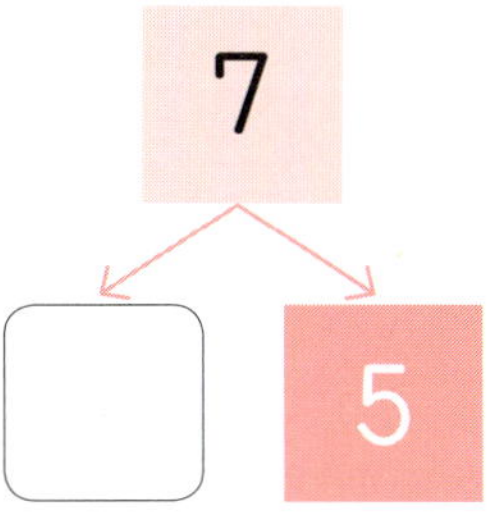

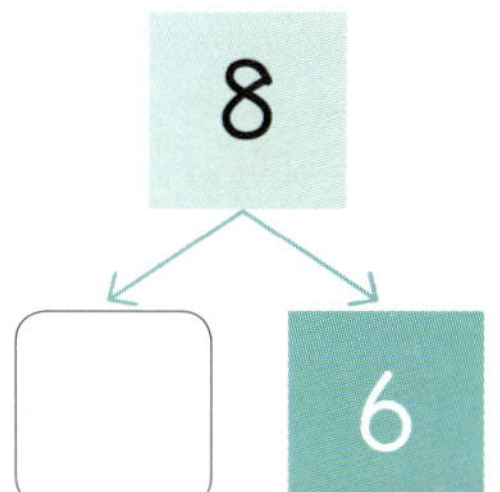

🌲 그림을 보고 수를 여러 가지 방법으로 가르세요.

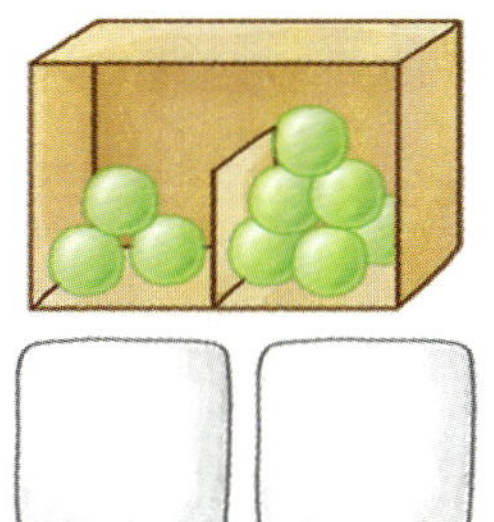

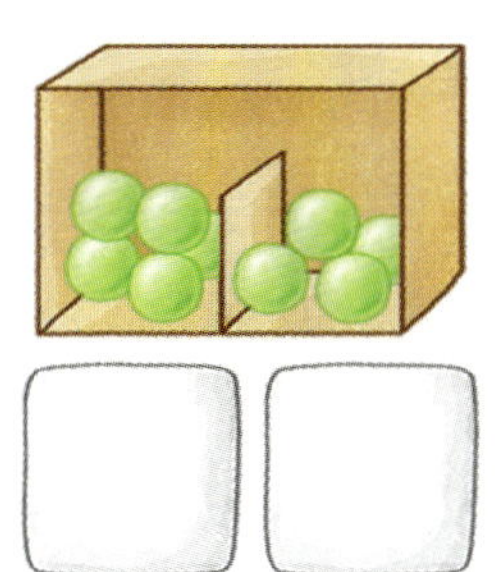

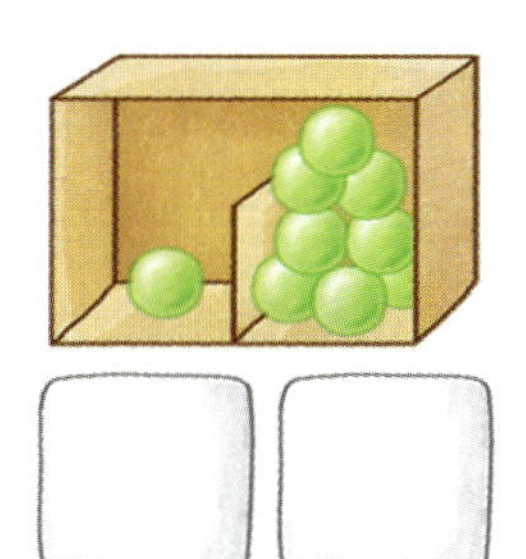

연산력 게임

QR코드를 찍으면 다양한 연산 게임을 할 수 있어요.

수를 갈라요

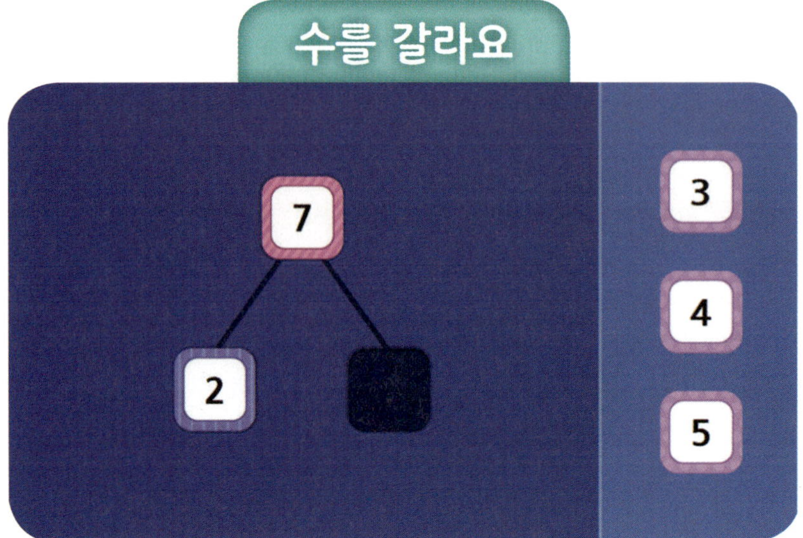

수를 어떻게 가를 수 있을까요?

수를 가르기 하여 빈 곳에 들어갈 수를 오른쪽에서 찾아 손가락으로 끌어서 넣으세요.
5를 넣으면 정답입니다.

도넛을 두 쟁반에 나누어 놓아요.

위에 있는 도넛을 아래에 있는 두 쟁반에 써 있는 수만큼씩 손가락으로 끌어서 놓으세요.
왼쪽 쟁반에 도넛 3개, 오른쪽 쟁반에 도넛 5개를 놓으면 정답입니다.

도넛을 나눠 먹어요

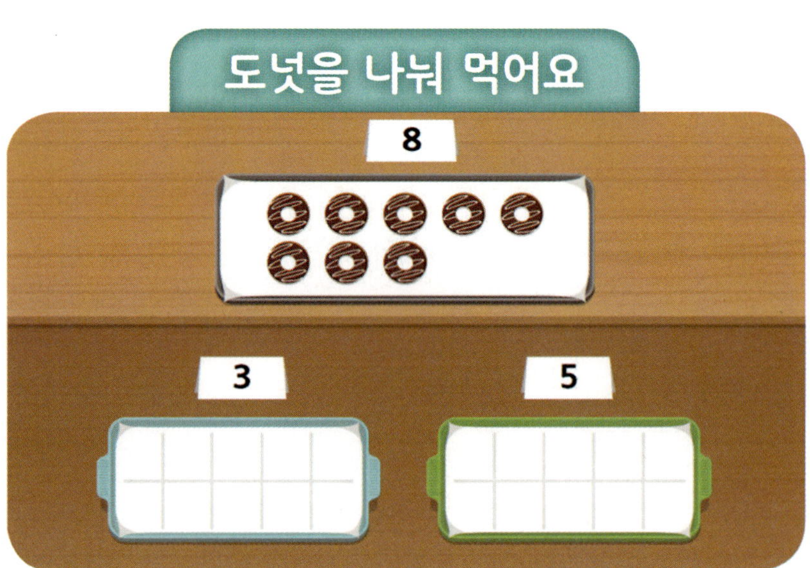

모으기

▶ 연산 보충 학습(103~104쪽)에서 더 풀어 보세요.

학부모 지도 가이드

이 차시에서는 모아서 10보다 작은 수가 되는 두 수 모으기를 공부합니다.
직접 물건을 모아 보면서 여러 가지 방법으로 모으기를 연습시키고, 모으기 연습을 반복하면서 물건을 사용하지 않고도 두 수를 모으는 능력을 기릅니다.
또한 모으는 두 수의 순서가 바뀌어도 결과는 같음을 지도합니다.

하나로 모으기 (1)

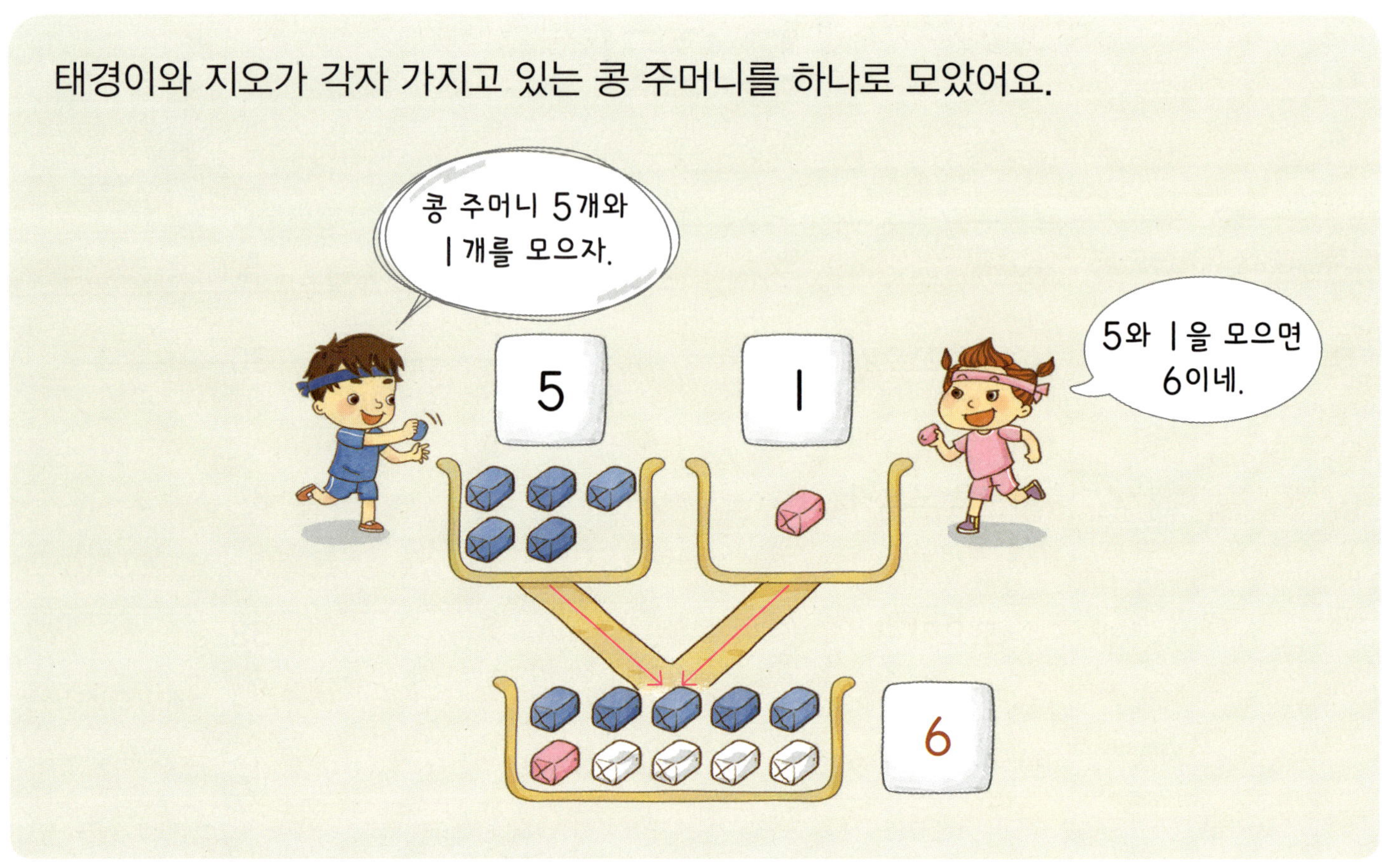

🌳 구슬을 모았어요. 알맞은 개수만큼 색칠하고 수를 쓰세요.

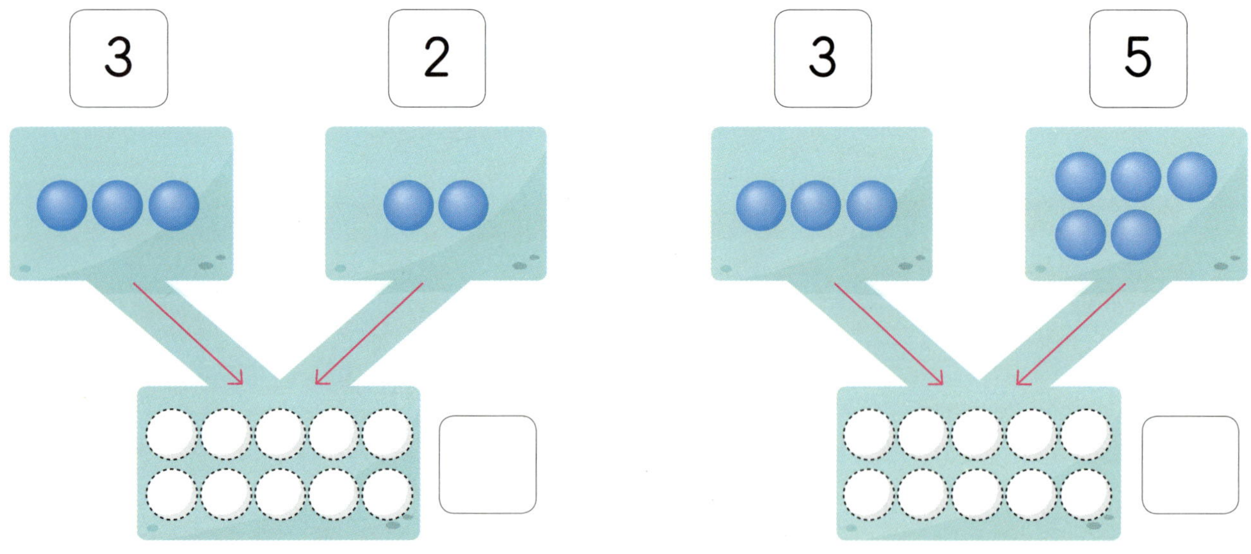

구슬을 모았어요. 알맞은 개수만큼 색칠하고 수를 쓰세요.

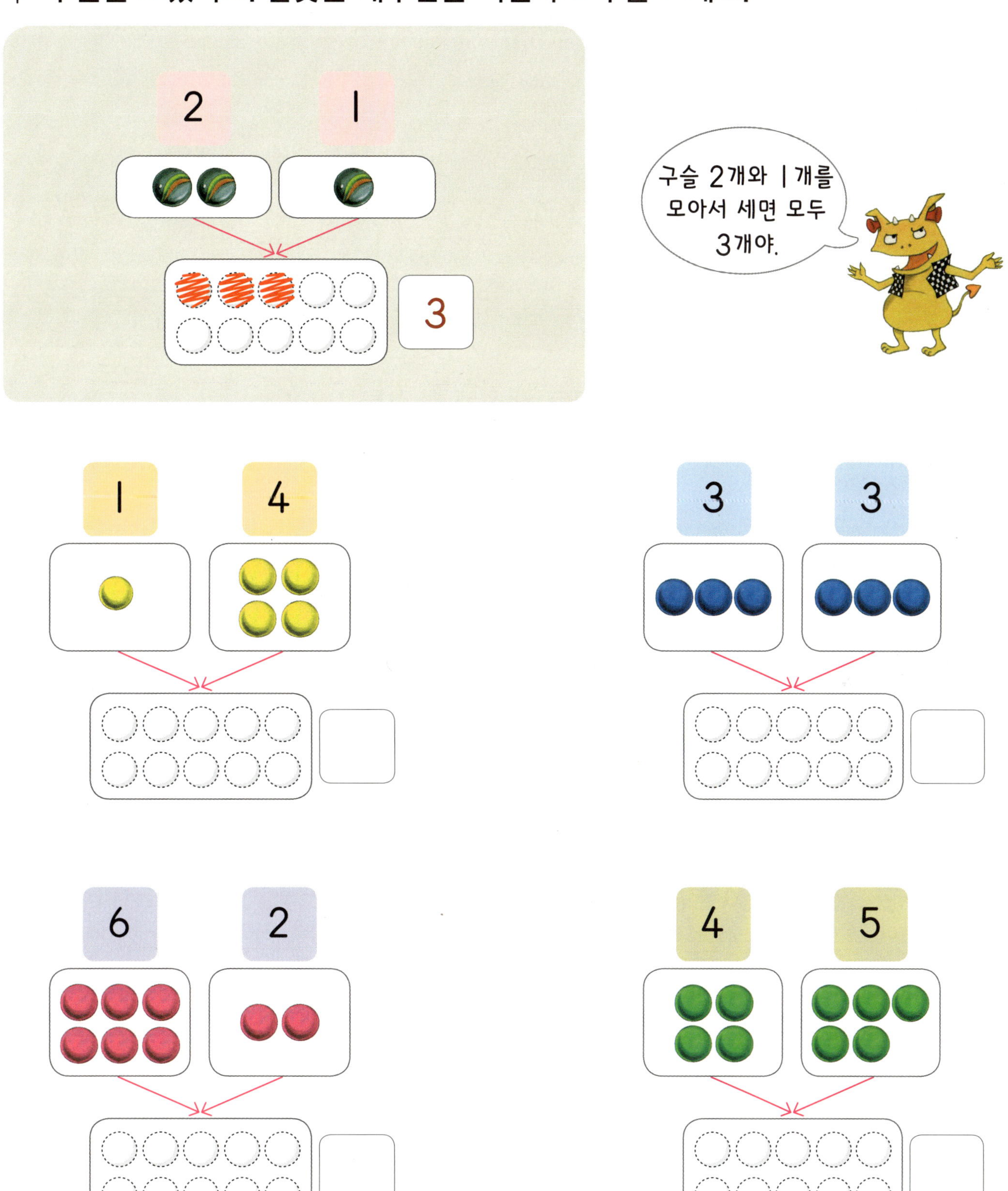

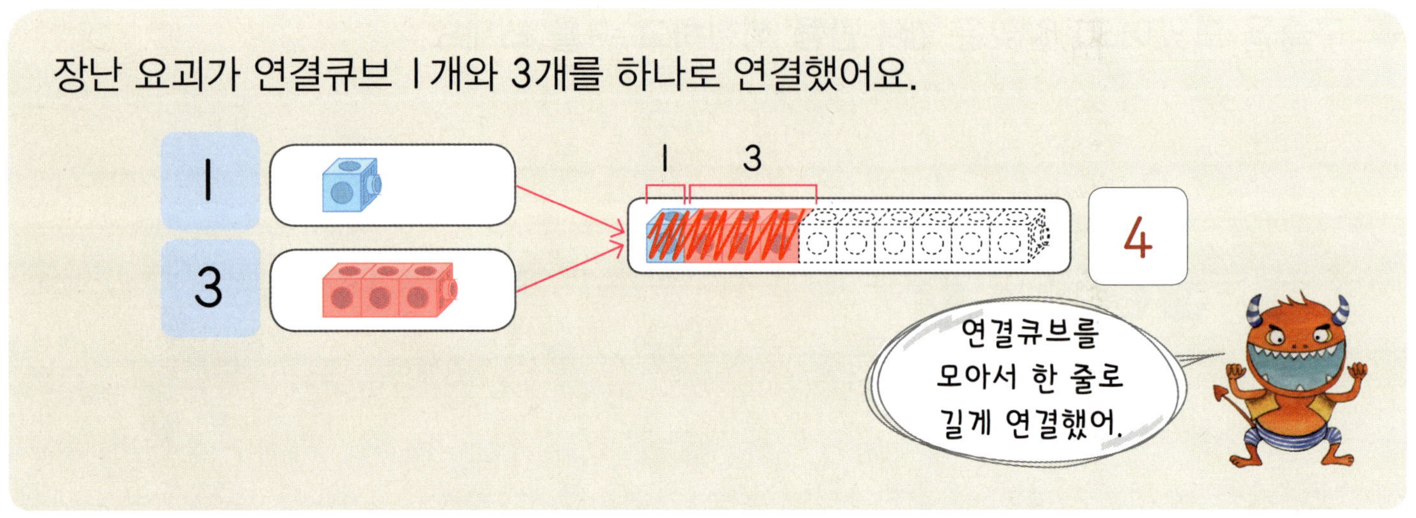

🌳 연결큐브를 모았어요. 알맞은 개수만큼 색칠하고 수를 쓰세요.

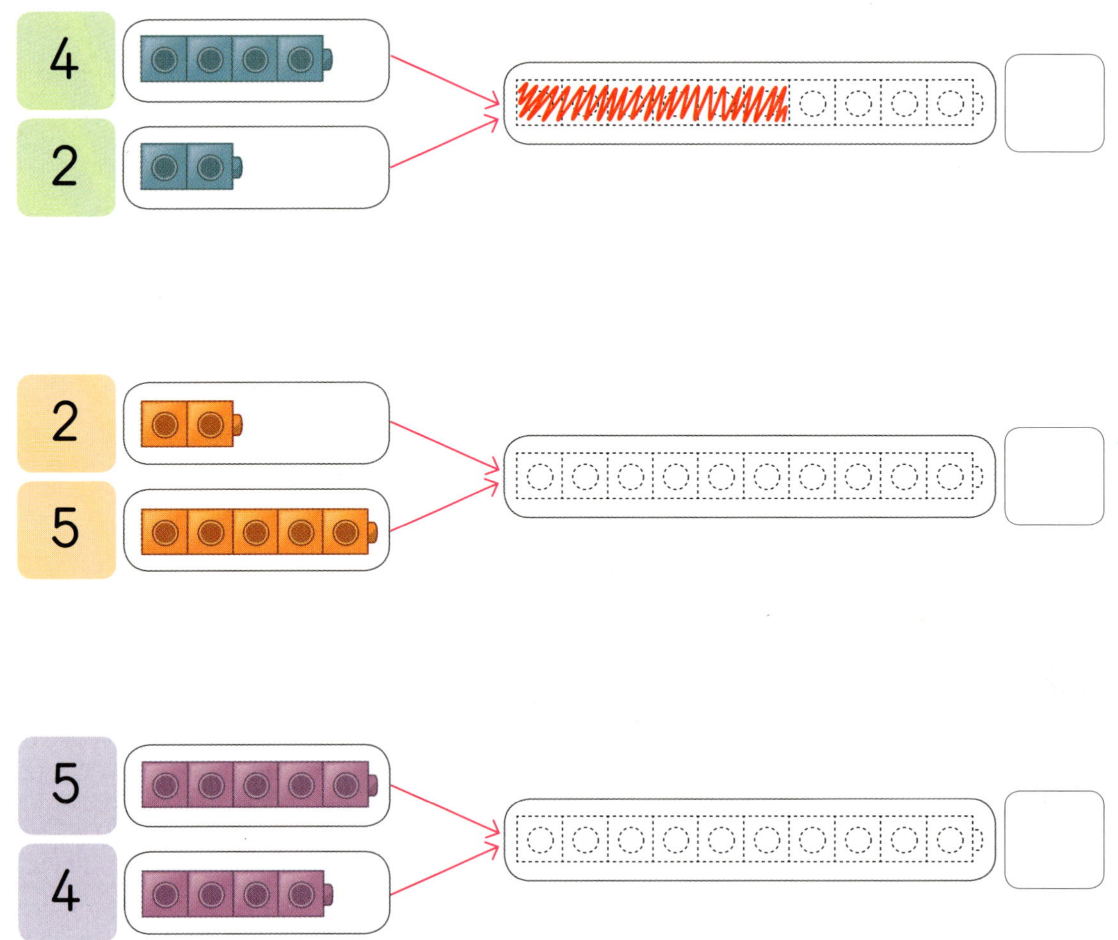

연결큐브를 모았어요. 알맞은 개수만큼 색칠하고 수를 쓰세요.

6
1
7
2
1
1
5
3
4
4
4

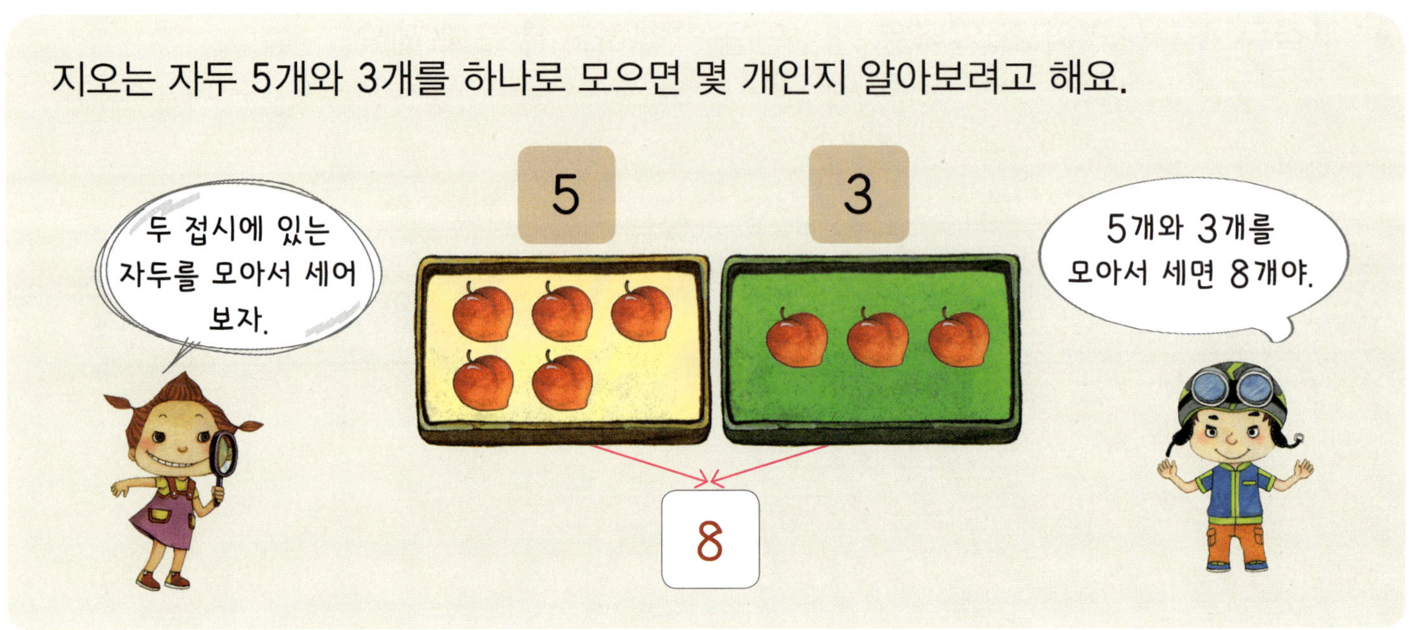

🌳 과일을 모으면 모두 몇 개인지 ☐ 안에 알맞은 수를 쓰세요.

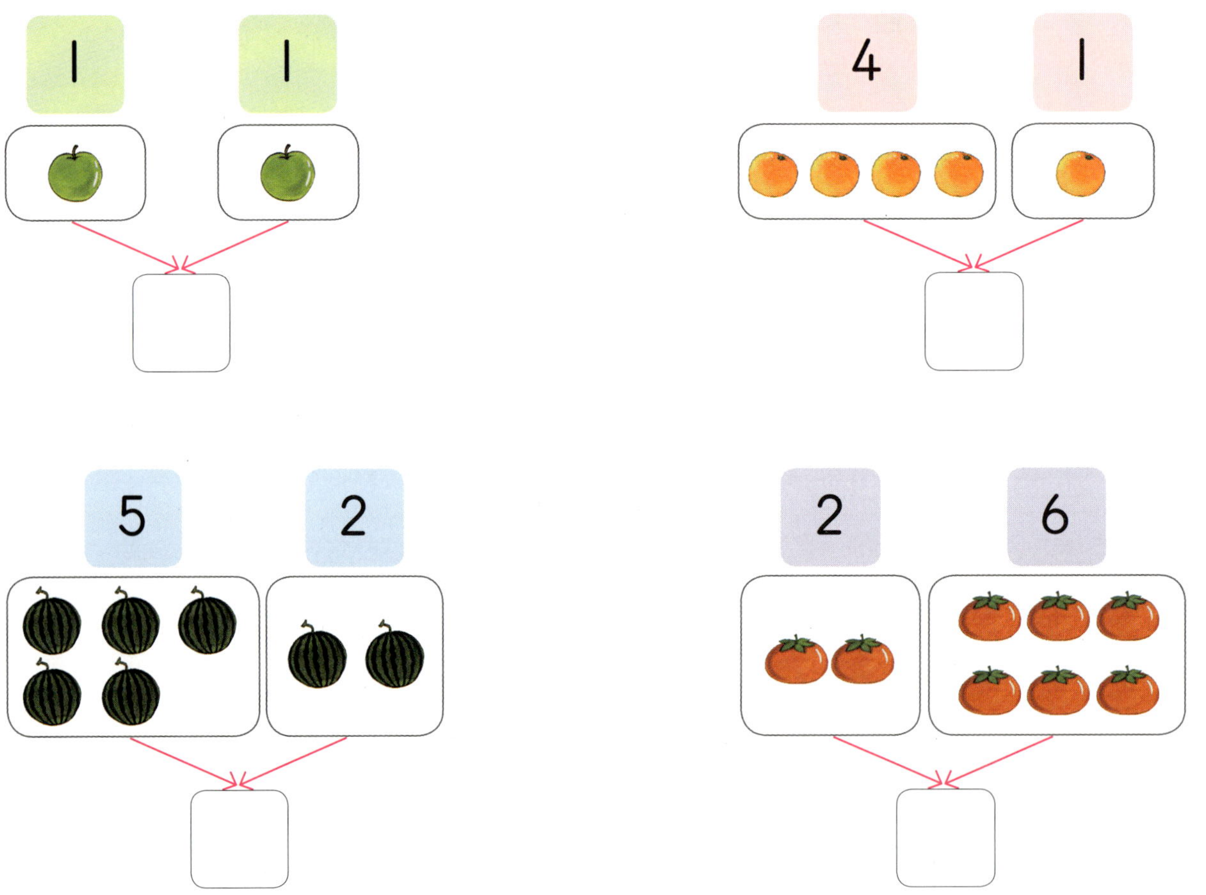

● 구슬을 모으면 모두 몇 개인지 ☐ 안에 알맞은 수를 쓰세요.

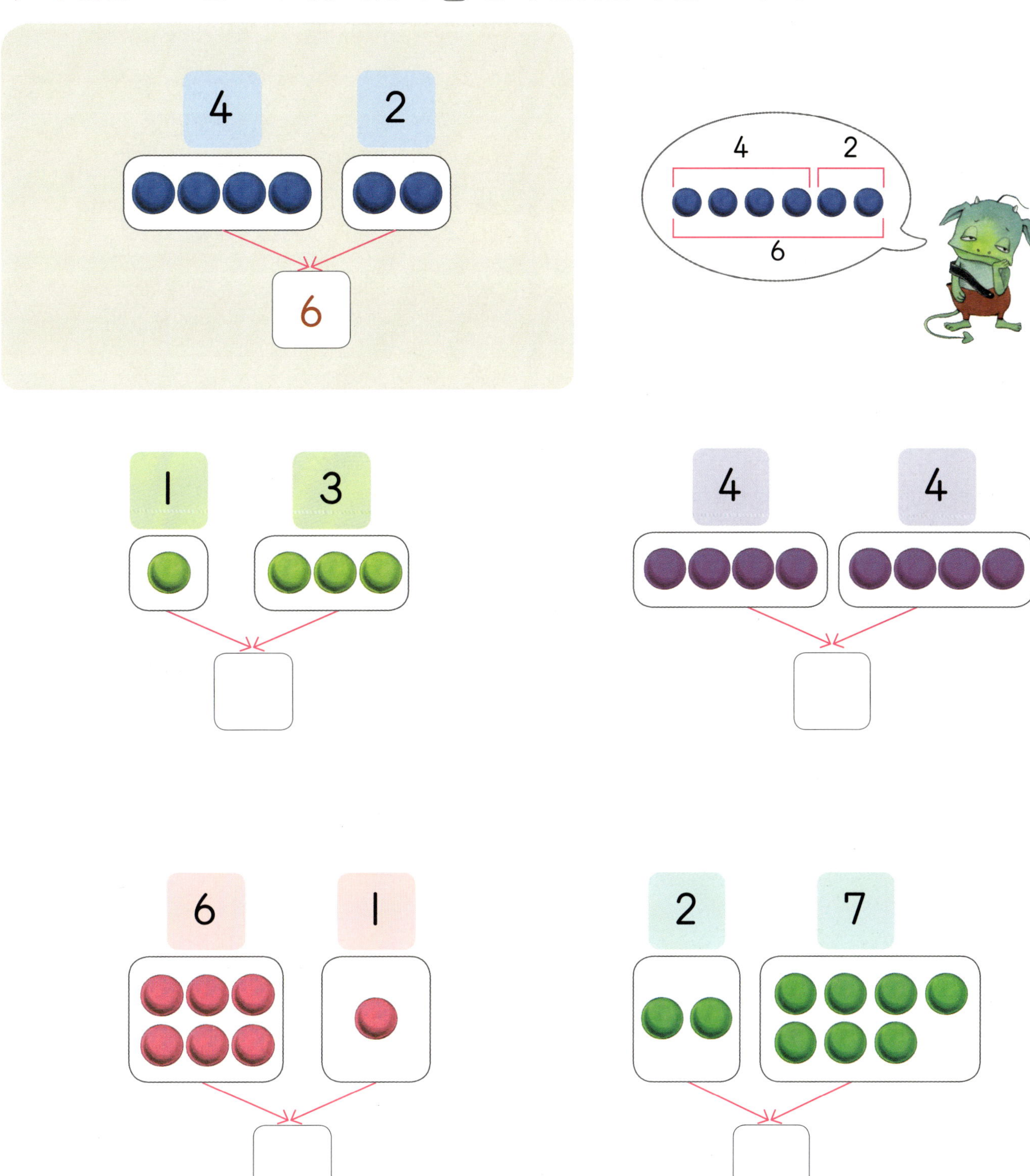

태경이와 지오는 도미노의 양쪽 점의 수를 모두 세어 보았어요.

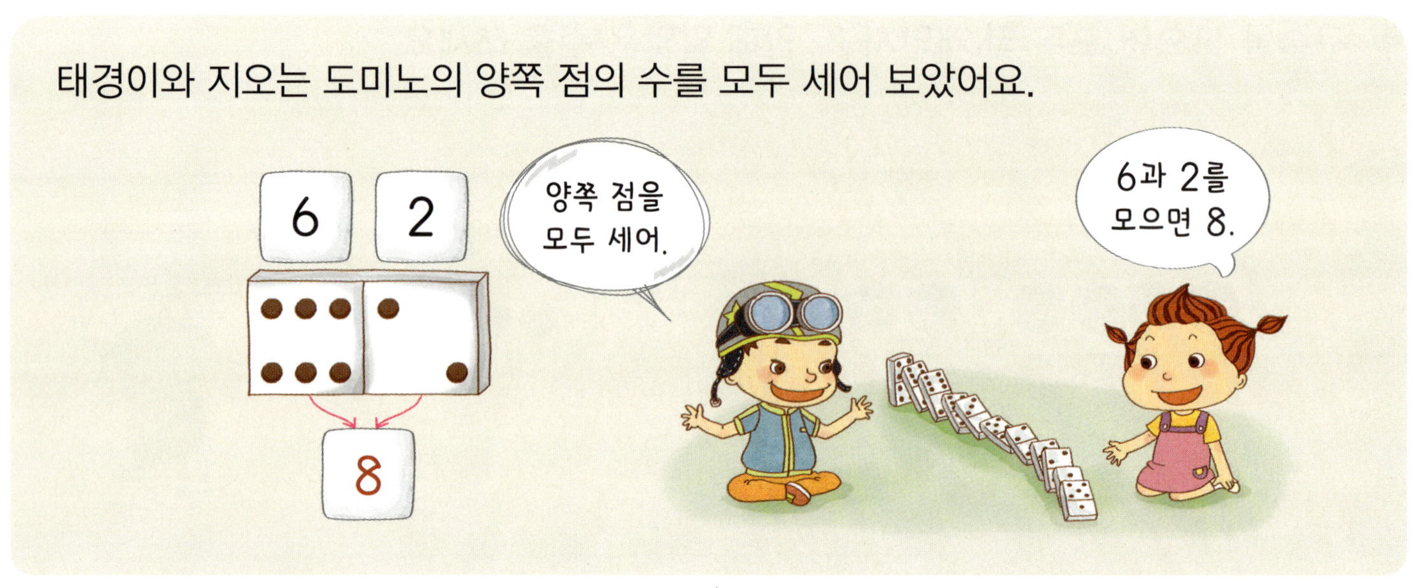

도미노의 양쪽 점의 수를 모았어요. ☐ 안에 알맞은 수를 쓰세요.

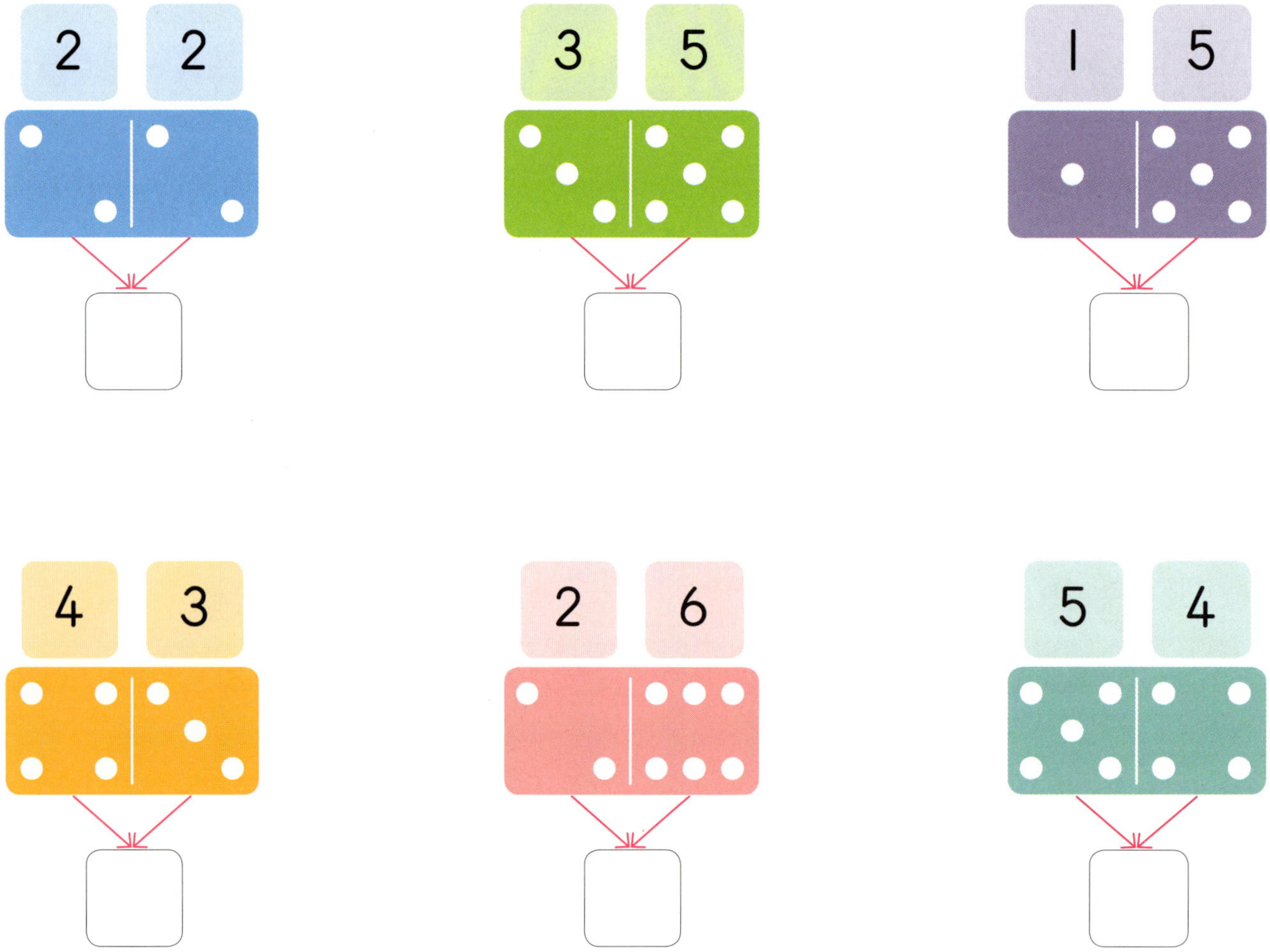

🌳 **크레파스를 모으면 모두 몇 개인지 ☐ 안에 알맞은 수를 쓰세요.**

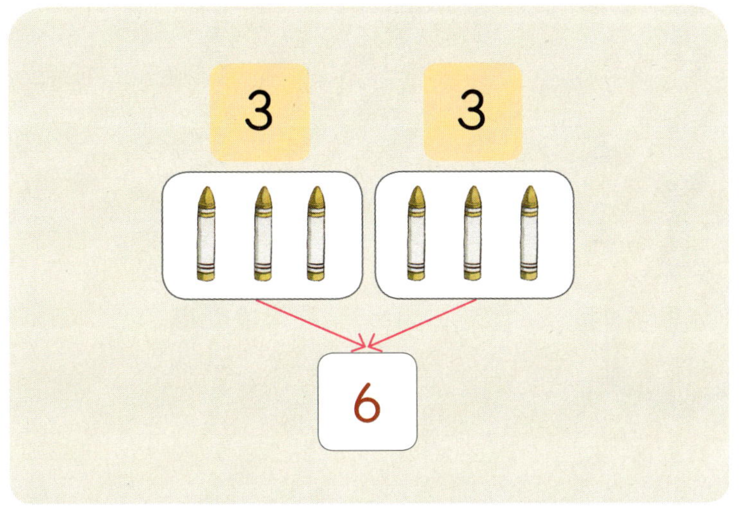

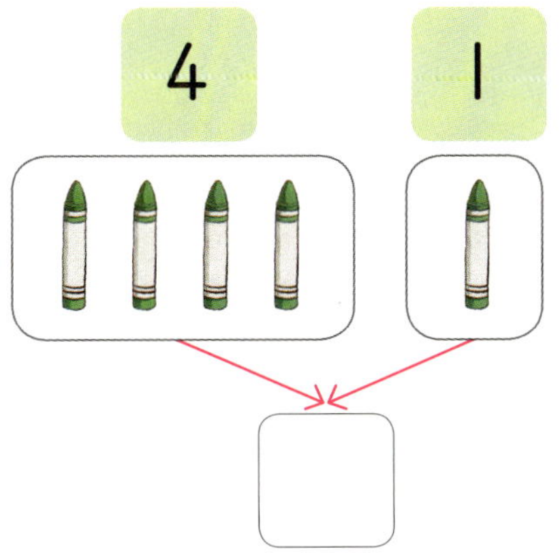

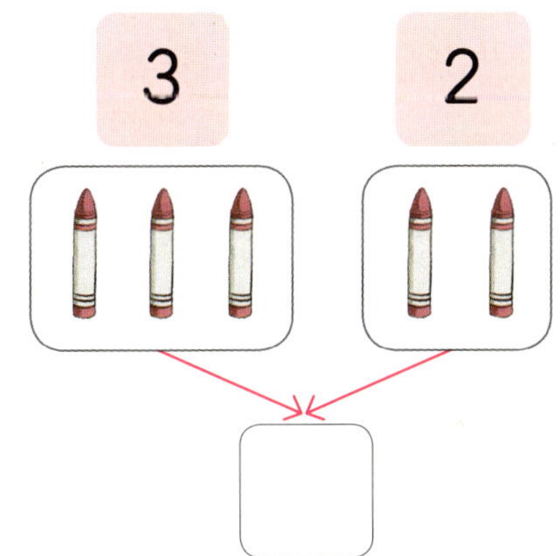

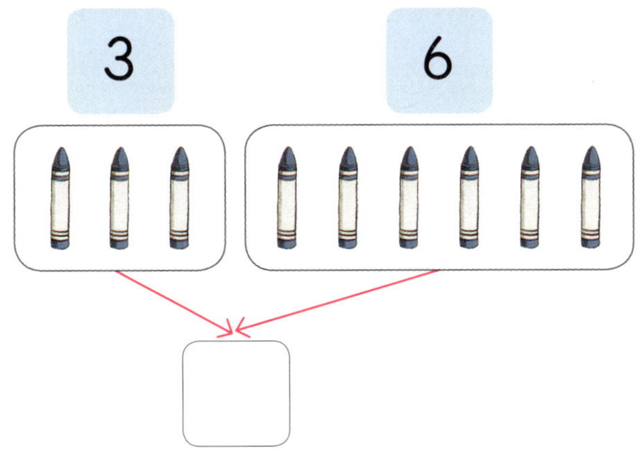

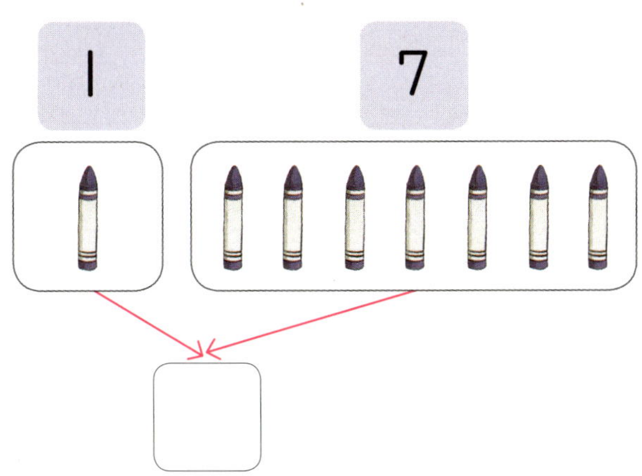

수 모으기

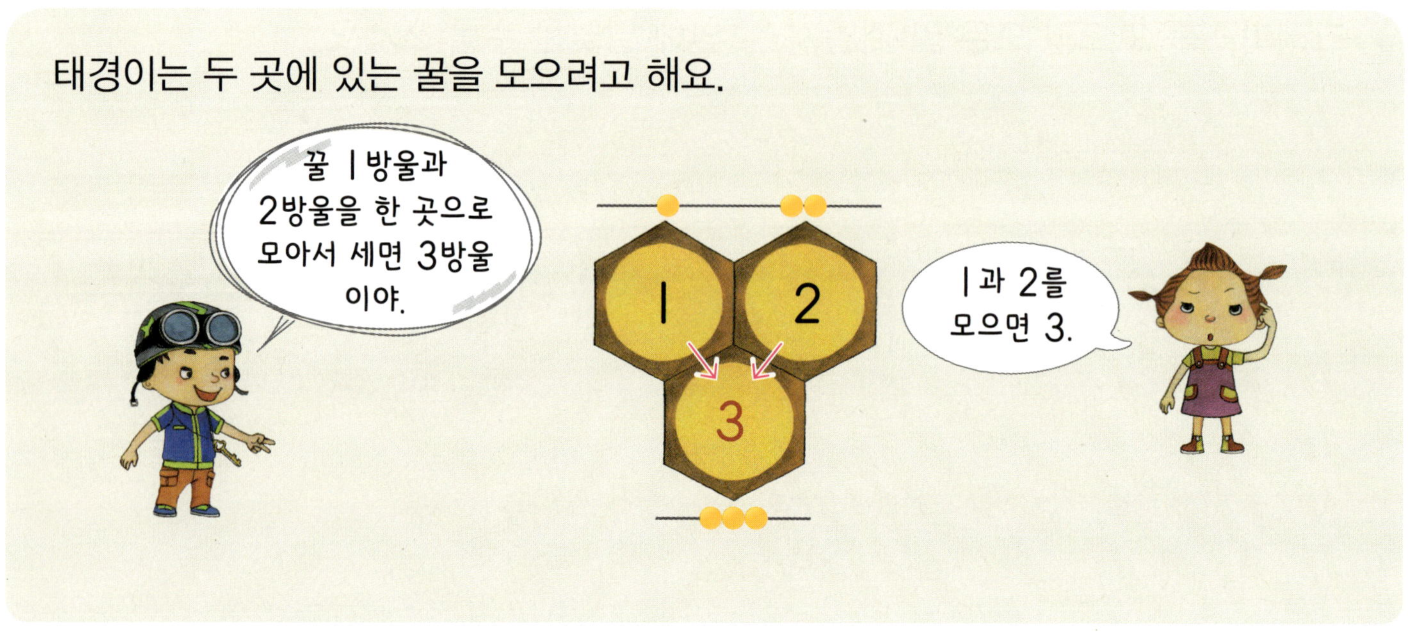

🌱 두 수를 모았어요. 빈 곳에 알맞은 수를 쓰세요.

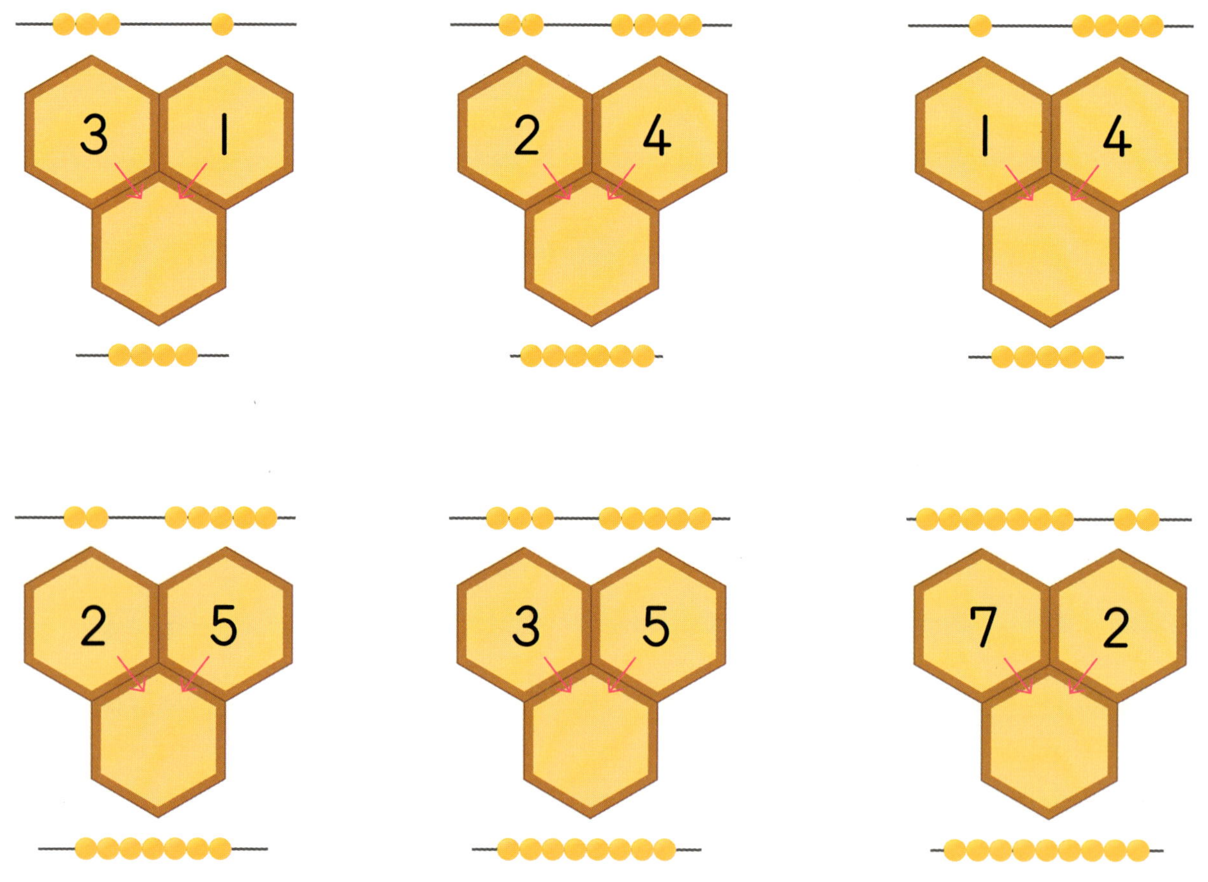

두 수를 모았어요. ☐ 안에 알맞은 수를 쓰세요.

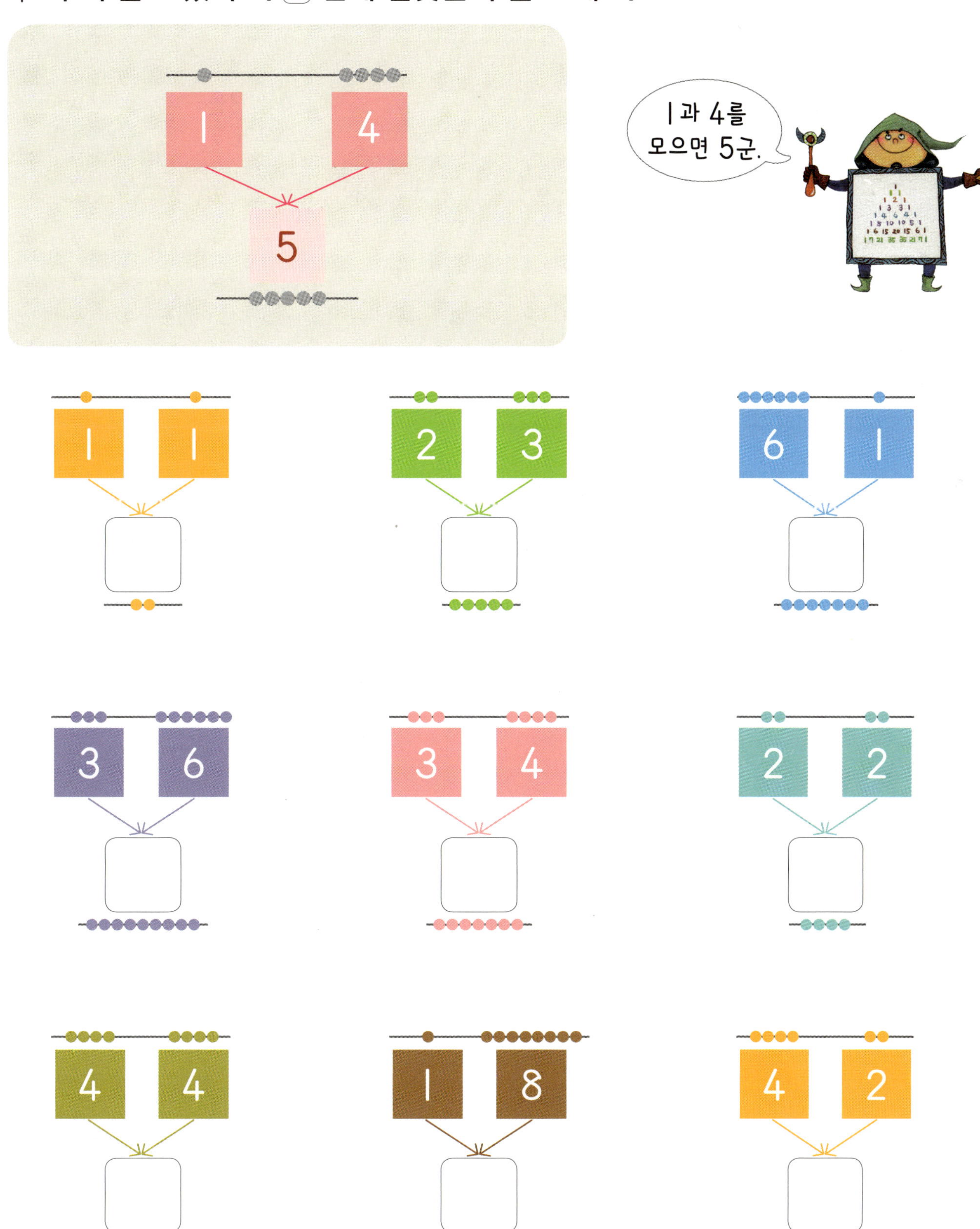

보석에 적힌 두 수를 모으려고 해요.

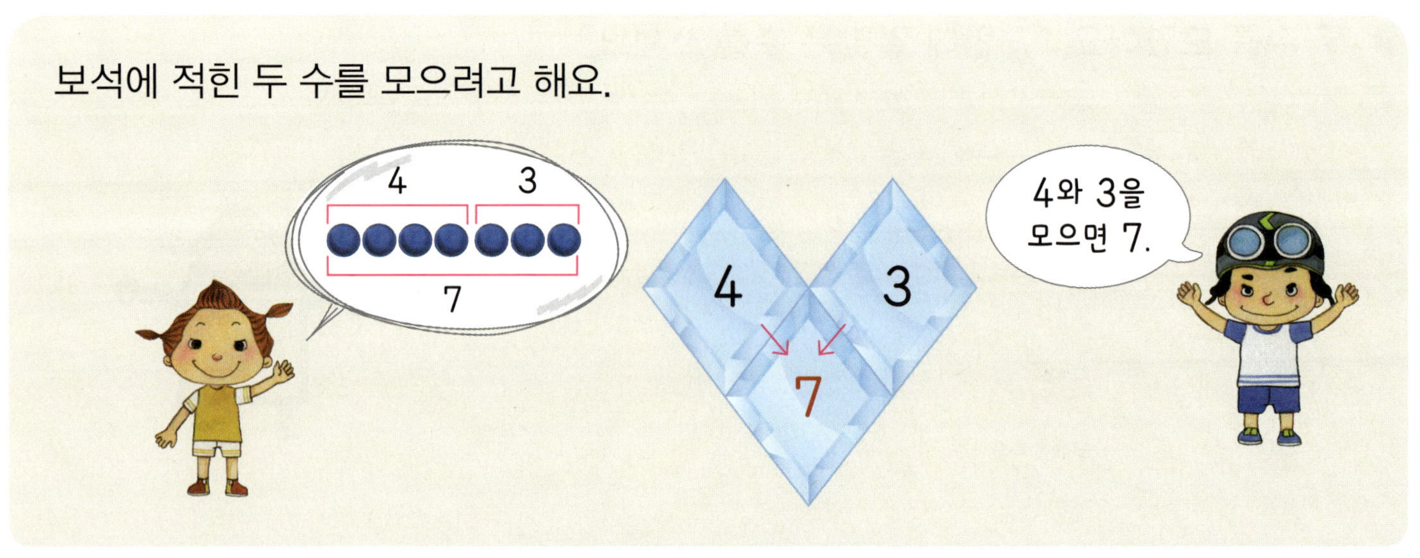

🌳 두 수를 모았어요. 빈 곳에 알맞은 수를 쓰세요.

🌳 두 수를 모았어요. ☐ 안에 알맞은 수를 쓰세요.

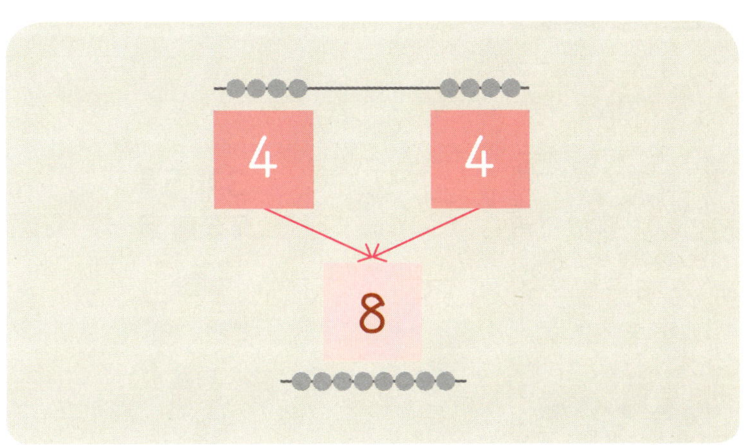

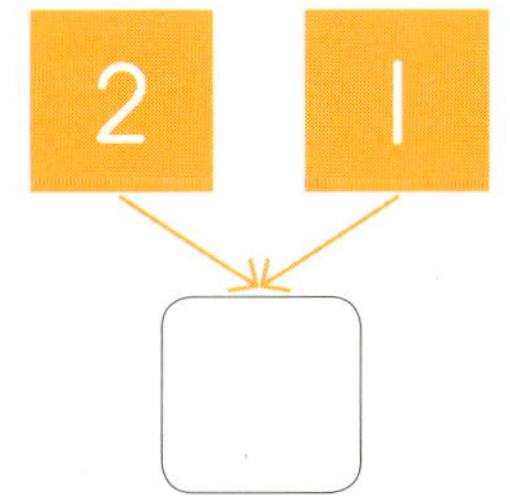

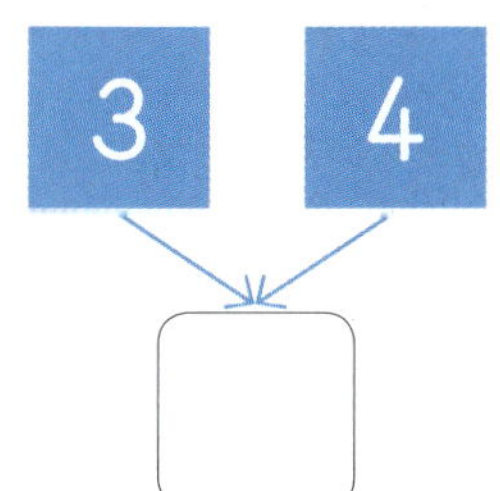

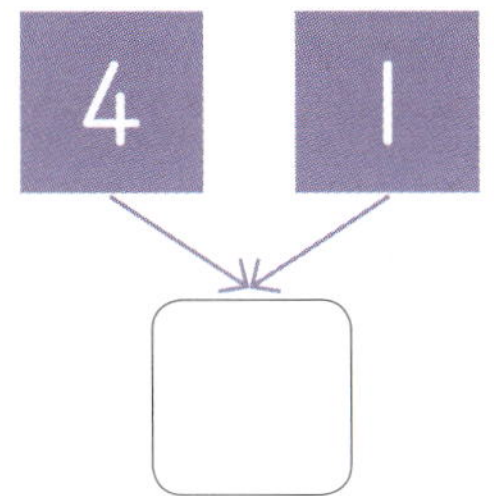

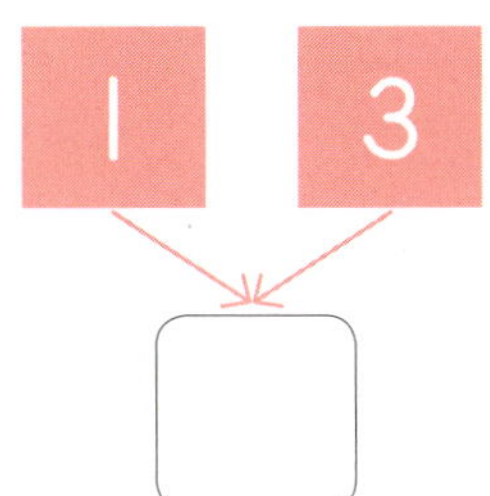

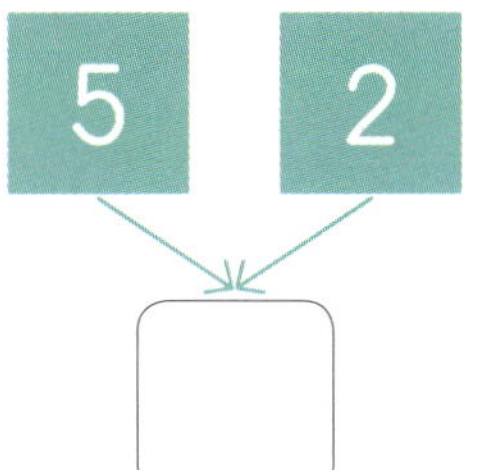

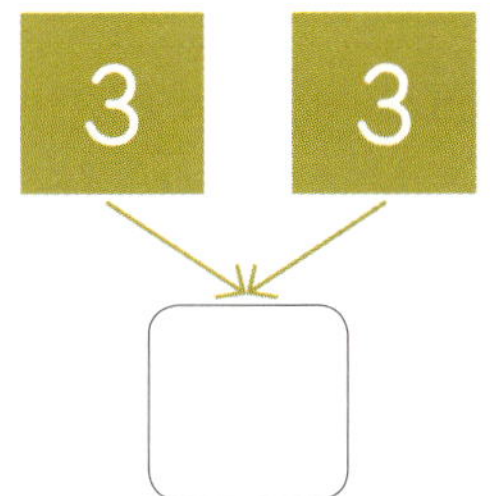

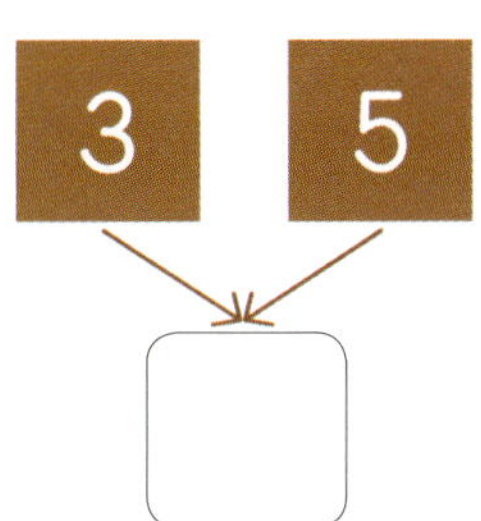

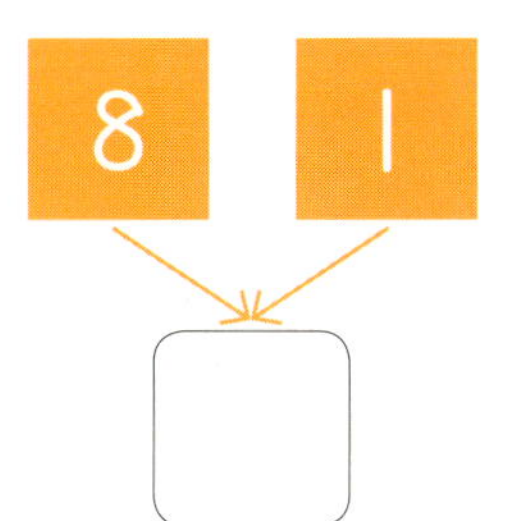

네 방향 모으기

🌳 같은 색 구슬끼리 모으려고 해요. 개수를 세어 ⬜ 안에 알맞은 수를 쓰세요.

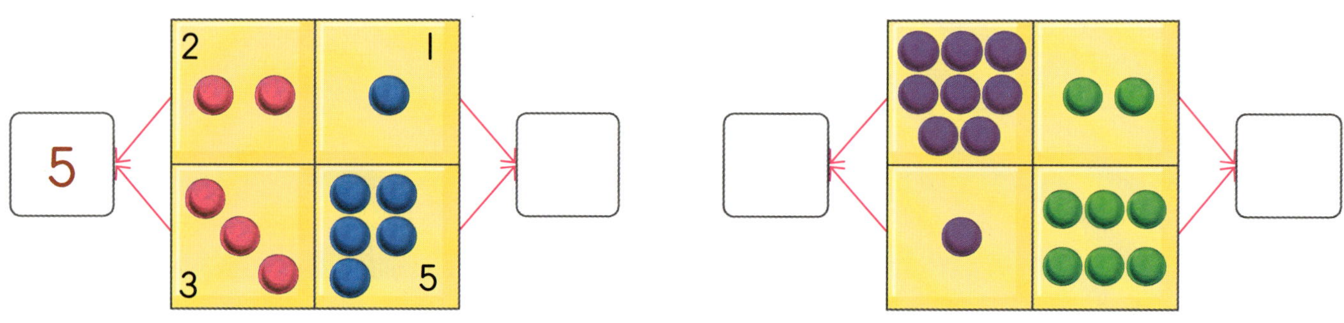

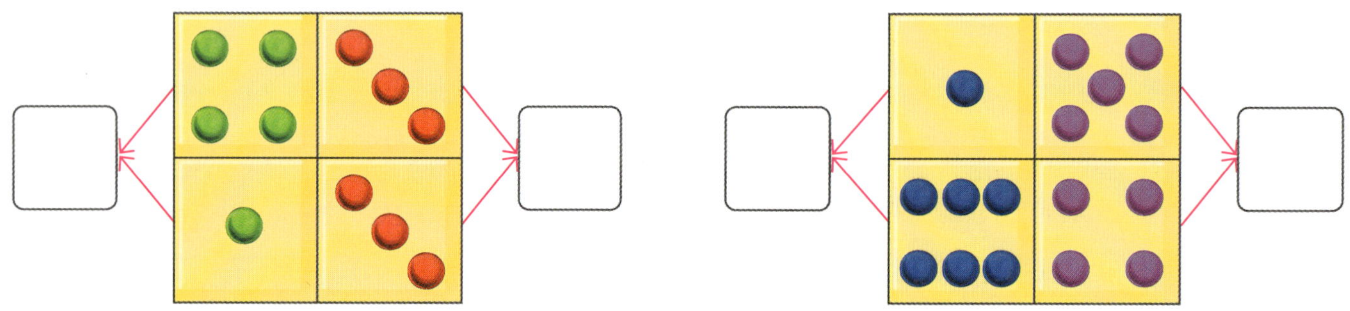

1과 3을 모으고, 2와 4를 모아.
2와 4를 모으면 6이네.
1과 3을 모으면 4지.

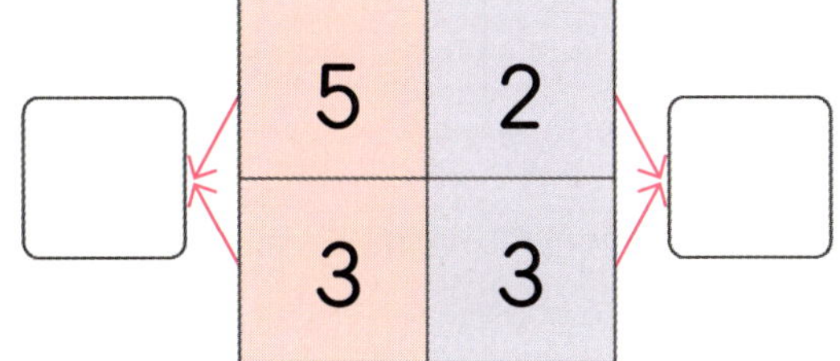

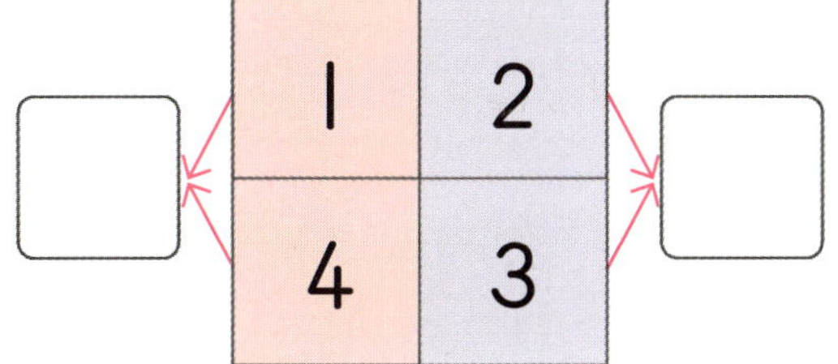

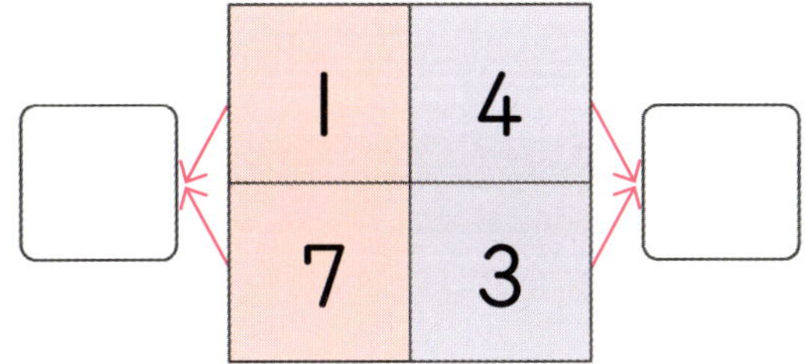

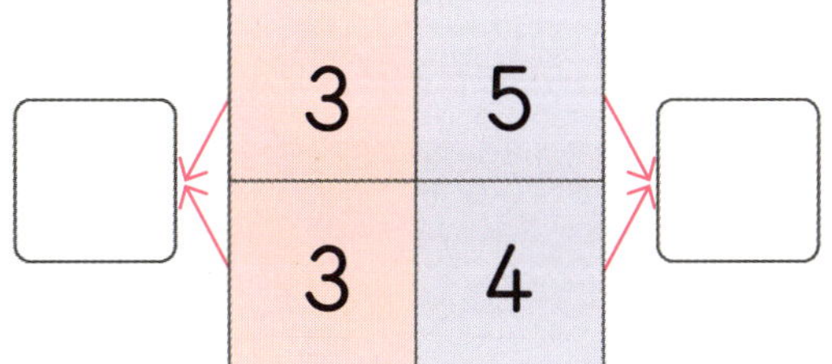

초콜릿에 적힌 수를 네 방향으로 모아요.

🌳 수를 네 방향으로 모았어요. ☐ 안에 알맞은 수를 쓰세요.

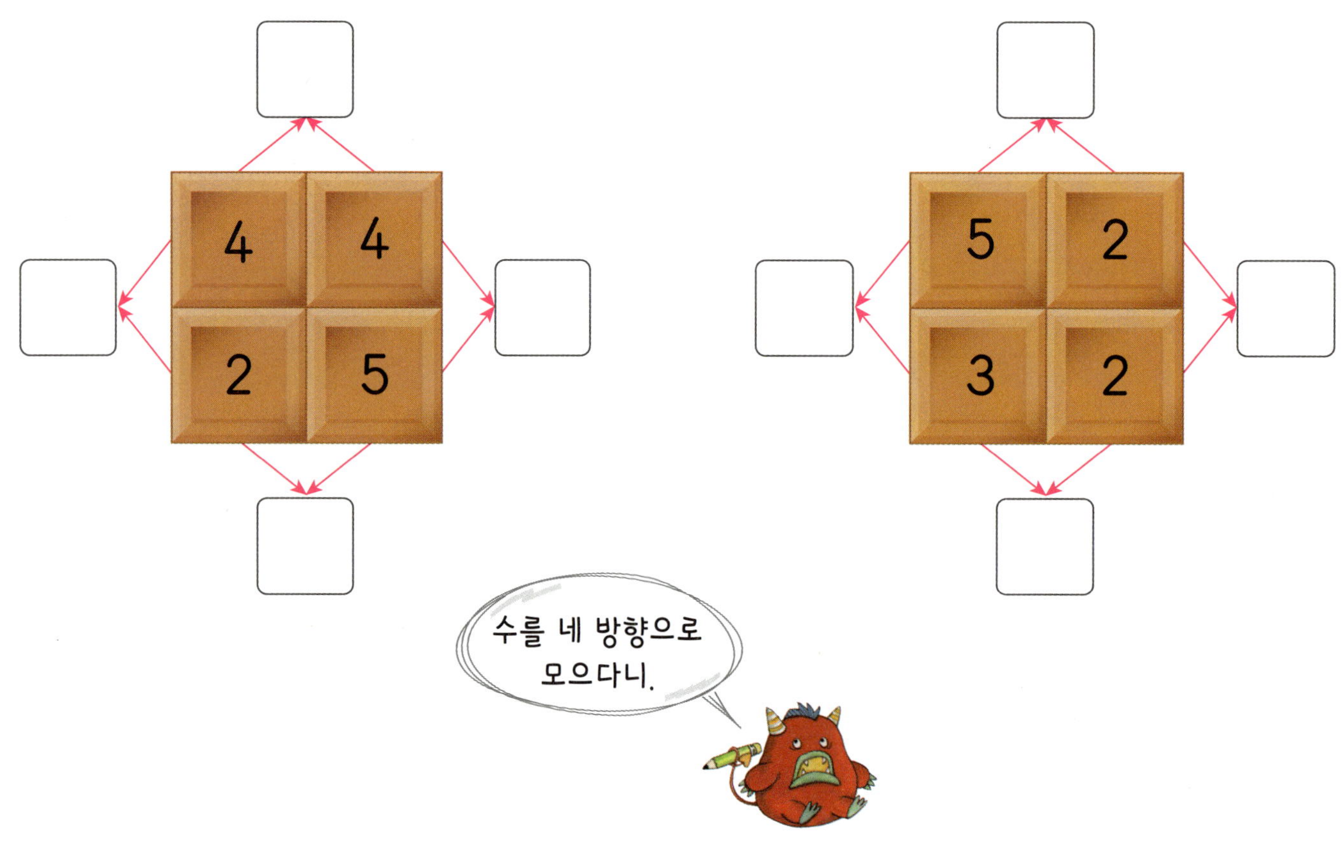

● 수를 네 방향으로 모았어요. ⬚ 안에 알맞은 수를 쓰세요.

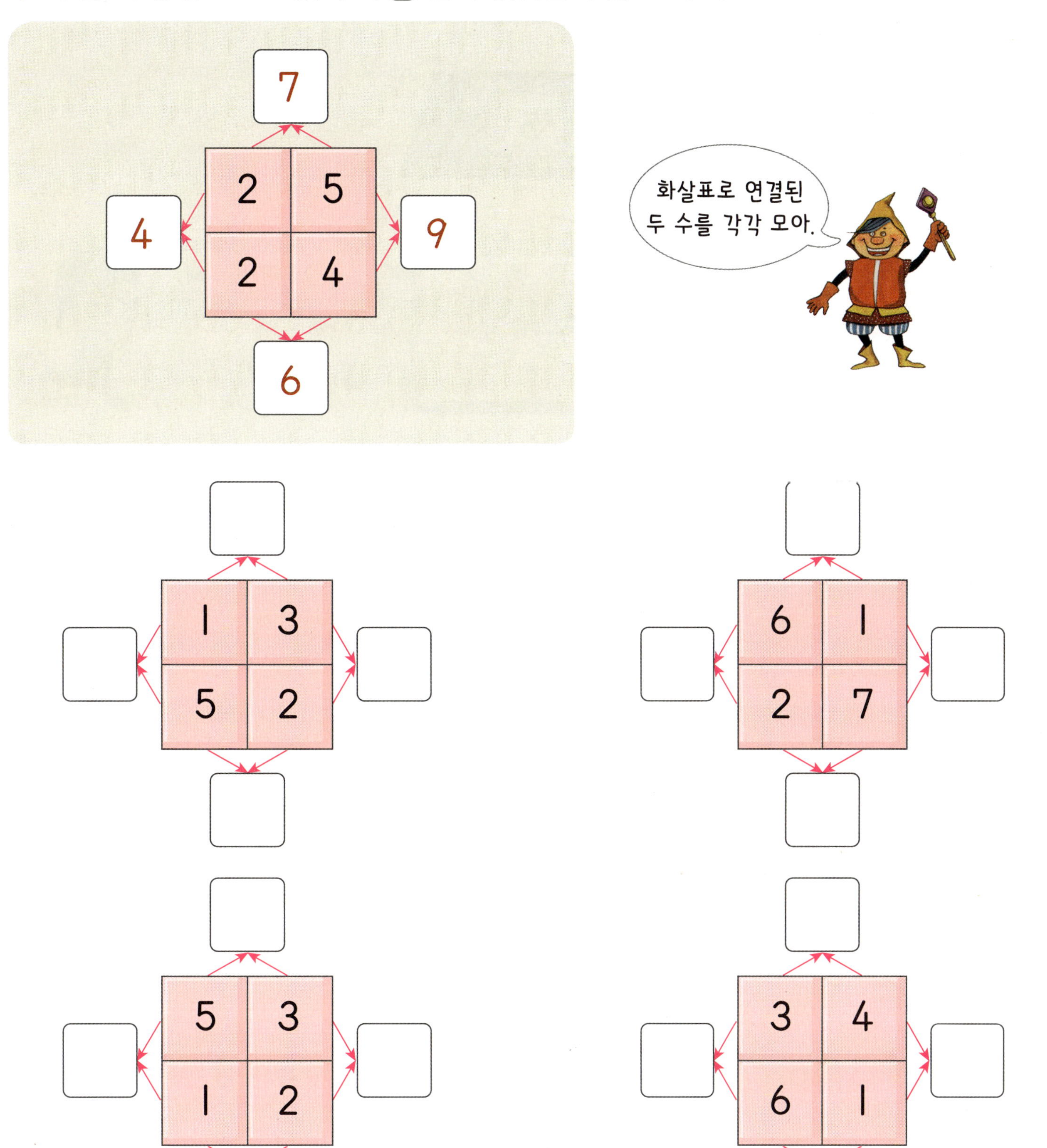

모아서 수 만들기

🌳 창문에 적힌 수 중 모아서 ⚪ 안의 수가 되는 두 수에 색칠하세요.

위쪽 두 수를 모으면 아래쪽 수가 돼요. ☐ 안에 알맞은 수를 쓰세요.

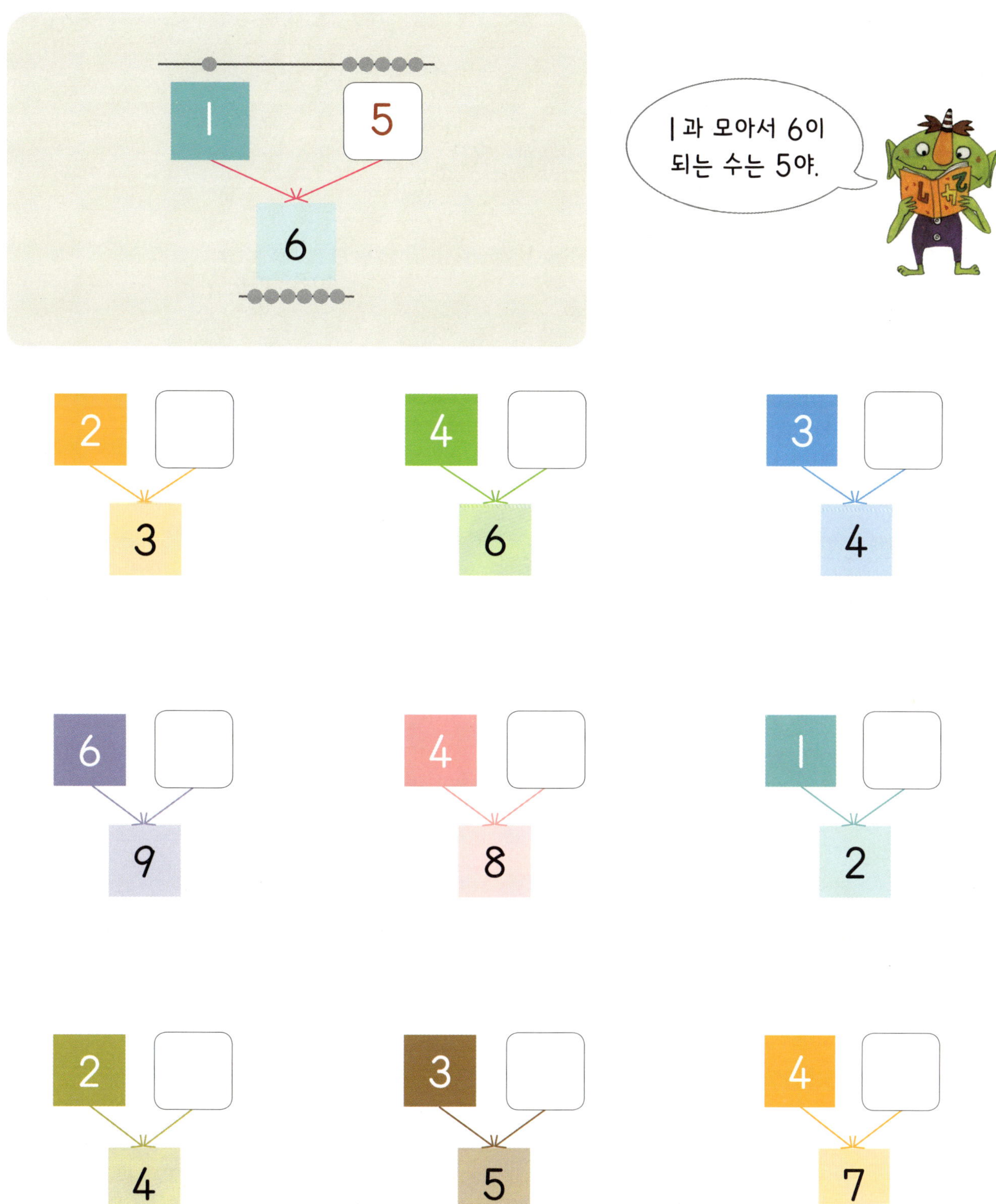

1
5
6
1과 모아서 6이
되는 수는 5야.
2
3
4
6
3
4
6
9
4
8
1
2
2
4
3
5
4
7

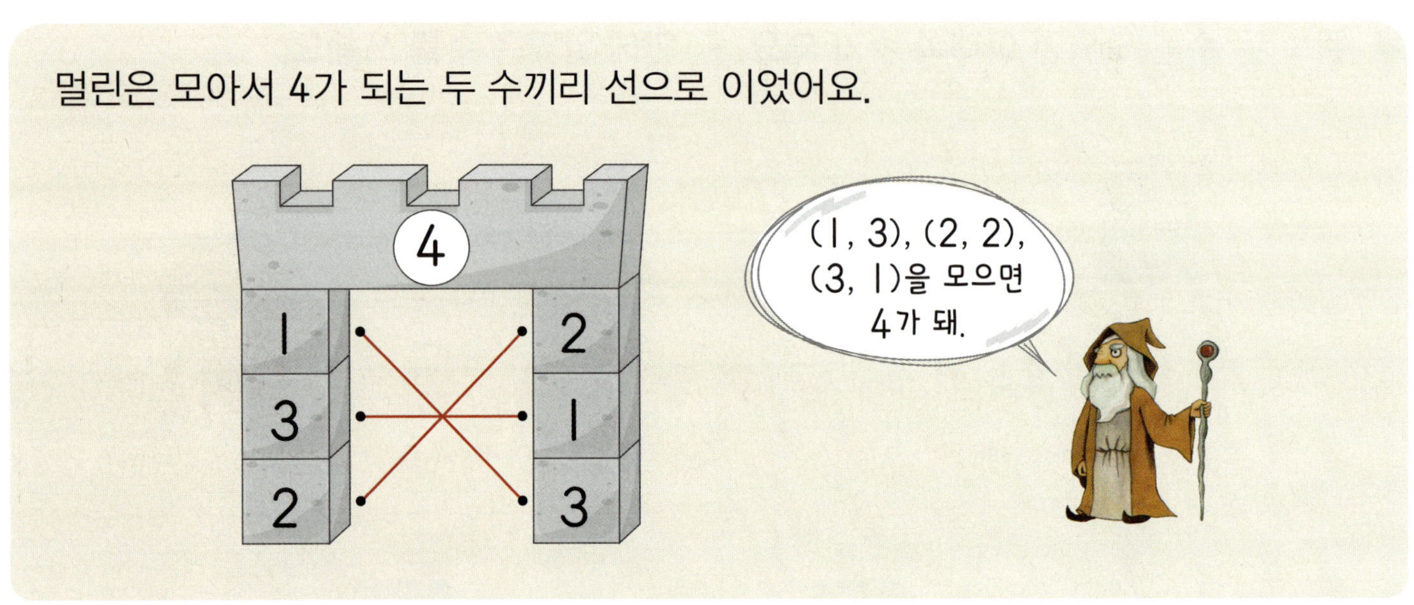

🌳 모아서 ◯ 안의 수가 되는 두 수를 찾아 선으로 이으세요.

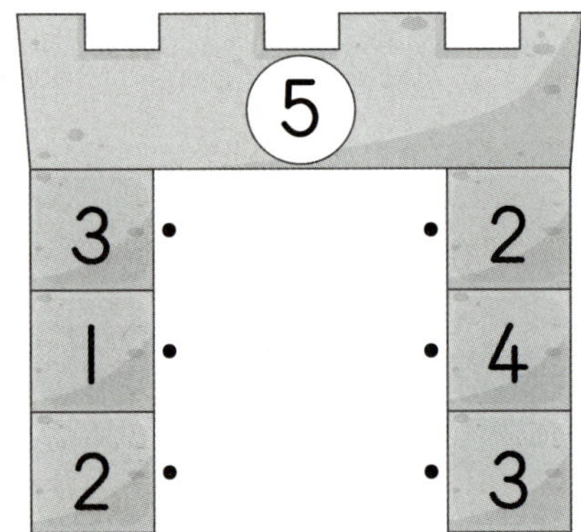

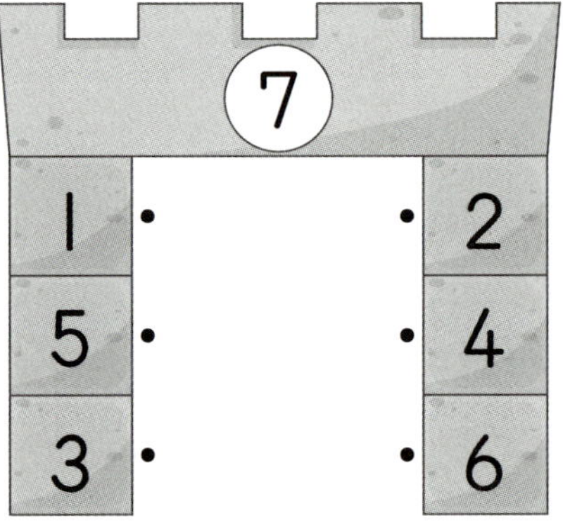

위쪽 두 수를 모으면 아래쪽 수가 돼요. ☐ 안에 알맞은 수를 쓰세요.

무엇을 배웠을까요

🌲 구슬을 모았어요. 알맞은 개수만큼 색칠하고 수를 쓰세요.

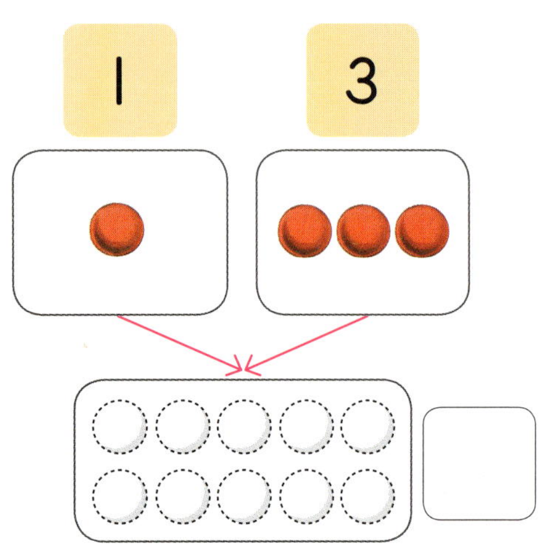

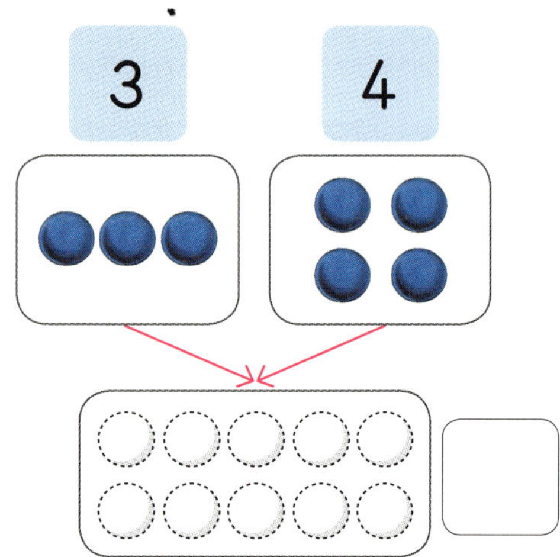

🌲 연결큐브를 모았어요. 알맞은 개수만큼 색칠하고 수를 쓰세요.

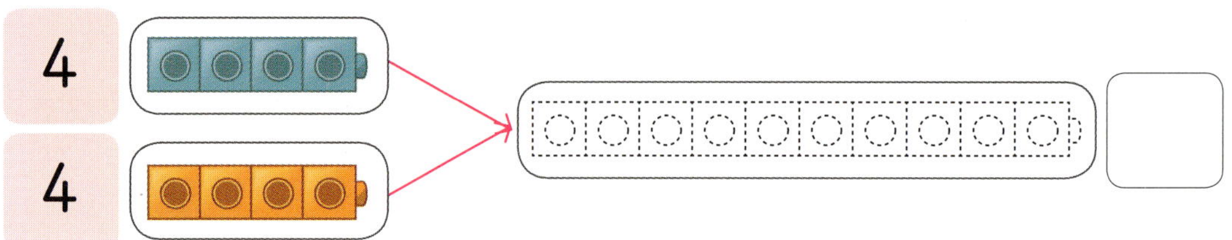

🌲 구슬을 모으면 모두 몇 개인지 ⬜ 안에 알맞은 수를 쓰세요.

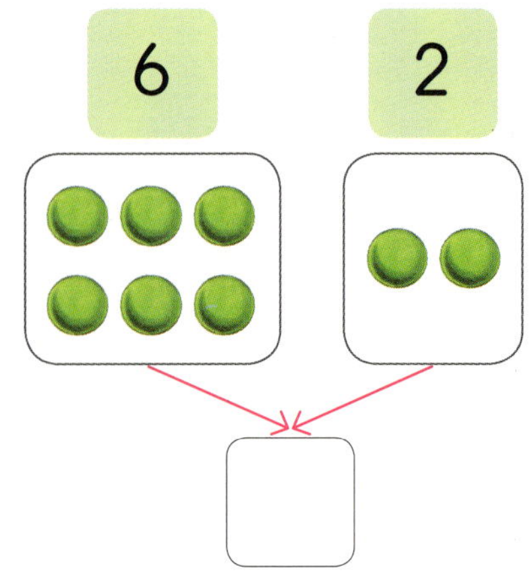

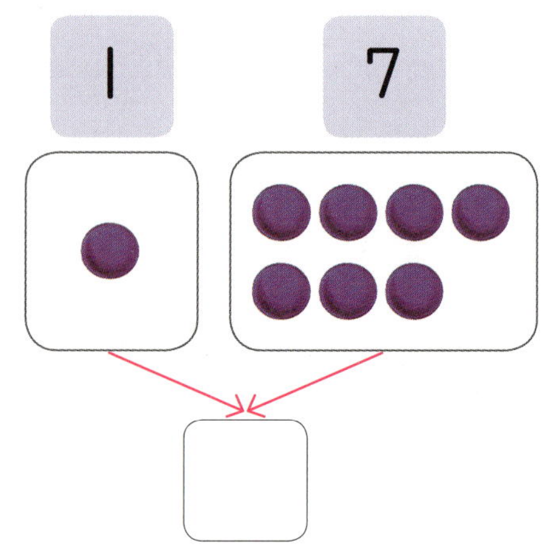

🌲 두 수를 모았어요. ☐ 안에 알맞은 수를 쓰세요.

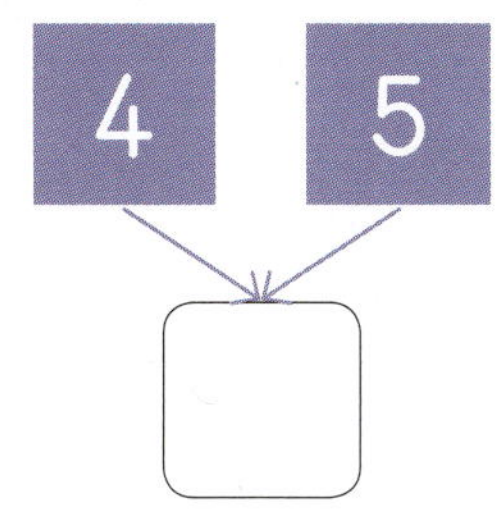 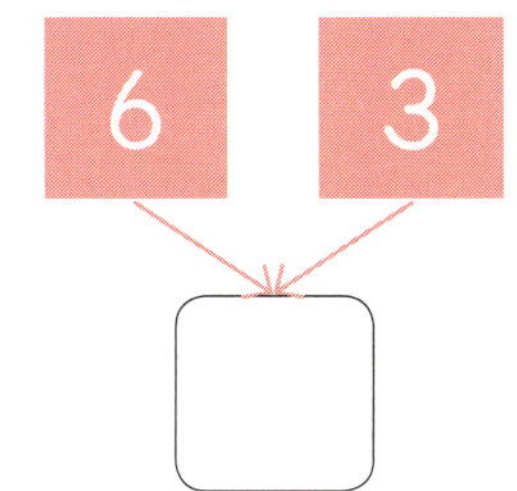 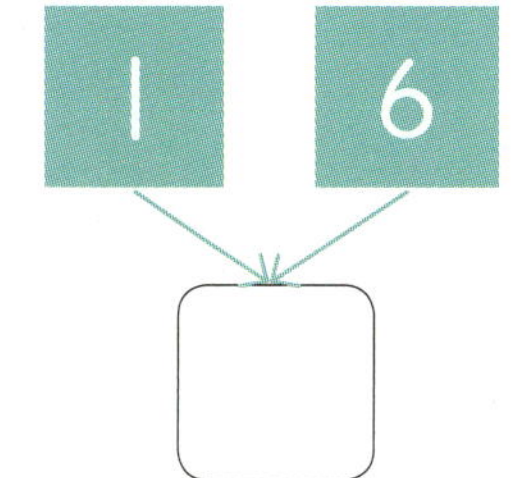

🌲 수를 네 방향으로 모았어요. ☐ 안에 알맞은 수를 쓰세요.

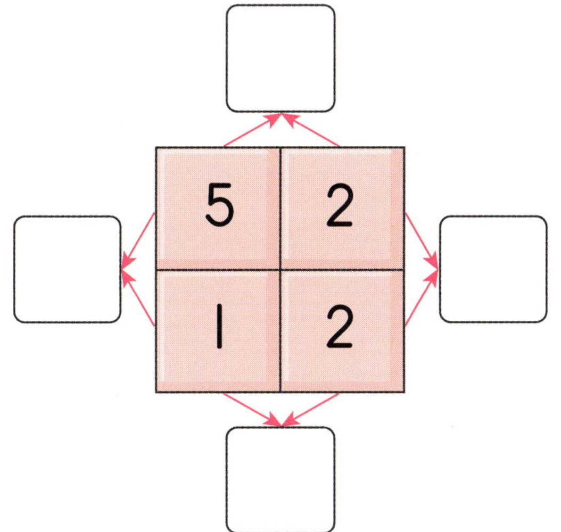 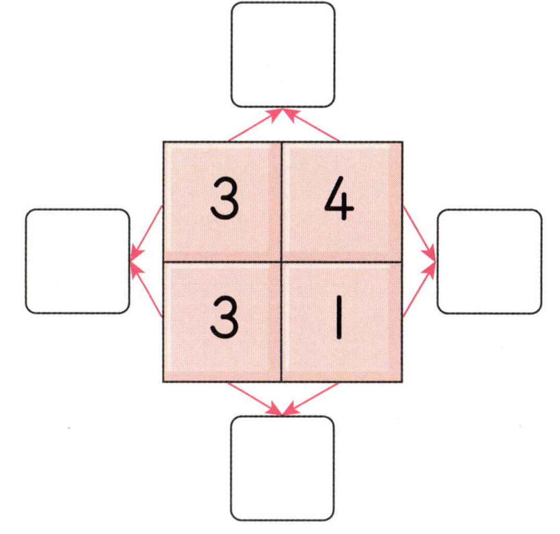

🌲 창문에 적힌 수 중 모아서 🟡 안의 수가 되는 두 수에 색칠하세요.

연산력 게임

QR코드를 찍으면 다양한 연산 게임을 할 수 있어요.

수를 모아요

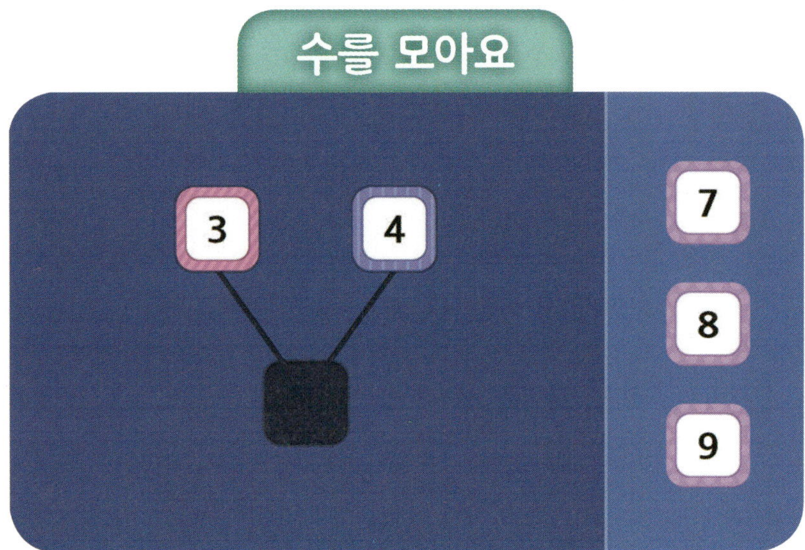

두 수를 모으면 얼마가 될까요?

수를 모으기 하여 빈 곳에 들어갈 수를 오른쪽에서 찾아 손가락으로 끌어서 넣으세요.
7을 넣으면 정답입니다.

위쪽 두 상자에 놓여 있는 과일을 하나의 상자에 모아 보세요.

두 상자에 있는 수박을 모은 개수를 오른쪽에서 찾아 손가락으로 끌어서 넣으세요.
3을 넣으면 정답입니다.

과일은 몇 개일까요

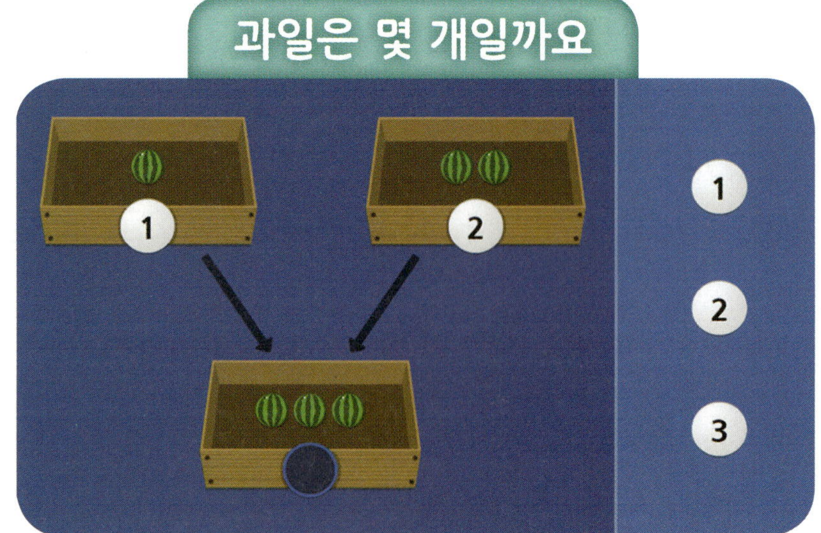

가르기와 모으기

▶ 연산 보충 학습(105~106쪽)에서 더 풀어 보세요.

학부모 지도 가이드

이 차시에서는 수에 맞게 영역을 가르는 연습을 하면서 똑같이 가르기, 하나 더 많게 가르기를 연습해 봅니다. 또한 주어진 수를 갈라서 나오는 수들을 알아보고, 수들을 조합하여 주어진 수로 모으는 훈련을 합니다.

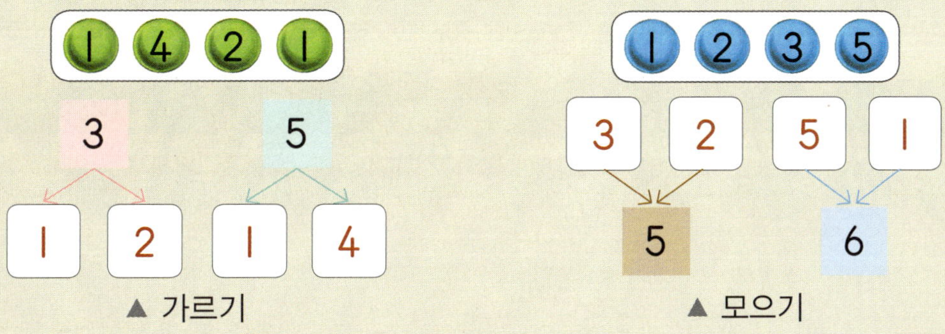

영역 나누기

🌳 점선을 따라 두 점을 잇는 선을 긋고 나누어진 사탕의 수를 각각 세어 ☐ 안에 쓰세요.

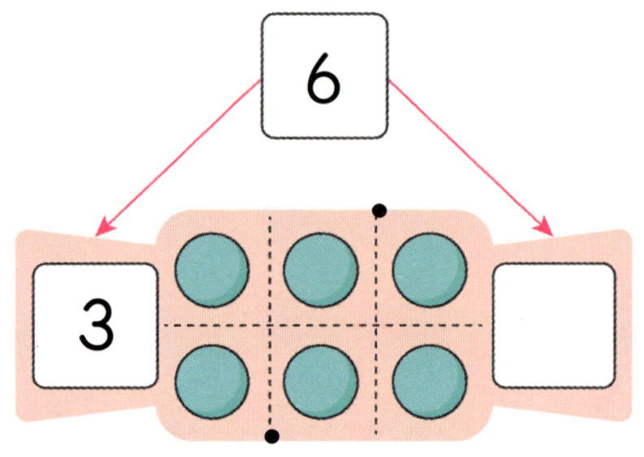

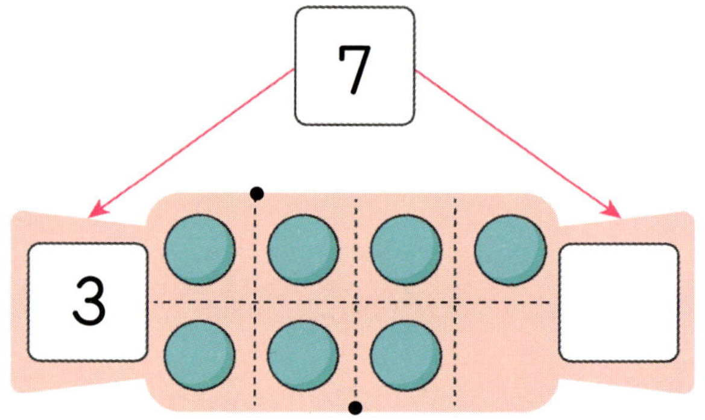

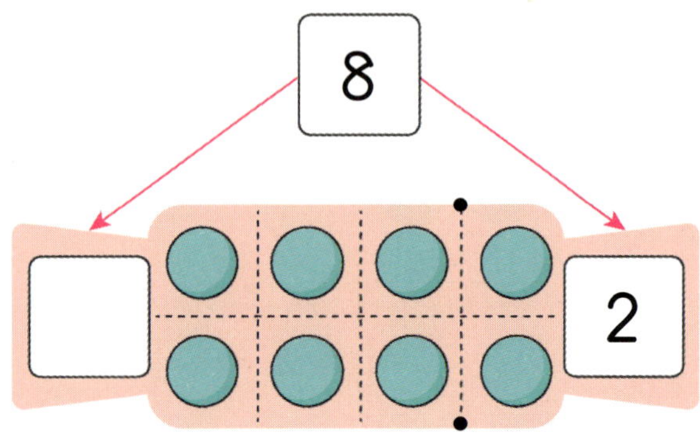

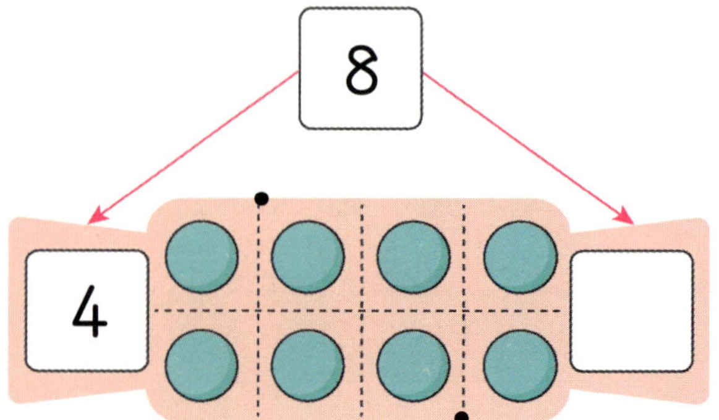

🌳 **점선을 따라 두 점을 잇는 선을 긋고 나누어진 구슬의 수를 각각 세어 ☐ 안에 쓰세요.**

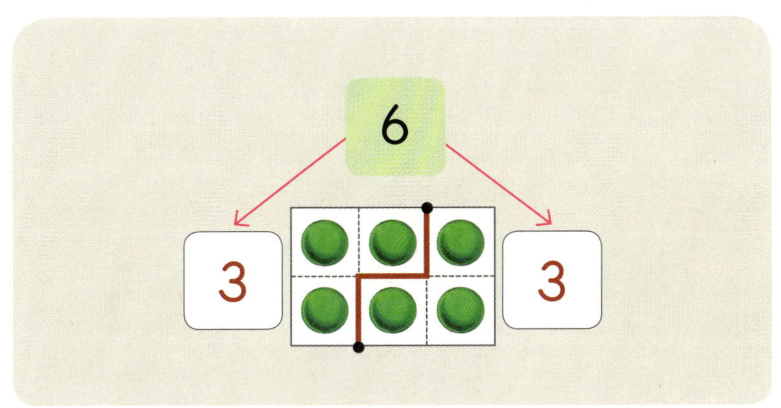

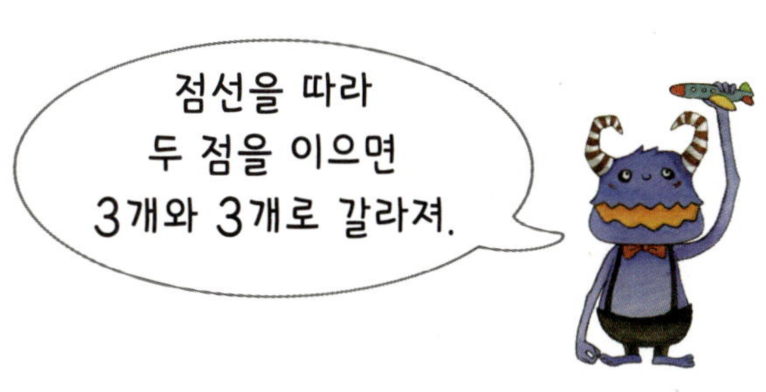

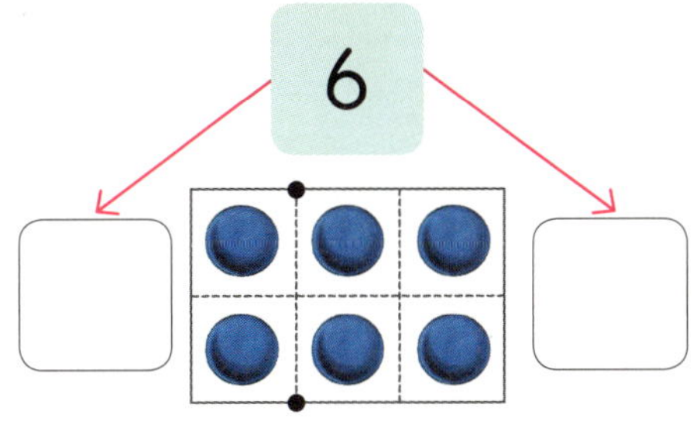

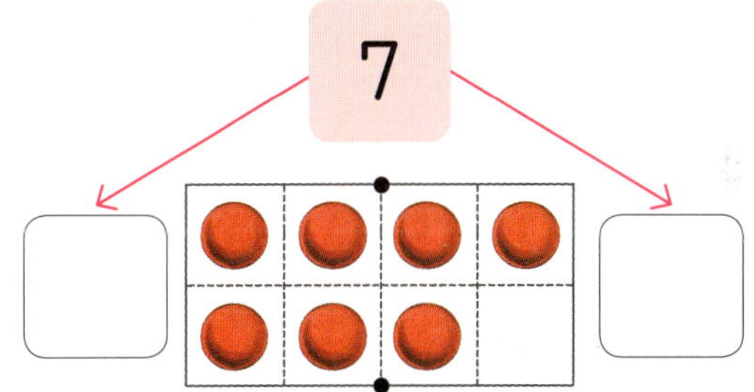

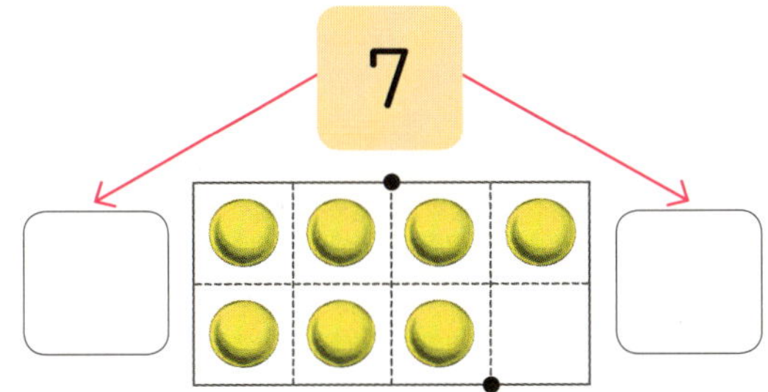

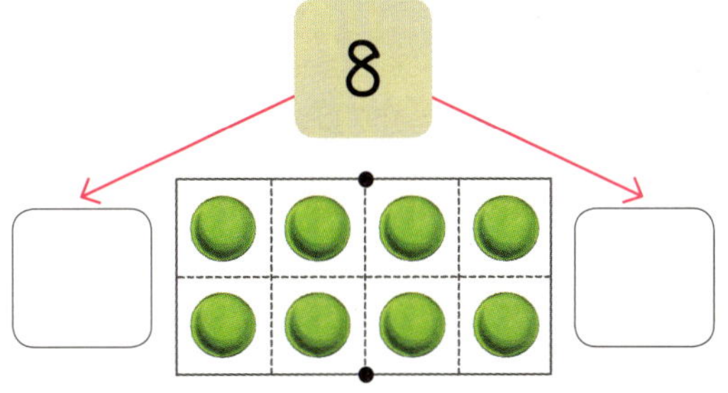

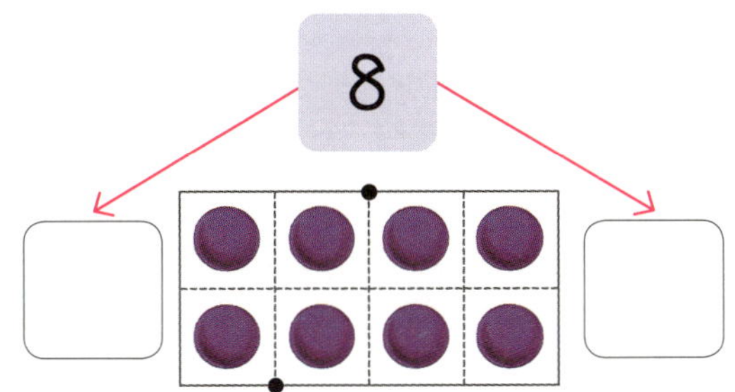

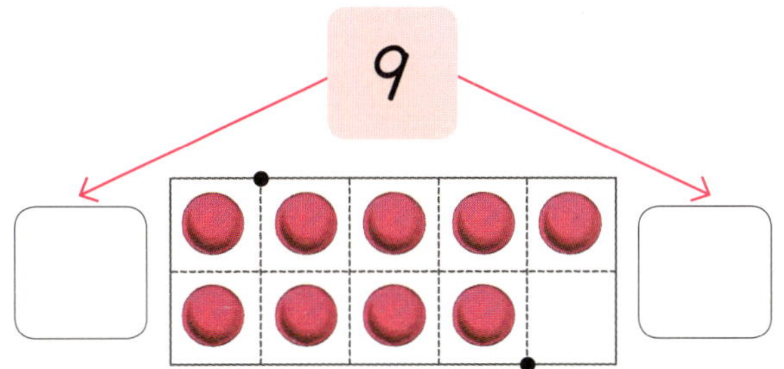

병아리 7마리를 3마리와 4마리로 갈라 놓으려고 해요.

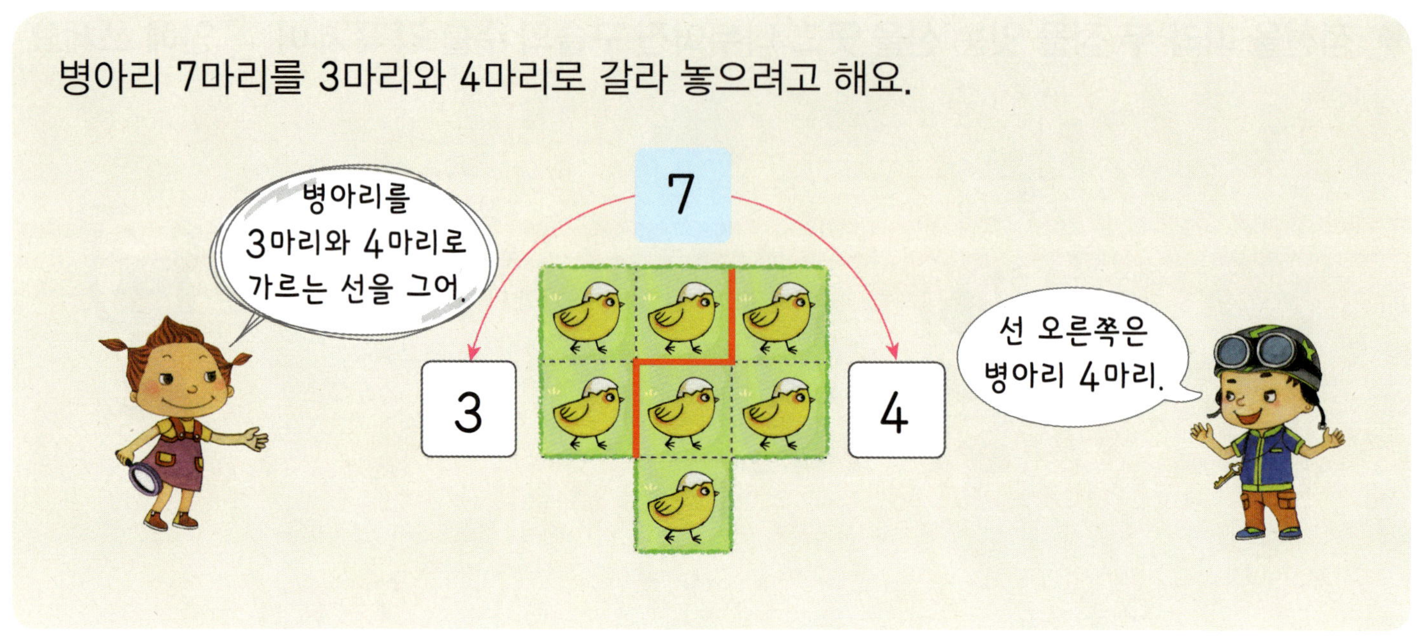

🌳 양쪽 수만큼 병아리가 나누어지도록 점선을 따라 선을 그으세요.

양쪽 수만큼 공깃돌이 나누어지도록 점선을 따라 선을 그으세요.

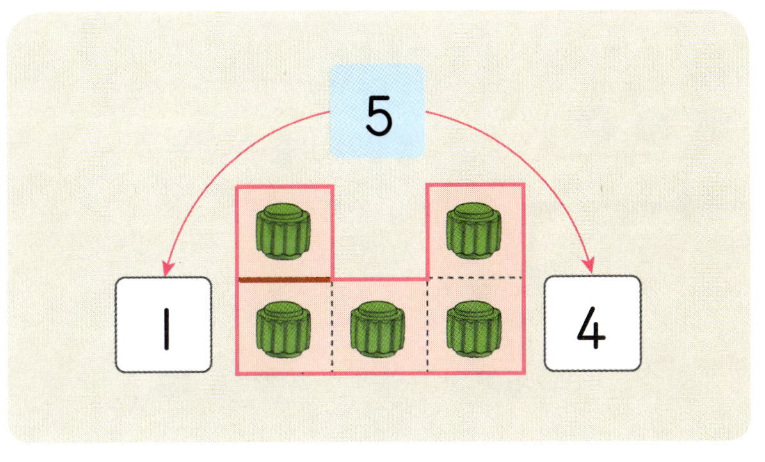

점선을 따라 공깃돌을
1개와 4개로 가르는
선을 그어.

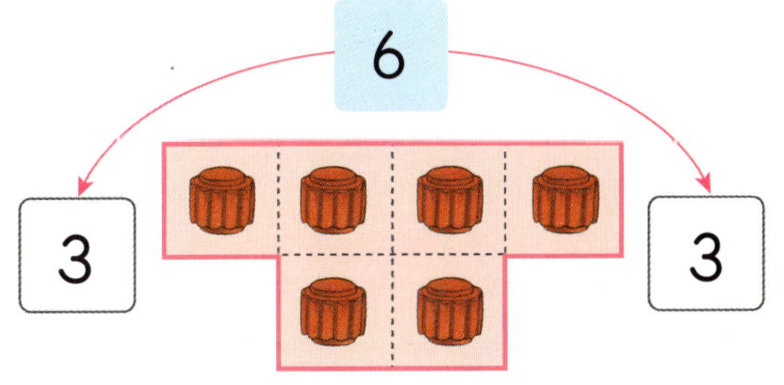

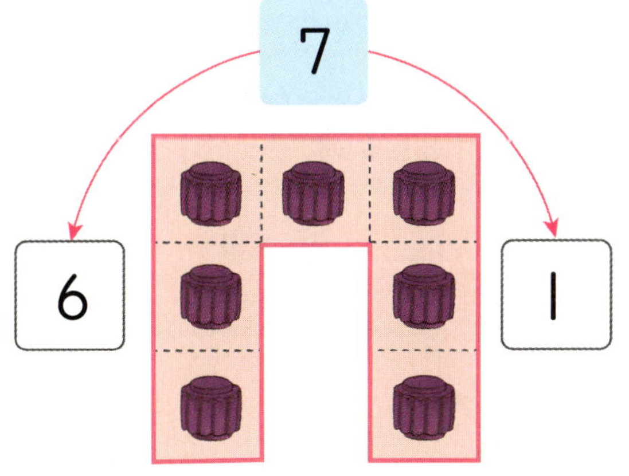

공부한 날
월
일

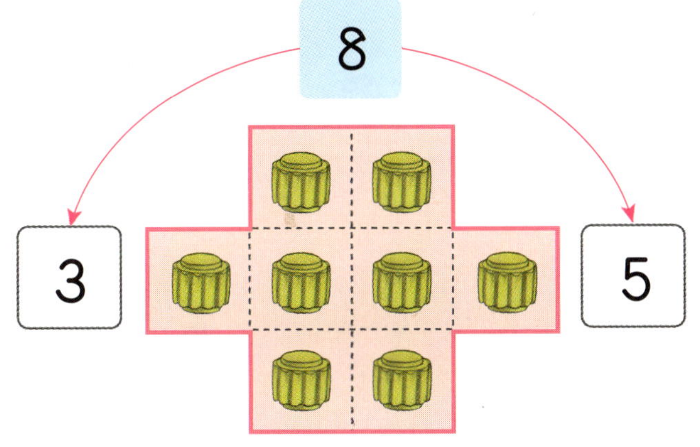

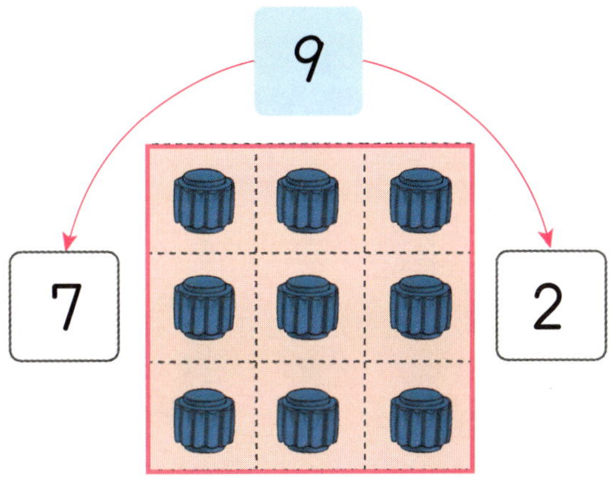

똑같이 가르기

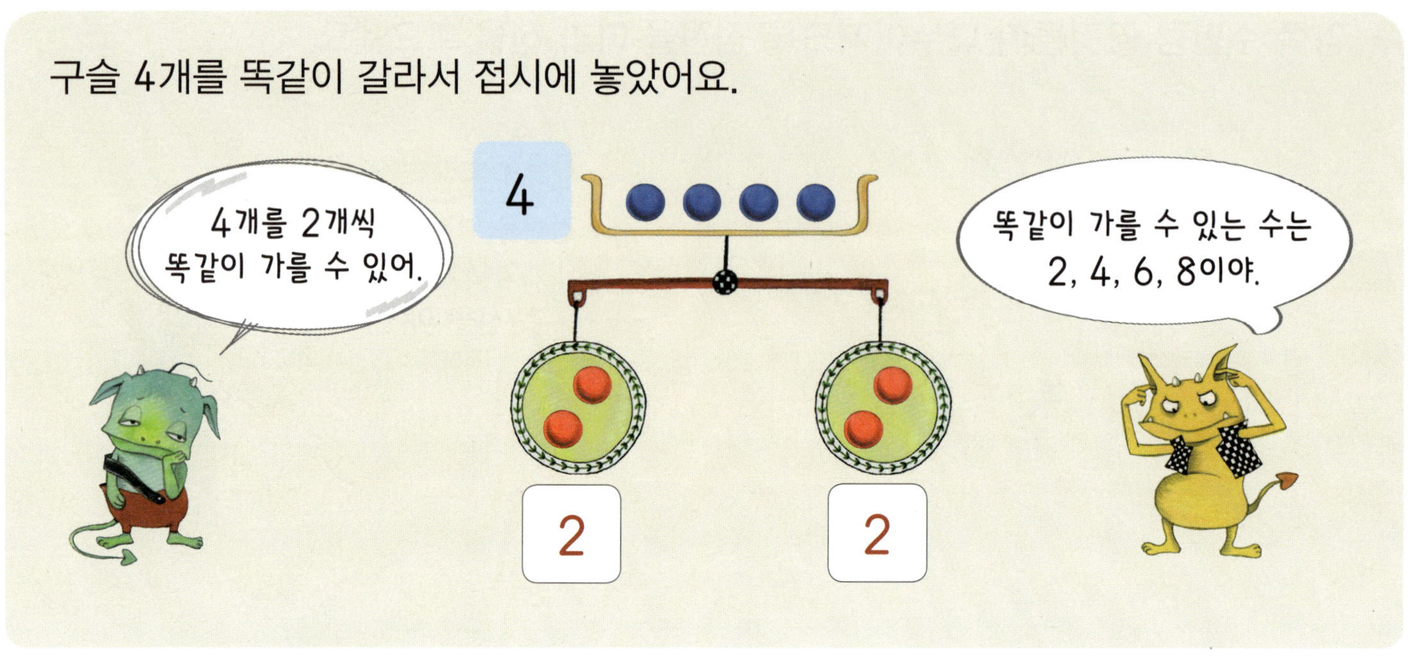

🌳 구슬이 양쪽에 똑같이 갈라지도록 ●를 그리고 ⬜ 안에 알맞은 수를 쓰세요.

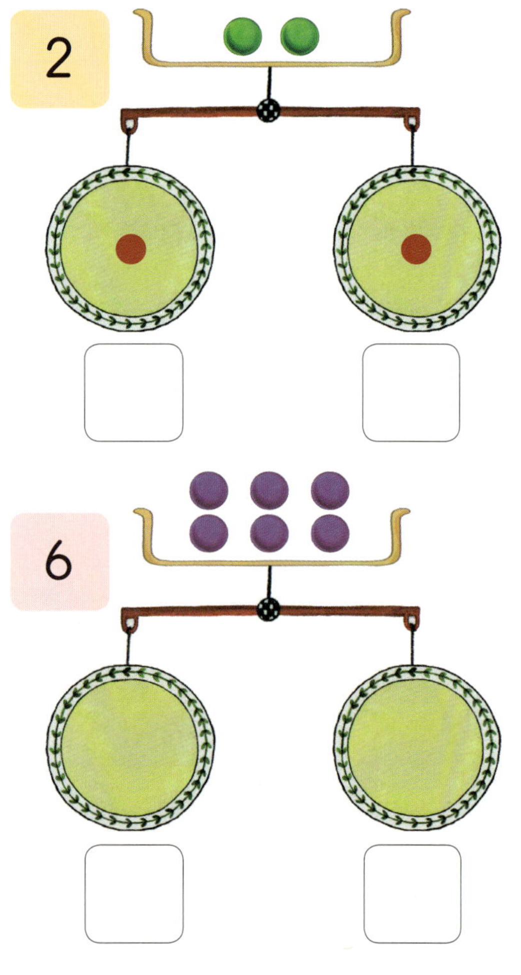

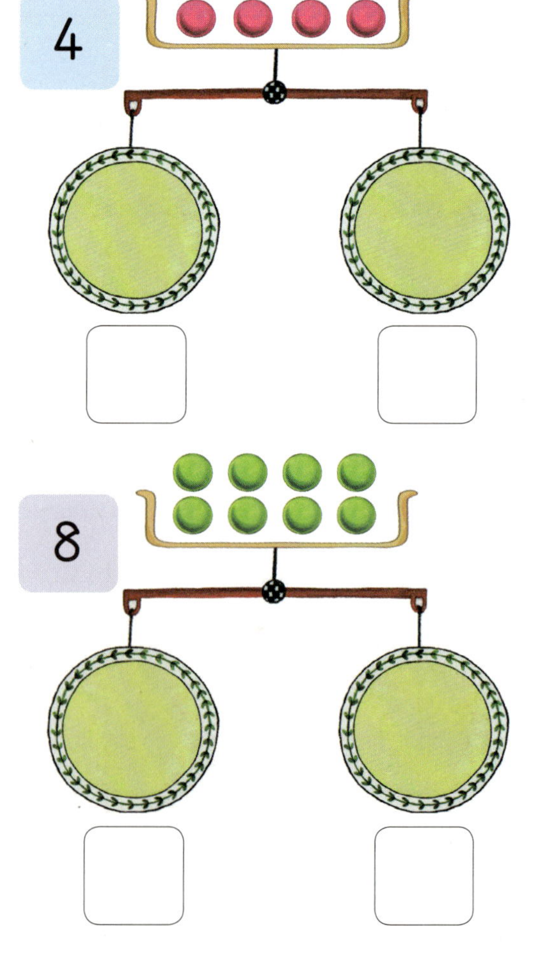

🌳 똑같은 두 수로 갈랐어요. ⬜ 안에 알맞은 수를 쓰세요.

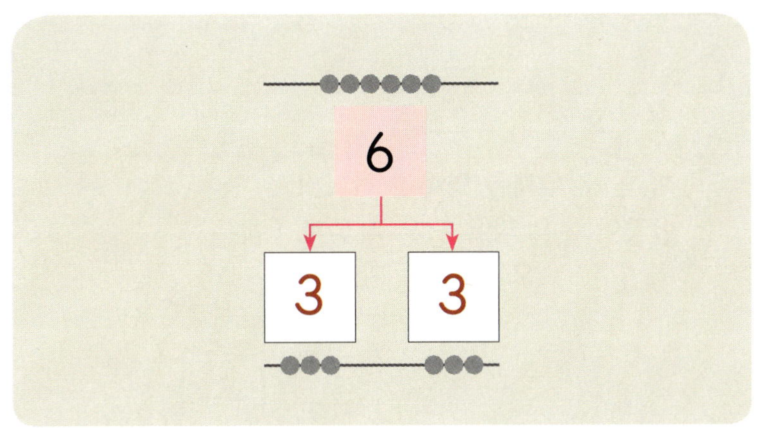

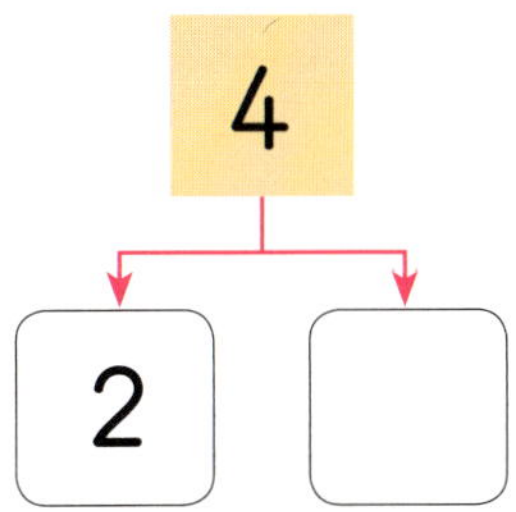

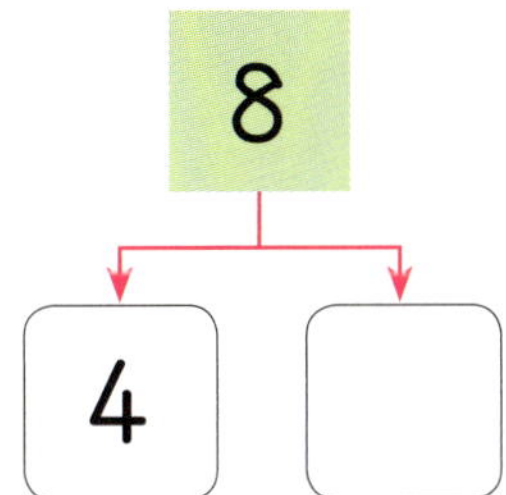

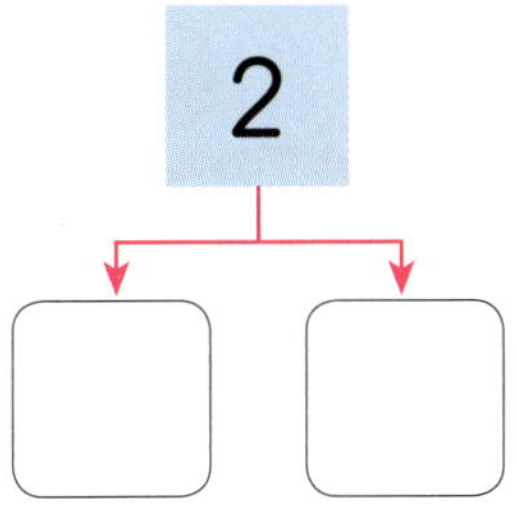

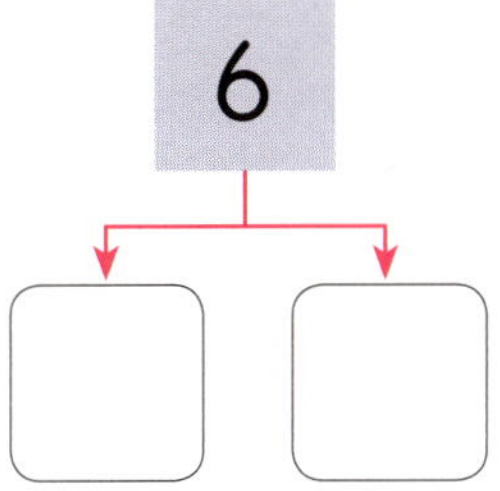

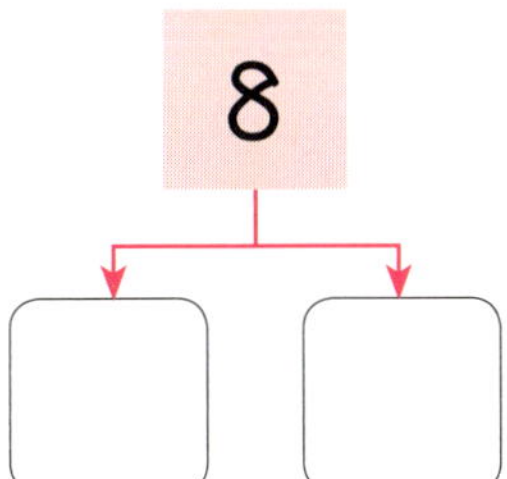

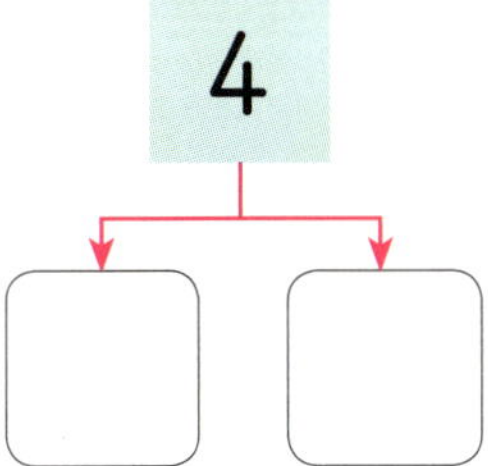

지오가 지우개 5개를 갈라서 접시저울에 올려놓았어요.

🌳 오른쪽이 하나 더 많게 갈라지도록 ●를 그리고 ☐ 안에 알맞은 수를 쓰세요.

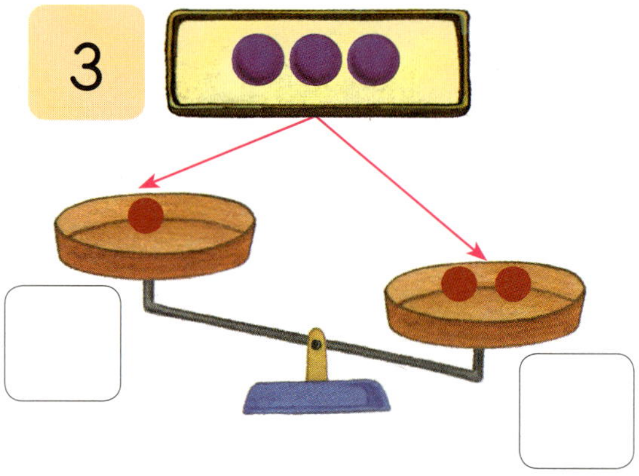

3

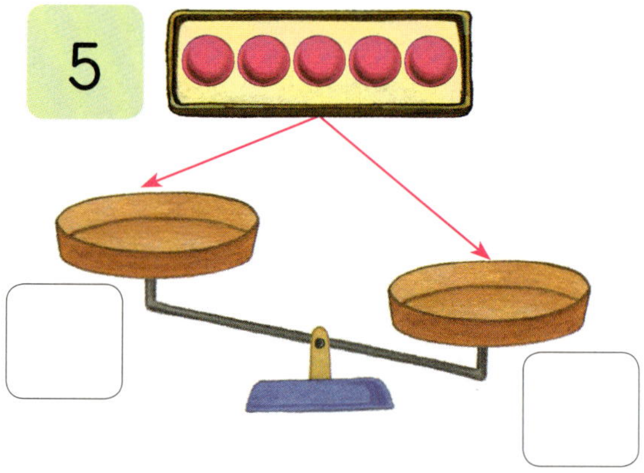

5

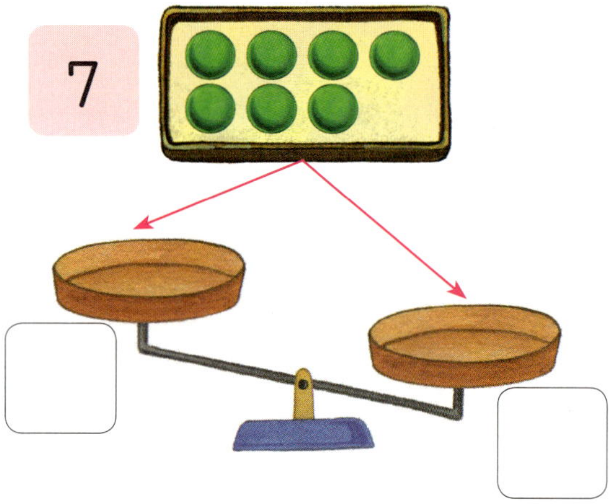

7

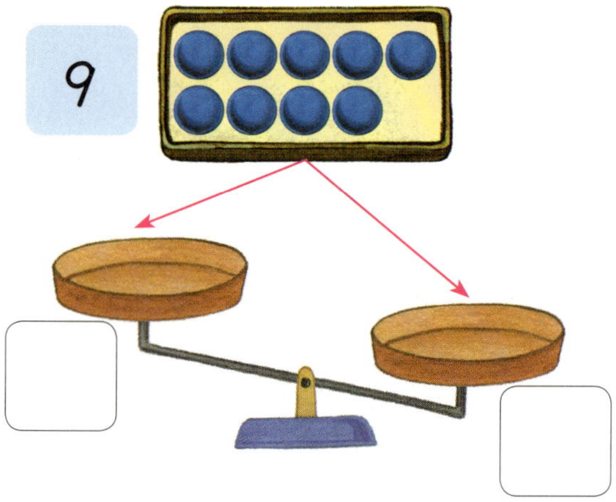

9

오른쪽이 1 큰 수가 되도록 두 수로 갈랐어요. ▢ 안에 알맞은 수를 쓰세요.

7
3
4

7은 똑같이 가를 수가 없어.
똑같이 가를 수 없는 수는 3, 5, 7, 9야.

5 → 2, ▢

3 → 1, ▢

9 → 4, ▢

7 → ▢, 4

3 → ▢, 2

9 → ▢, 5

공부한 날 ▢ 월 ▢ 일

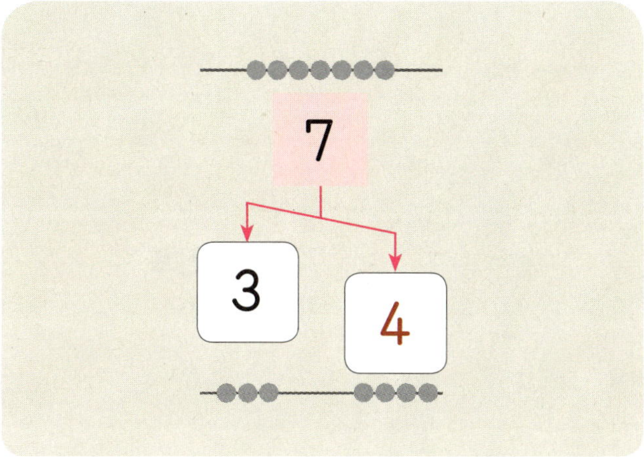

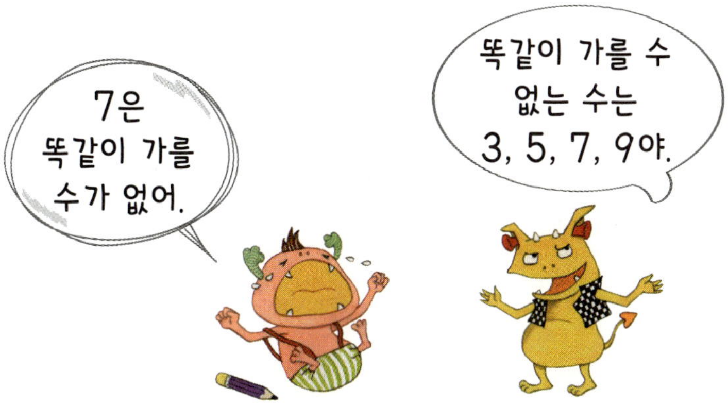

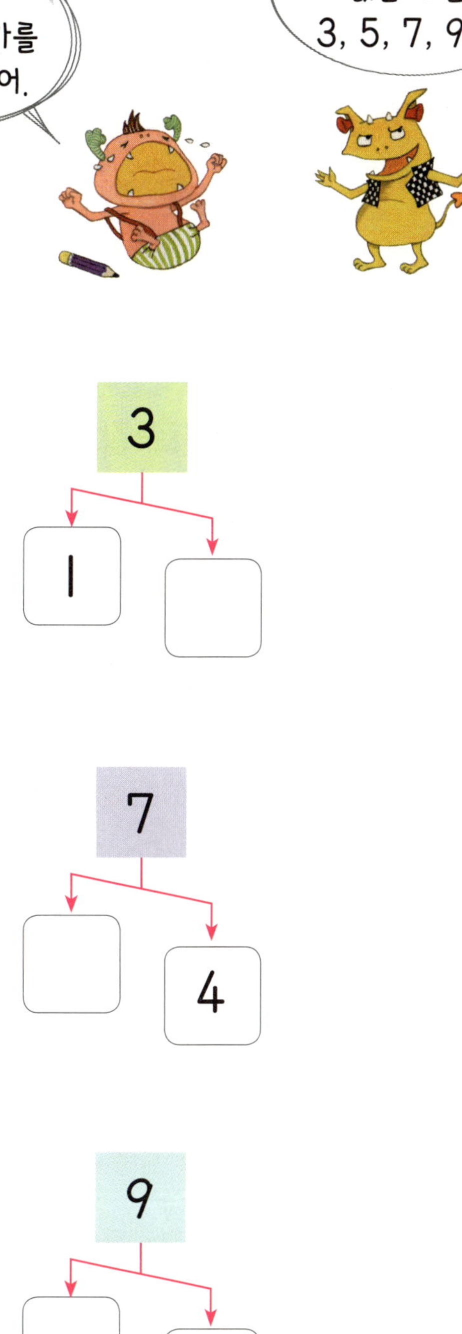

🌳 연에 적힌 수가 두 수로 갈라지도록 알맞게 선으로 이으세요.

🌳 **두 수로 갈라지도록 알맞게 선으로 이으세요.**

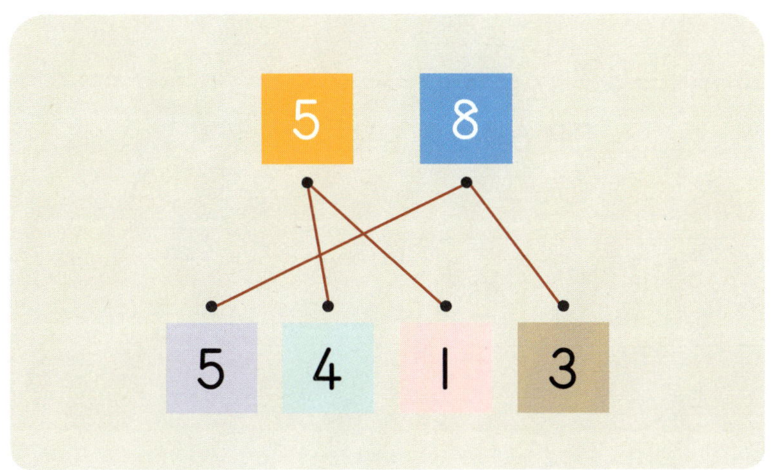

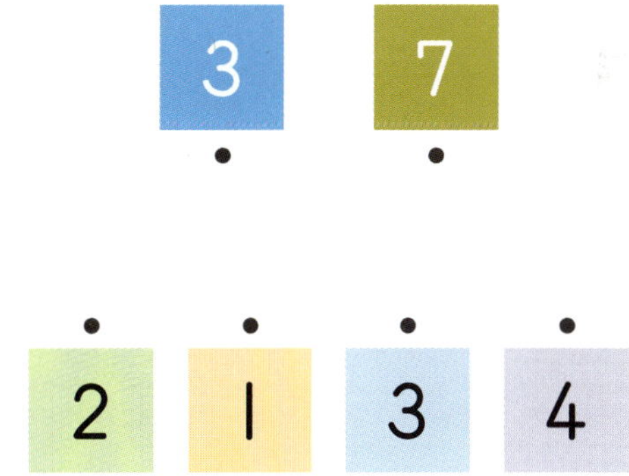

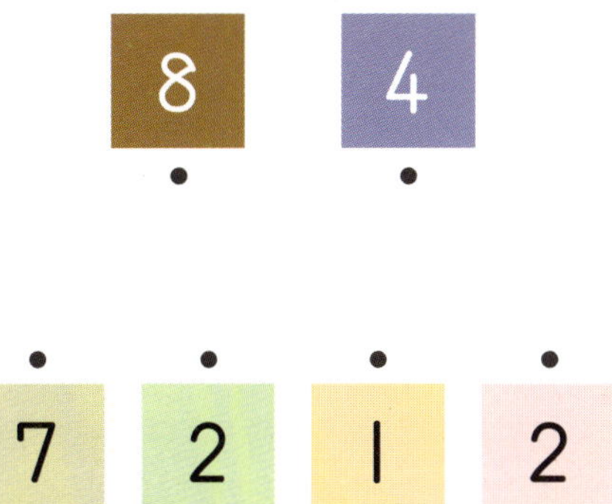

위쪽 통나무에 적힌 수를 갈라 아래쪽 빈 곳에 쓰려고 해요.

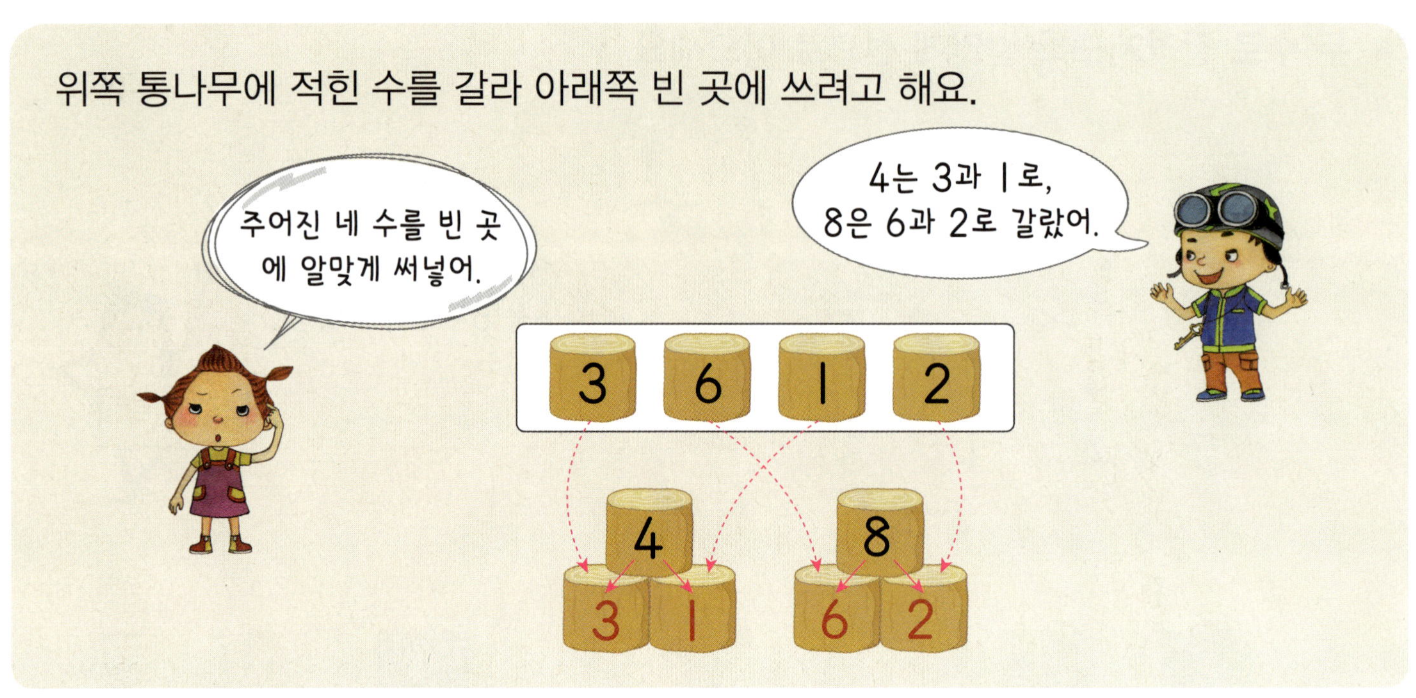

🌳 주어진 수를 빈 곳에 써넣어 두 수로 가르세요.

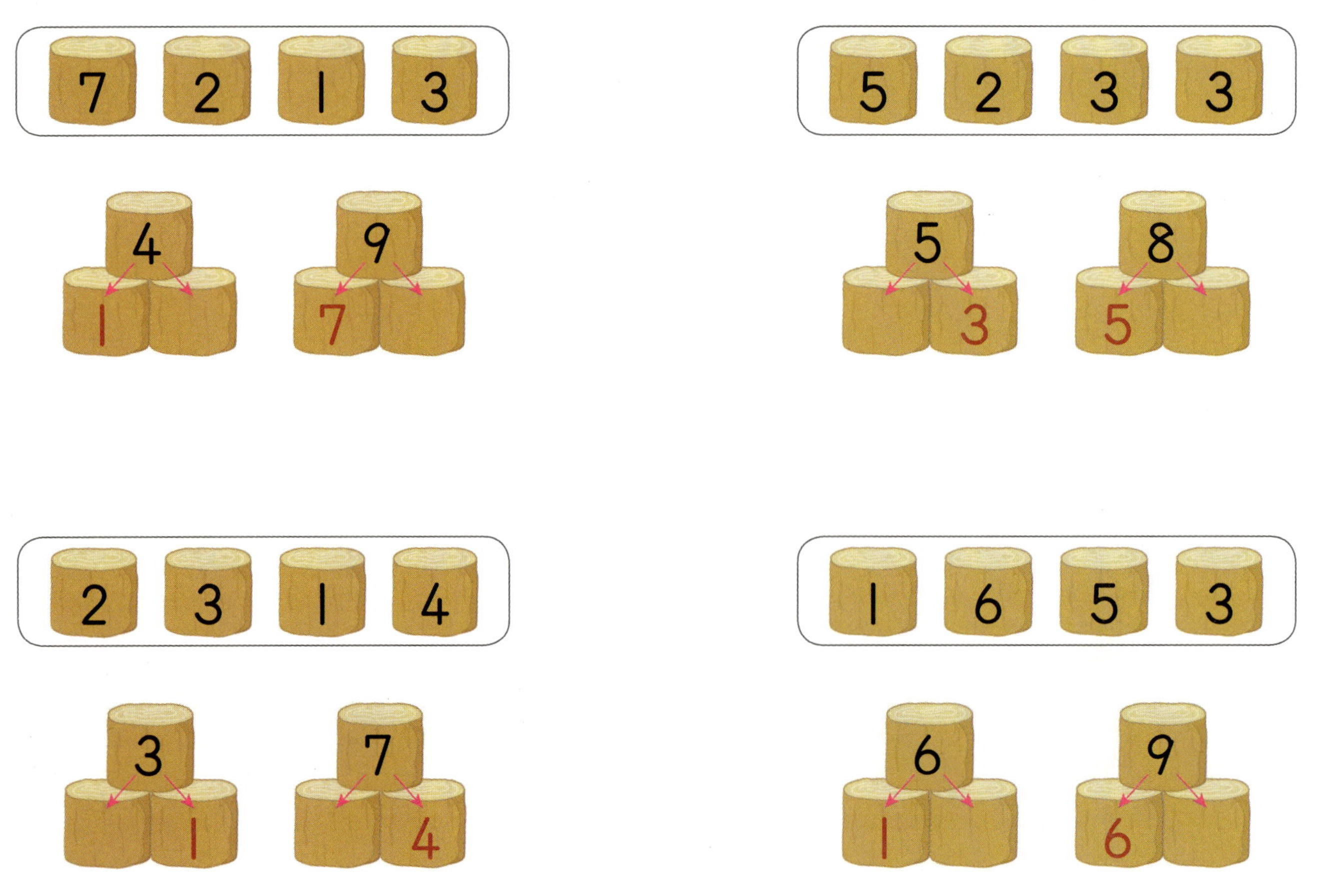

🌳 공에 적힌 수를 ☐ 안에 써넣어 두 수로 가르세요.

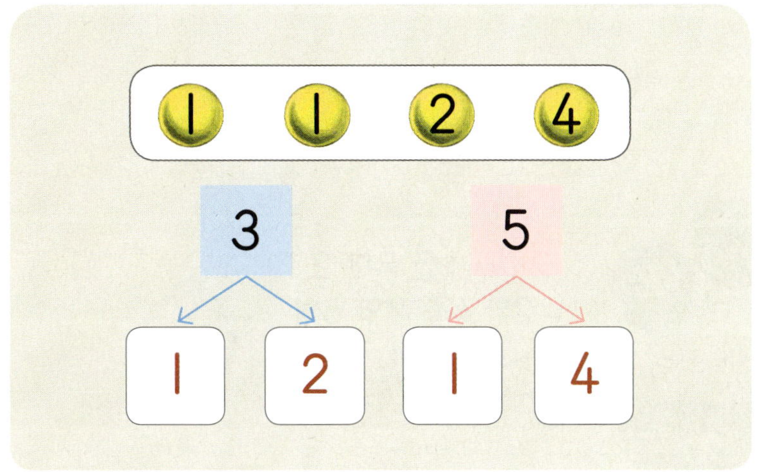

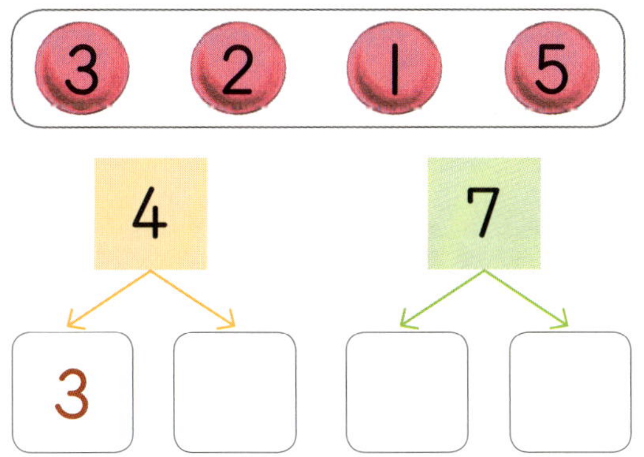

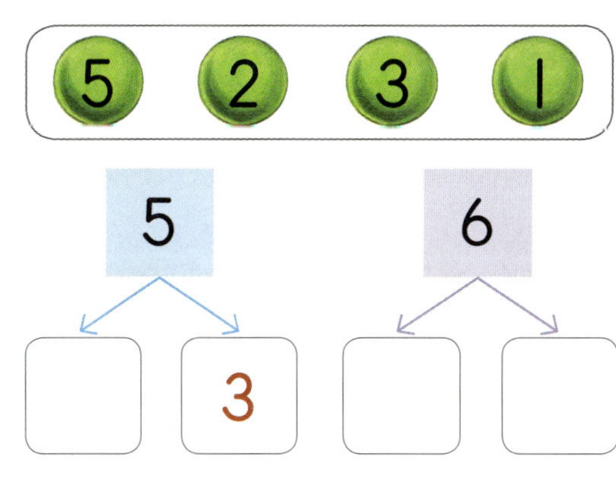

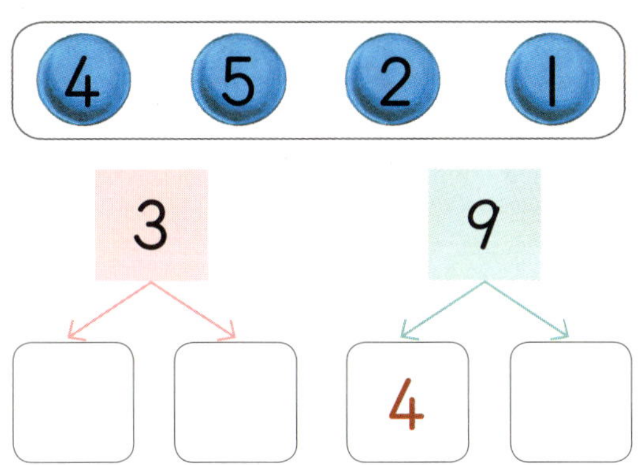

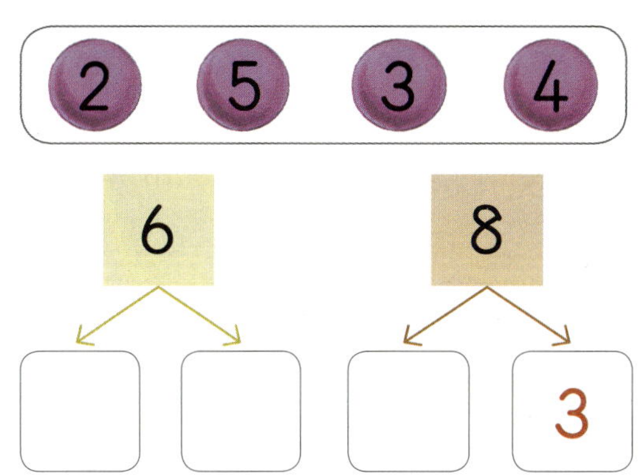

두 수 모으기

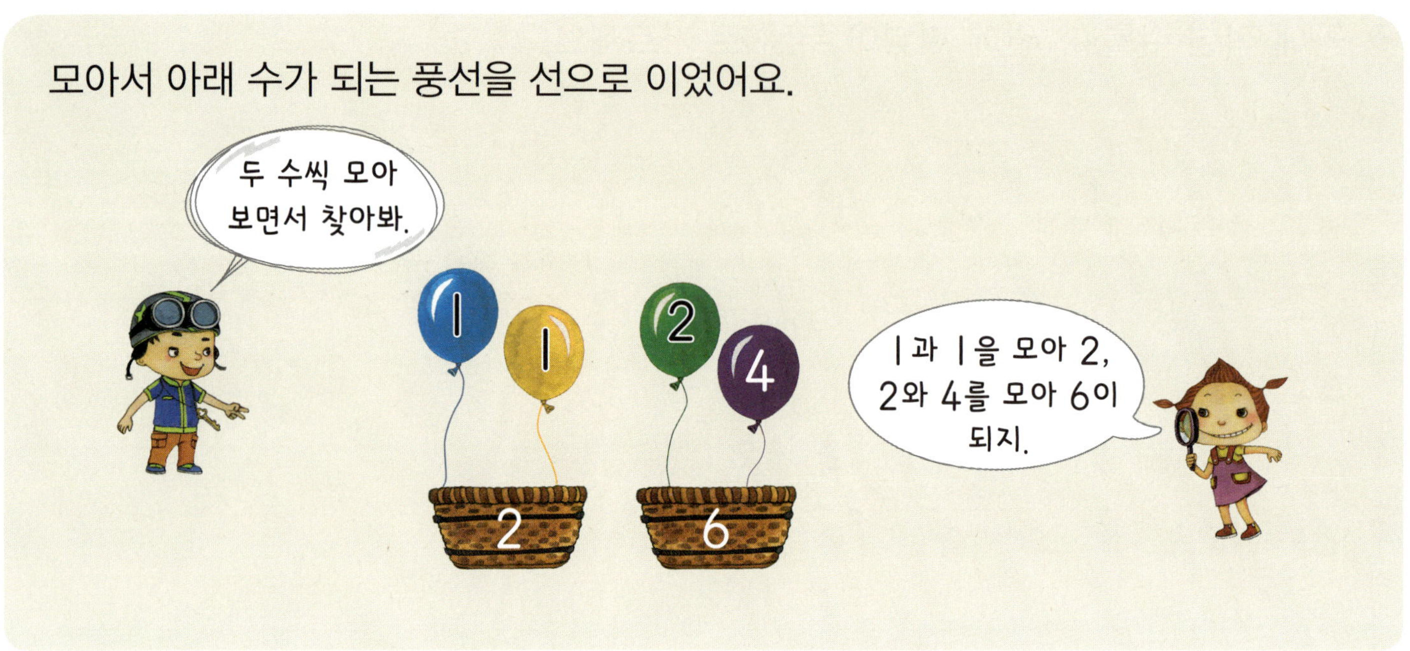

🌳 두 수씩 모아 아래 수가 되도록 알맞게 선으로 이으세요.

두 수씩 모아 아래 수가 되도록 알맞게 선으로 이으세요.

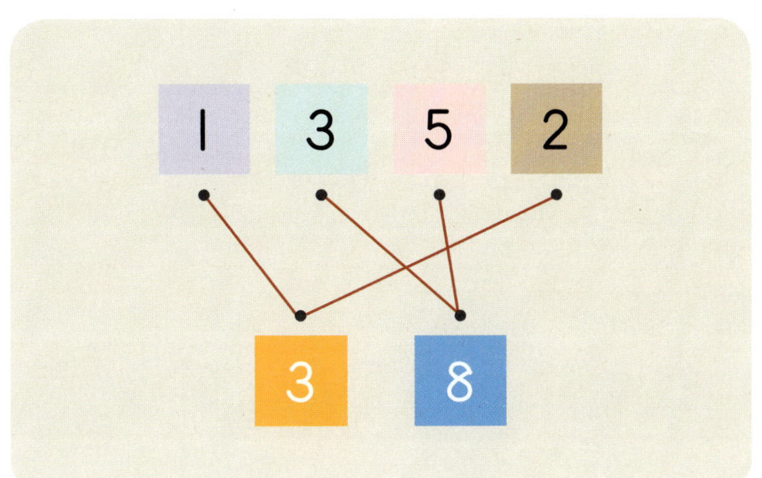

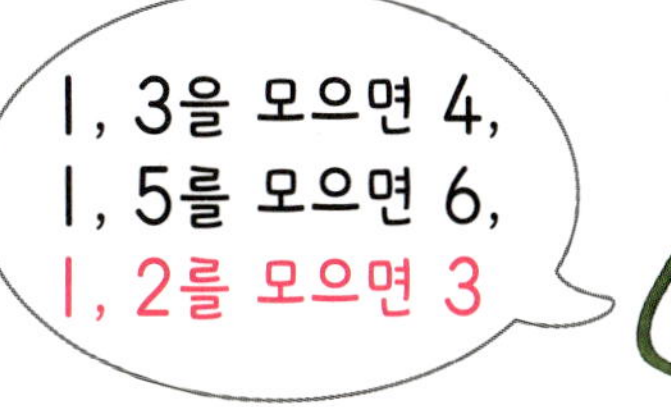

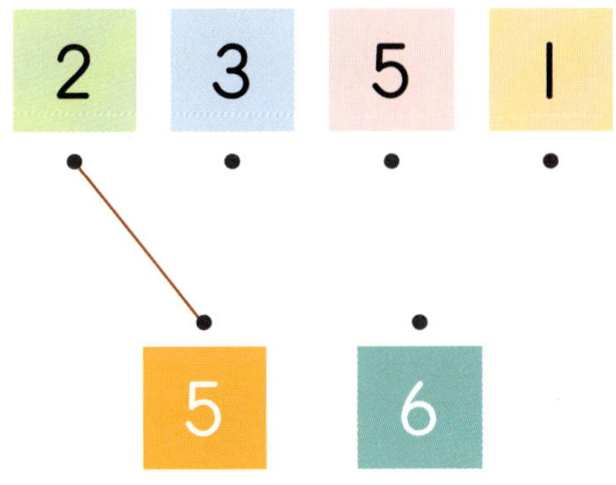

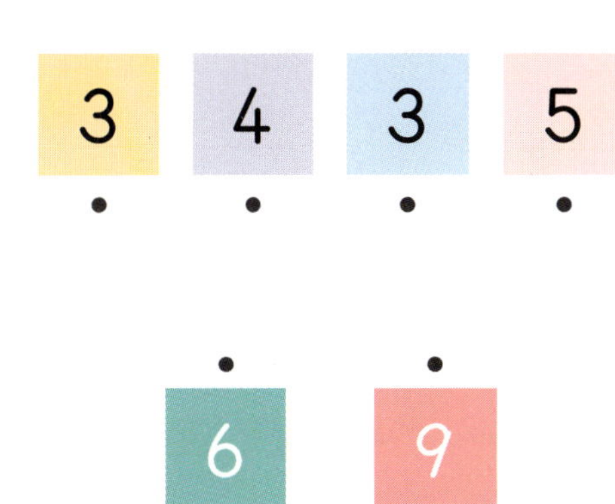

주어진 수를 두 수씩 모아 아래 기둥에 적힌 수가 되도록 만들었어요.

🌳 주어진 수를 두 수씩 모아 아래 수가 되도록 빈 곳에 알맞은 수를 쓰세요.

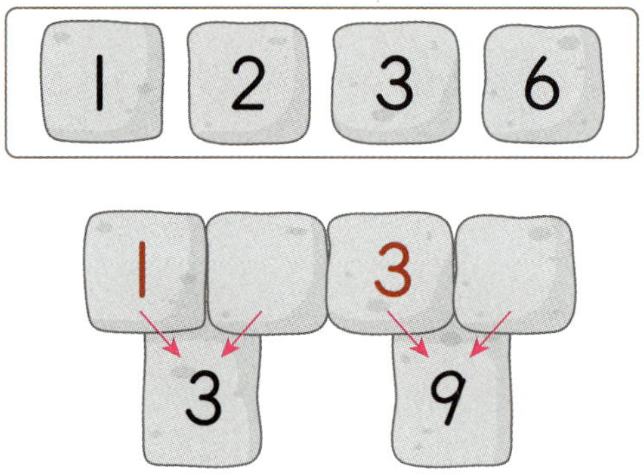

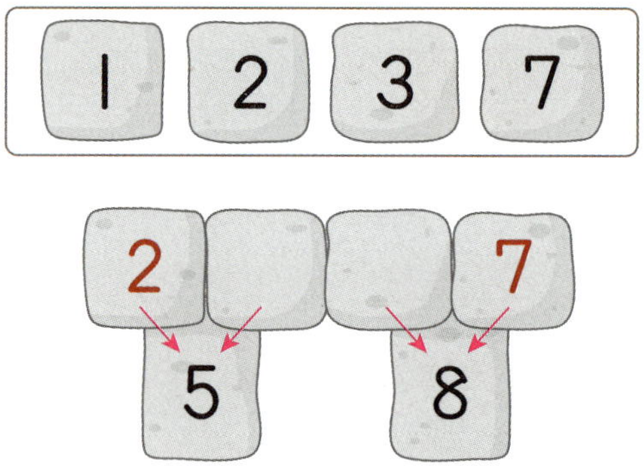

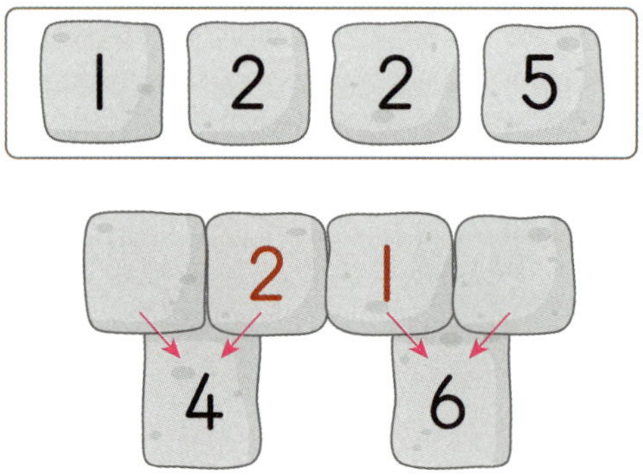

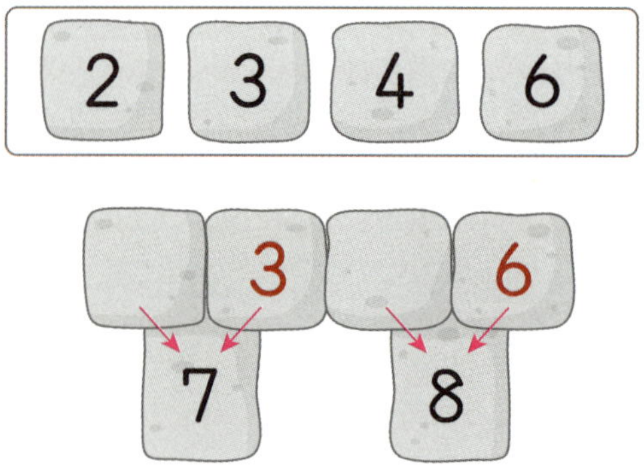

🌳 공에 적힌 수를 두 수씩 모아 아래 수가 되도록 ☐ 안에 알맞은 수를 쓰세요.

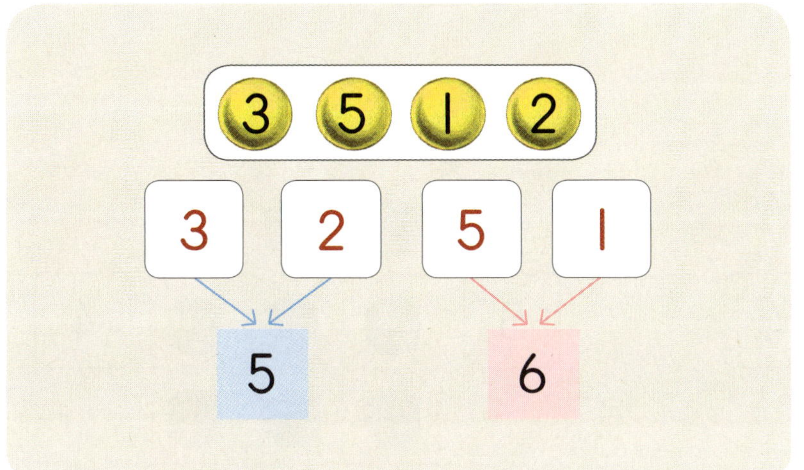

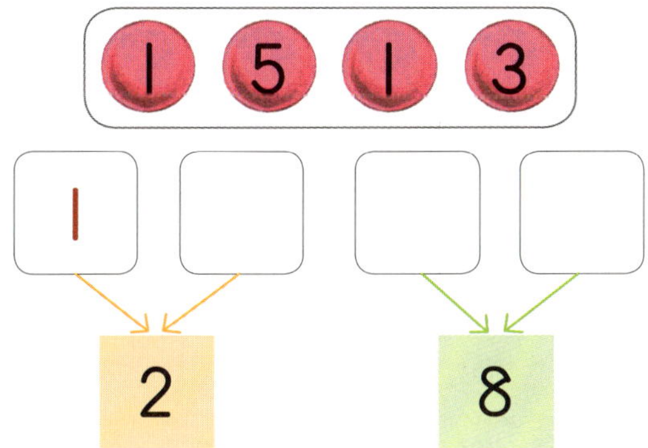

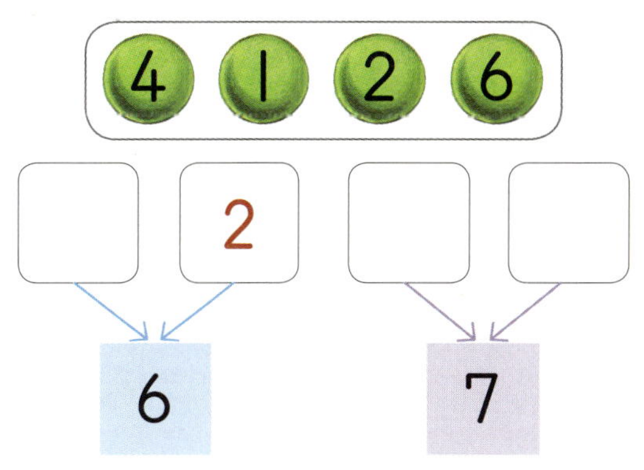

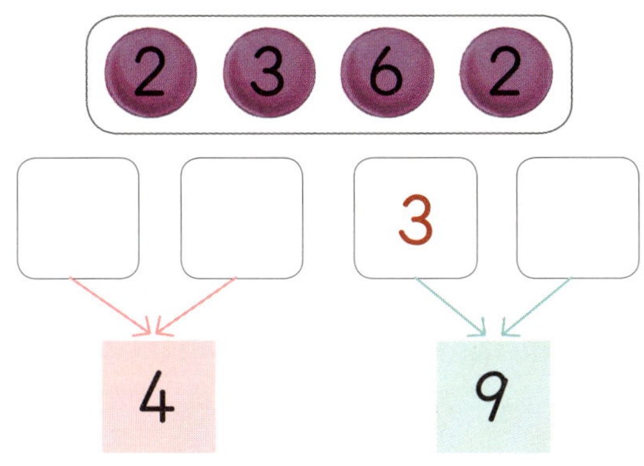

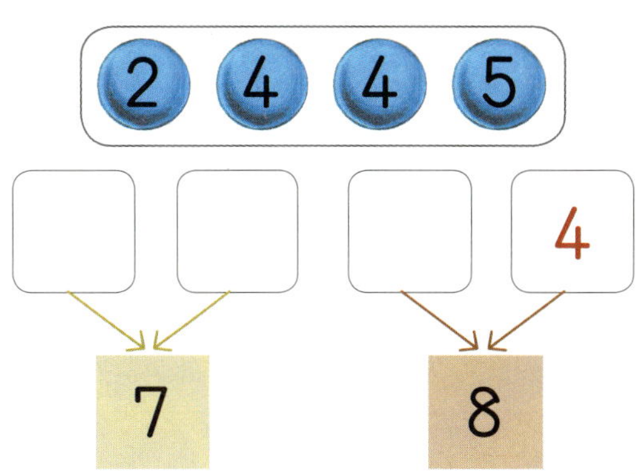

무엇을 배웠을까요

▲ 양쪽 수만큼 공깃돌이 나누어지도록 점선을 따라 선을 그으세요.

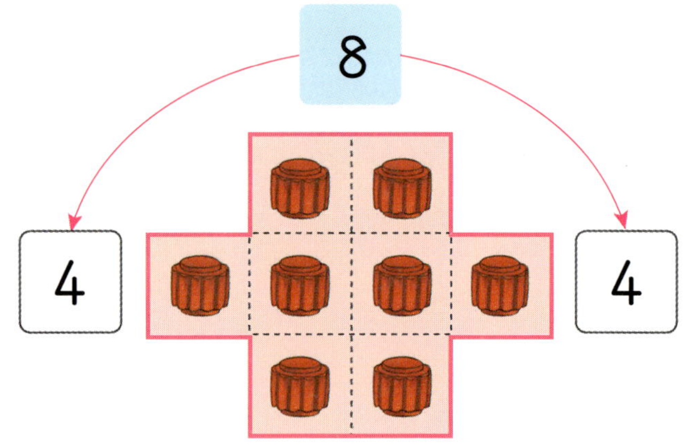

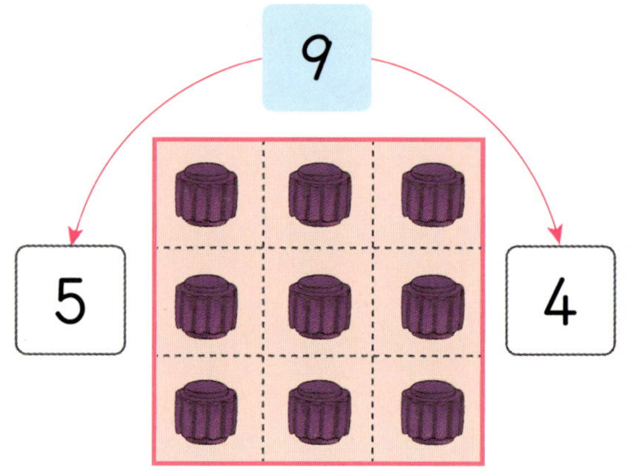

▲ 똑같은 두 수로 갈랐어요. ⬜ 안에 알맞은 수를 쓰세요.

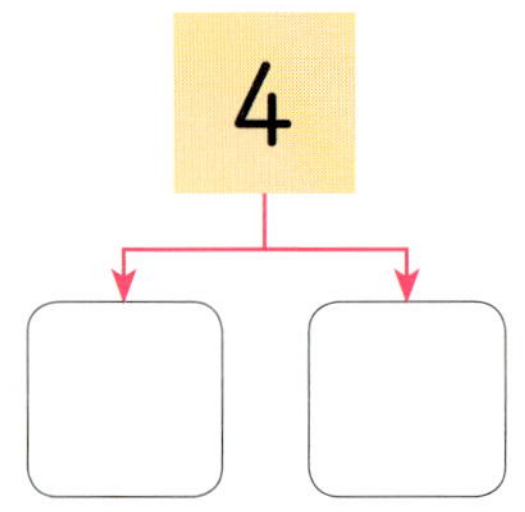

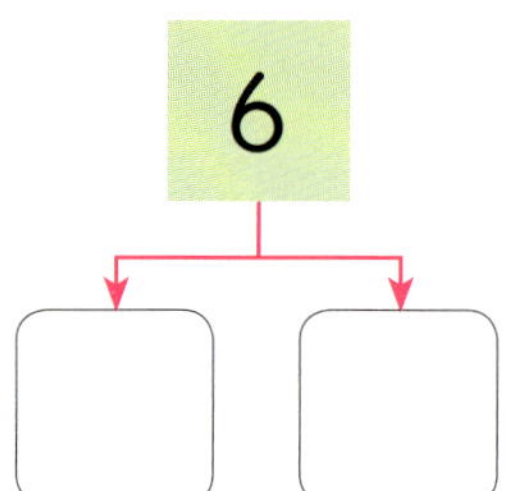

▲ 오른쪽이 1 큰 수가 되도록 두 수로 갈랐어요. ⬜ 안에 알맞은 수를 쓰세요.

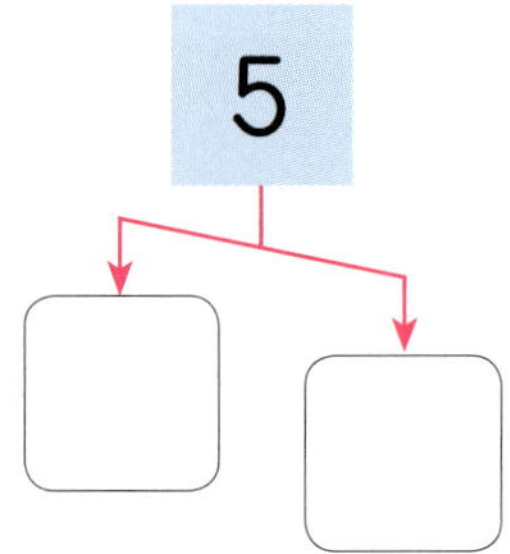

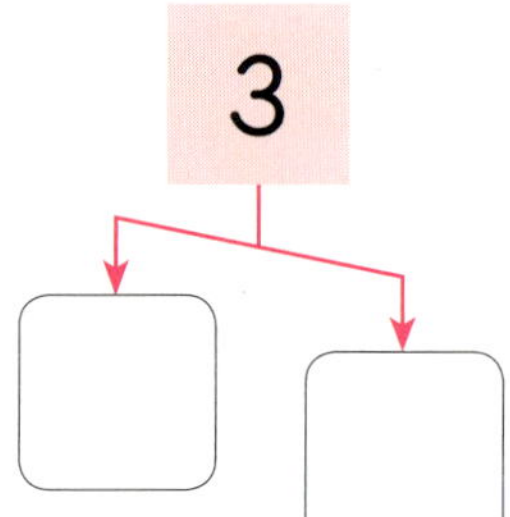

▲ 공에 적힌 수를 ⬚ 안에 써넣어 두 수로 가르세요.

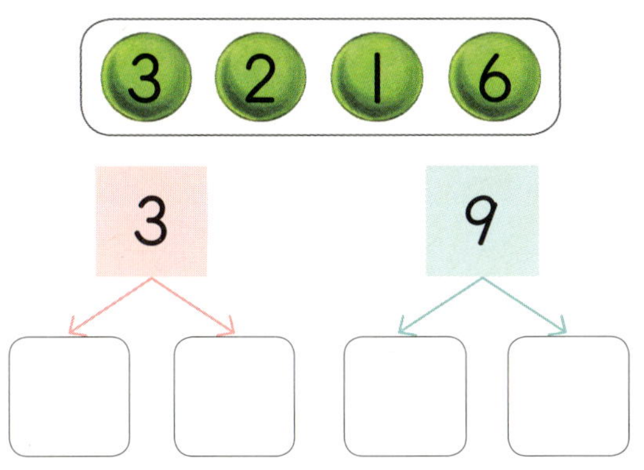

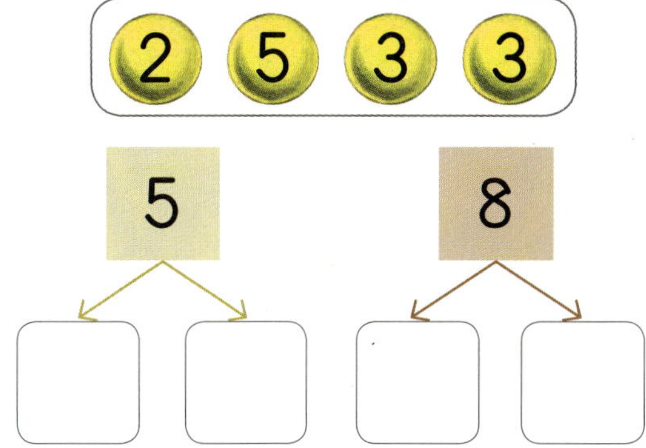

▲ 두 수씩 모아 아래 수가 되도록 알맞게 선으로 이으세요.

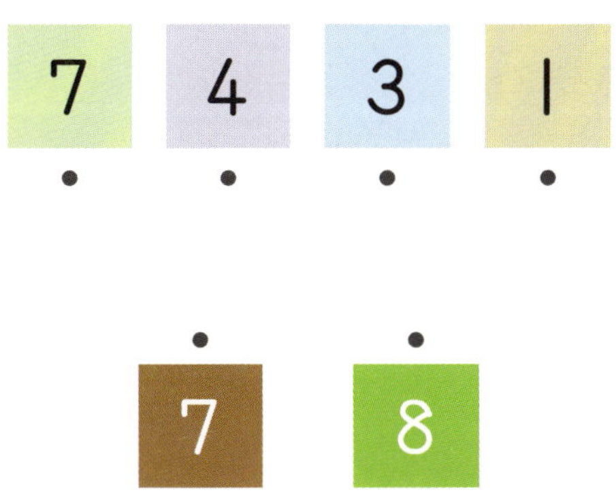

▲ 공에 적힌 수를 두 수씩 모아 아래 수가 되도록 ⬚ 안에 알맞은 수를 쓰세요.

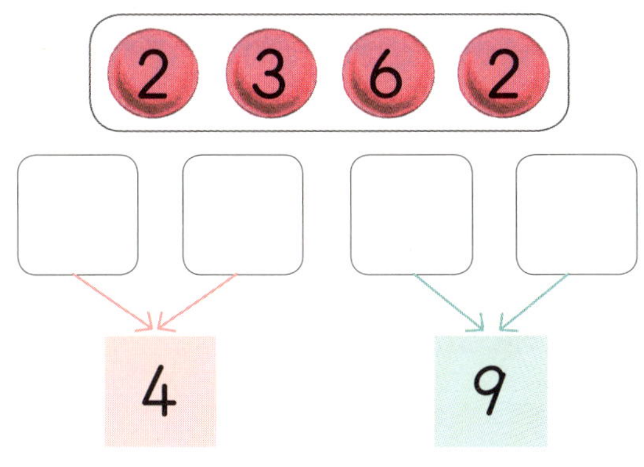

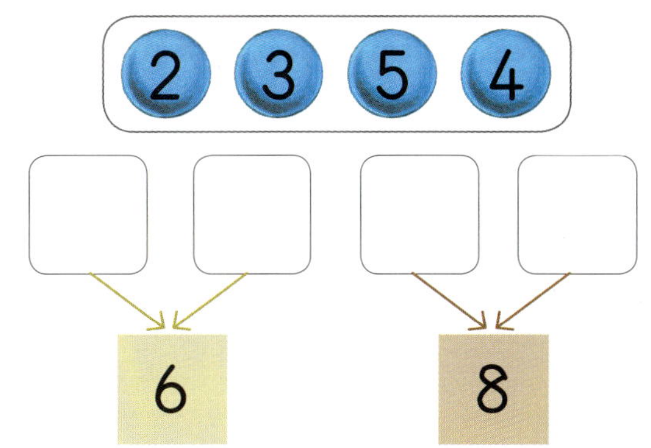

연산력 게임

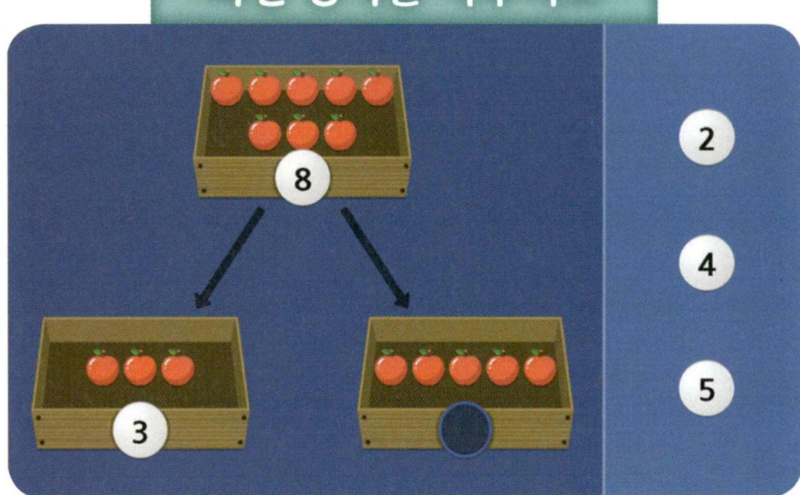

과일을 두 상자에 나눠서 넣어요.

전체 과일 수를 가르기 하여 빈 곳에 들어갈 수를 오른쪽에서 찾아 손가락으로 끌어서 넣으세요.
5를 넣으면 정답입니다.

도넛을 똑같이 나누어 보세요.

도넛을 두 쟁반에 같은 개수씩 손가락으로 끌어서 놓으세요.
각각 4개씩 놓으면 정답입니다.

이중 가르기와 모으기

▶ 연산 보충 학습(107~108쪽)에서 더 풀어 보세요.

학부모 지도 가이드

이 차시에서는 앞에서 배운 가르기와 모으기의 심화 문제인 이중 가르기와 모으기, 세 수 가르기와 모으기를 연습해 봅니다.

이중 가르기

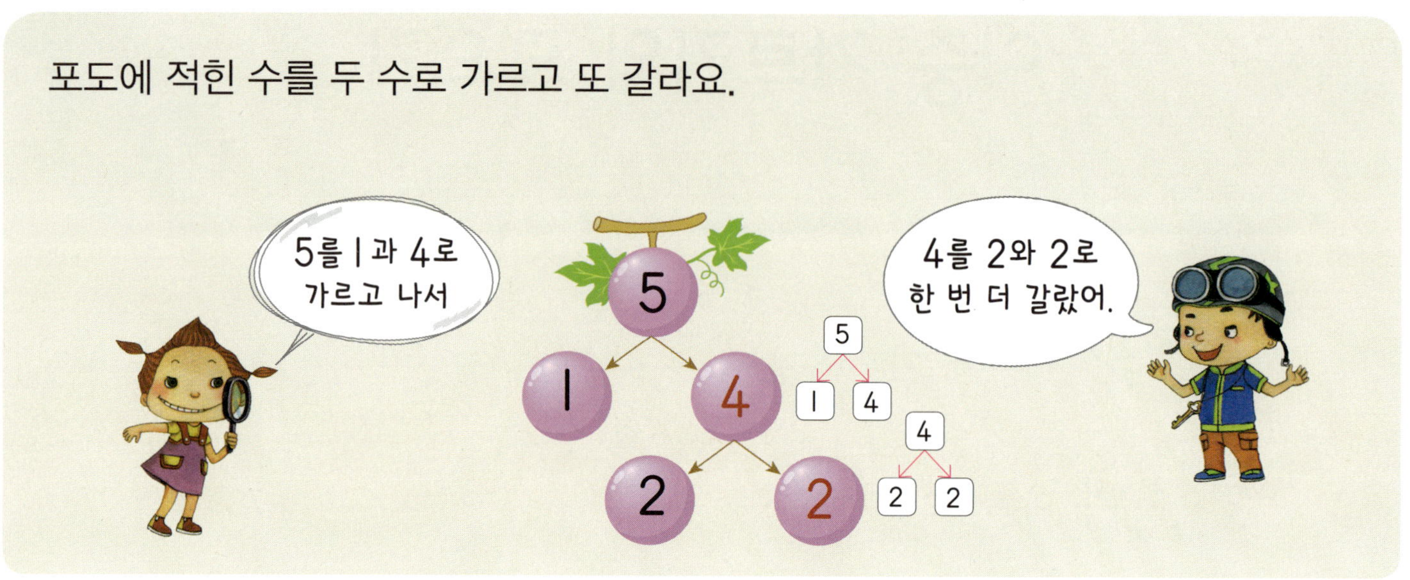

🌳 두 수로 가르고 또 갈랐어요. 빈 곳에 알맞은 수를 쓰세요.

두 수로 가르고 또 갈랐어요. ☐ 안에 알맞은 수를 쓰세요.

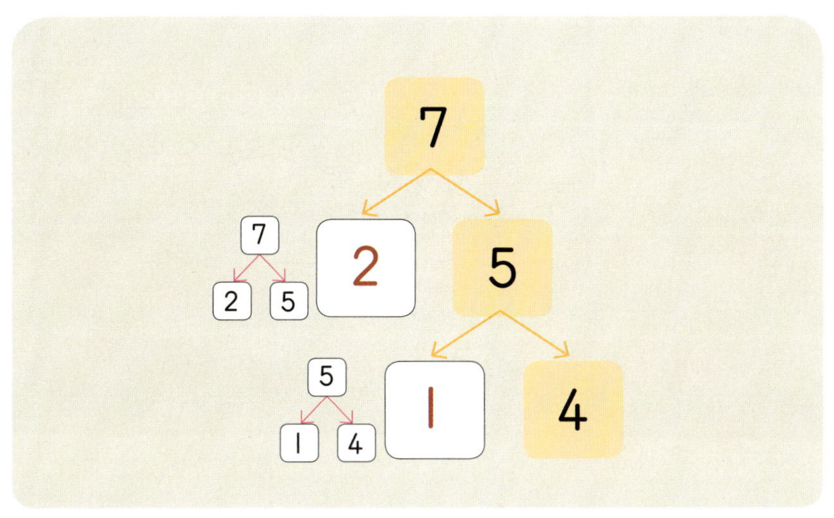

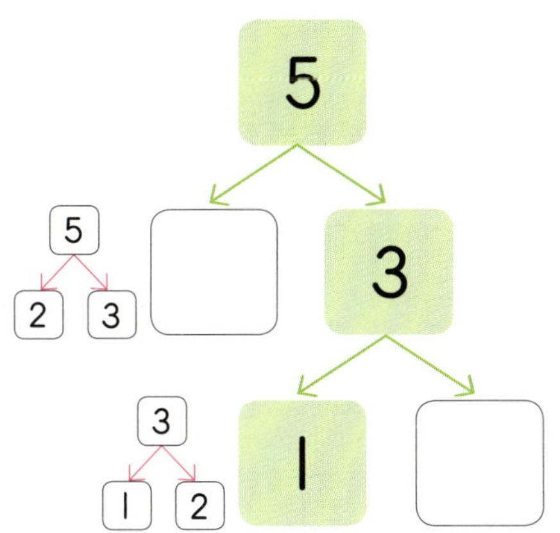

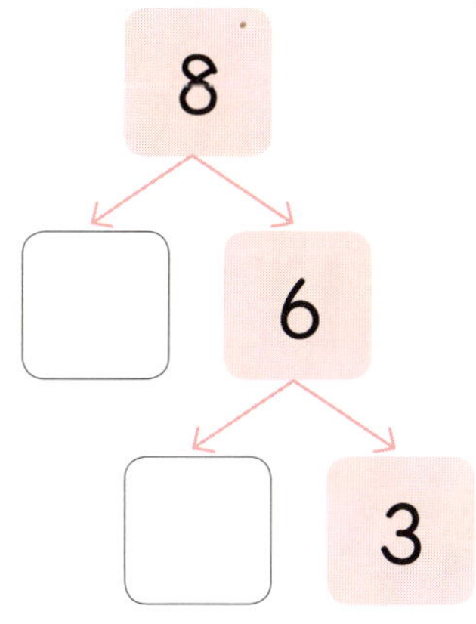

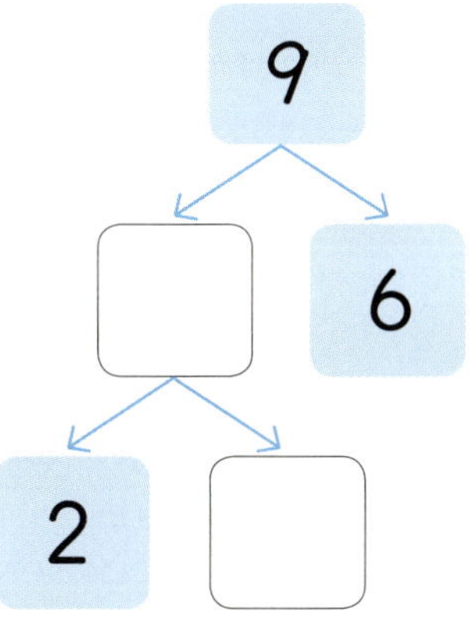

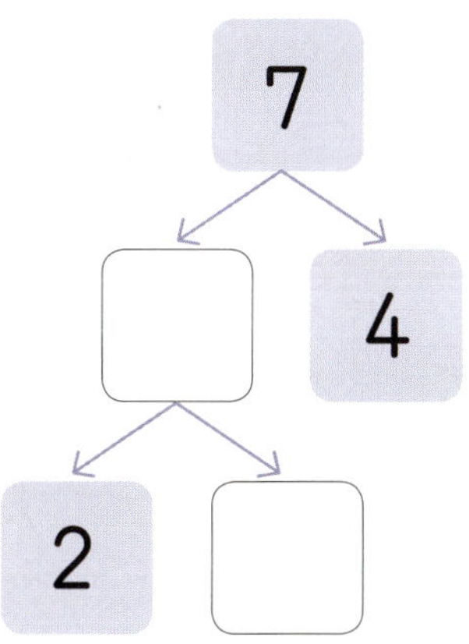

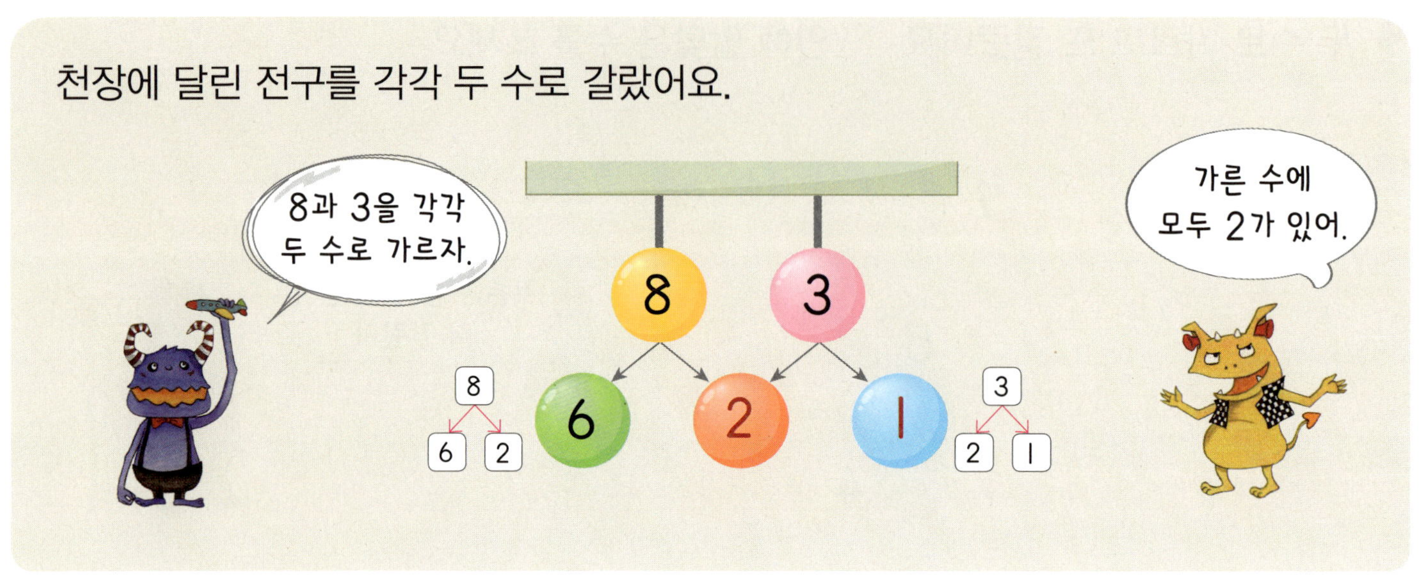

두 수로 갈랐어요. 빈 곳에 알맞은 수를 쓰세요.

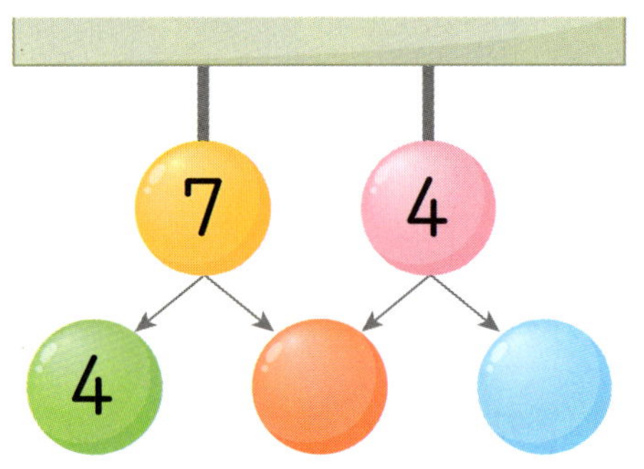

두 수로 갈랐어요. ☐ 안에 알맞은 수를 쓰세요.

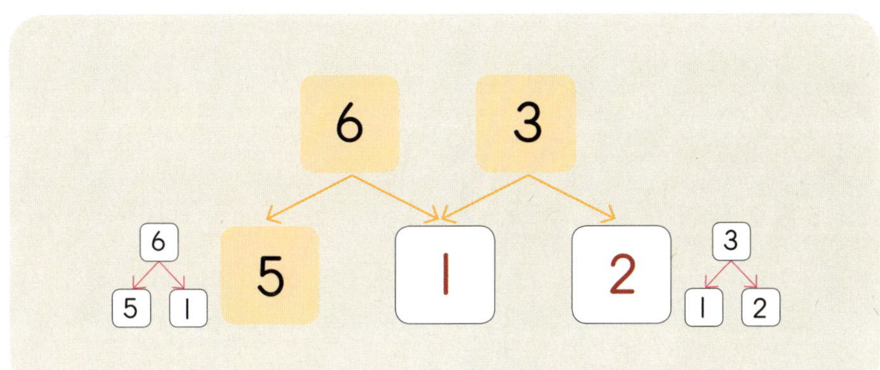

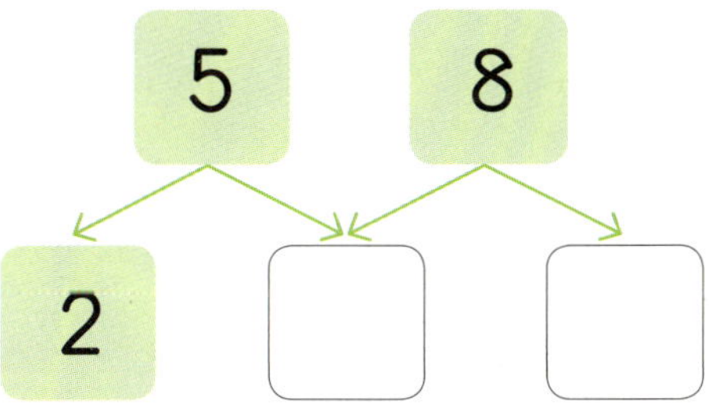

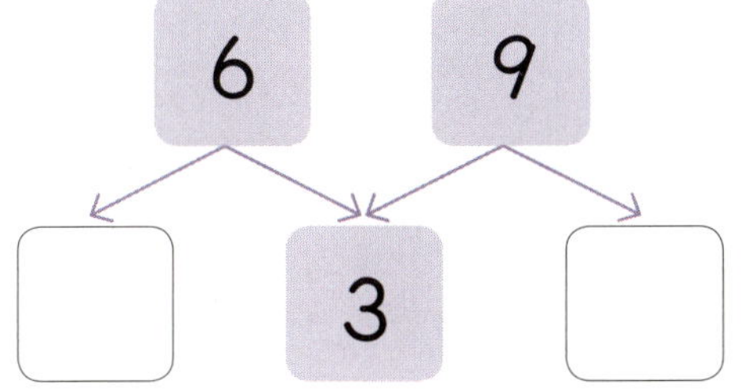

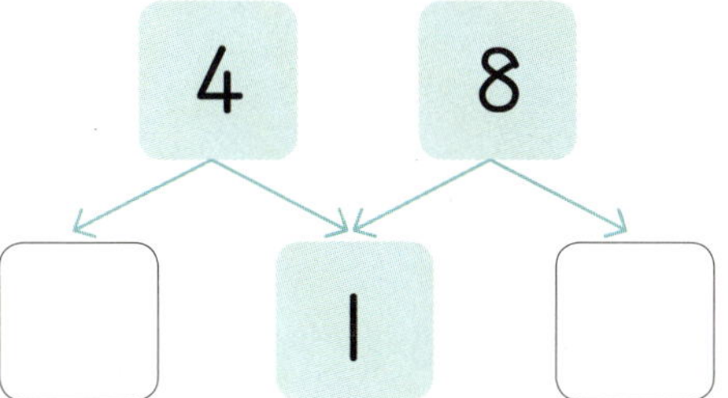

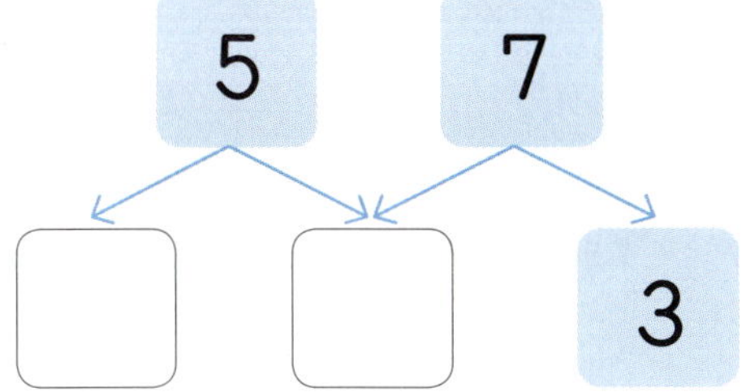

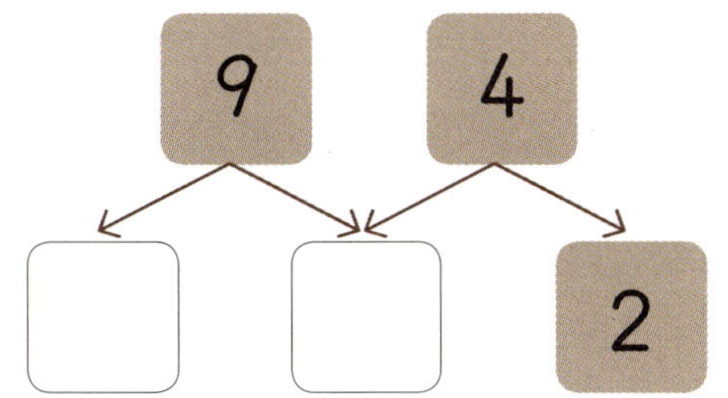

이중 모으기

두 수를 모으고 또 모았어요. 빈 곳에 알맞은 수를 쓰세요.

두 수를 모으고 또 모았어요. ☐ 안에 알맞은 수를 쓰세요.

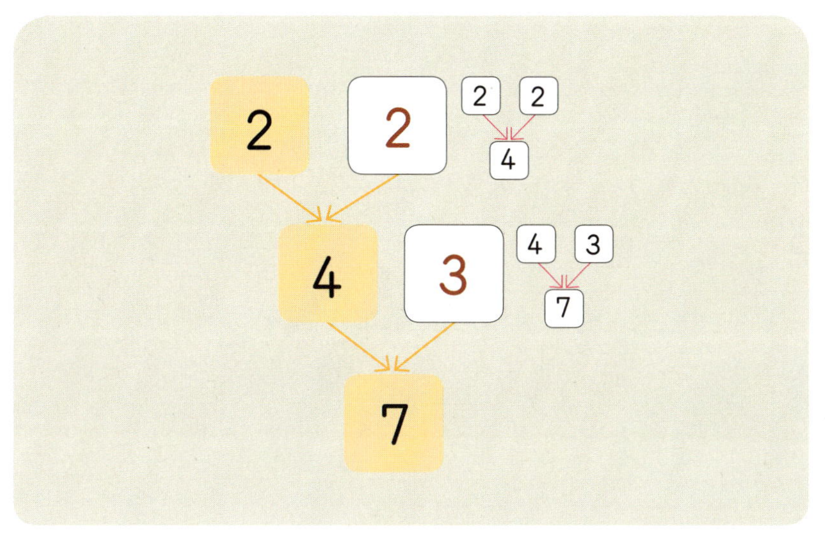

두 수를 모아 4를
만들고, 4와 3을 모아
7을 만들었어.

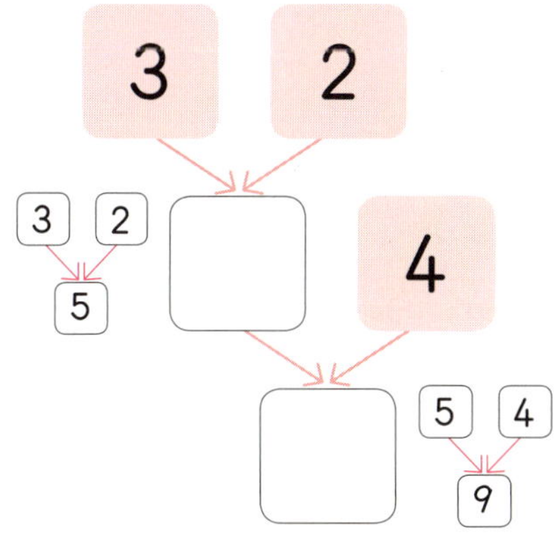

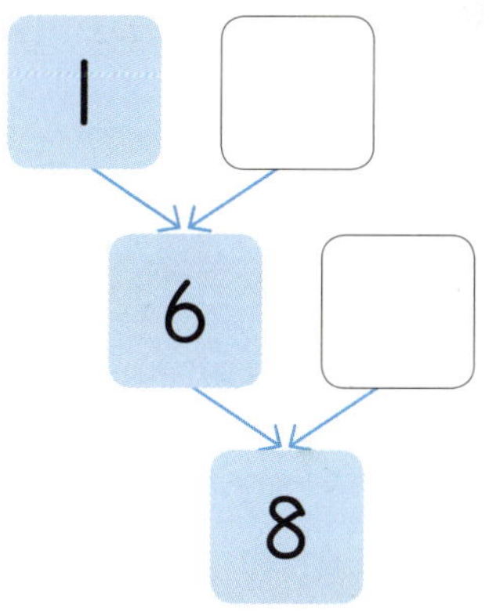

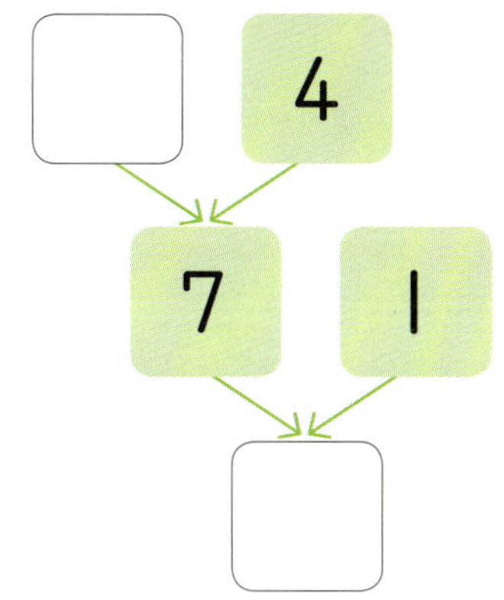

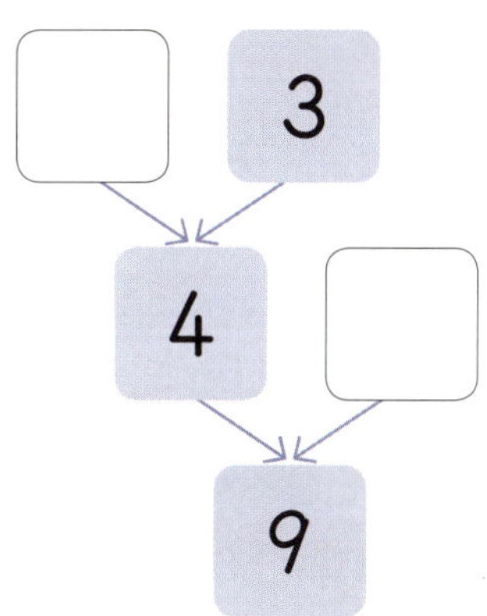

새들이 우체통에 편지를 넣으려고 해요.

🌳 두 수를 모았어요. 빈 곳에 알맞은 수를 쓰세요.

두 수를 모았어요. ☐ 안에 알맞은 수를 쓰세요.

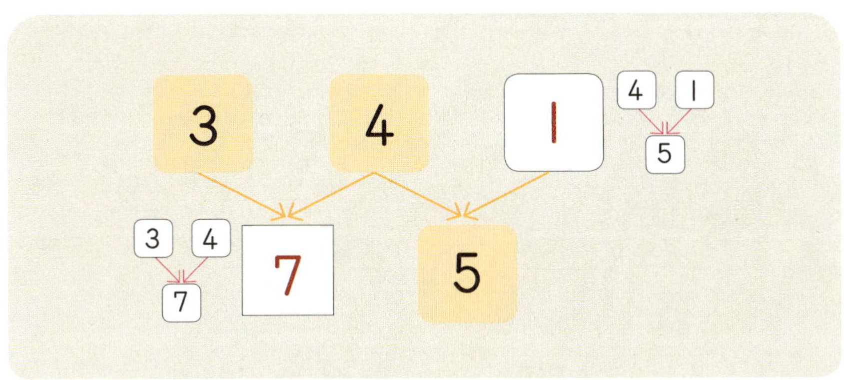
3
4
1
4 1
5
3 4
7
7
5

3과 4를 모으고,
4와 1을 모았네.

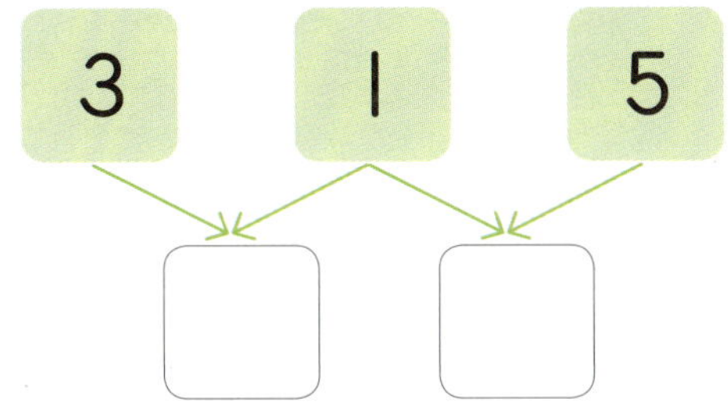
3
1
5

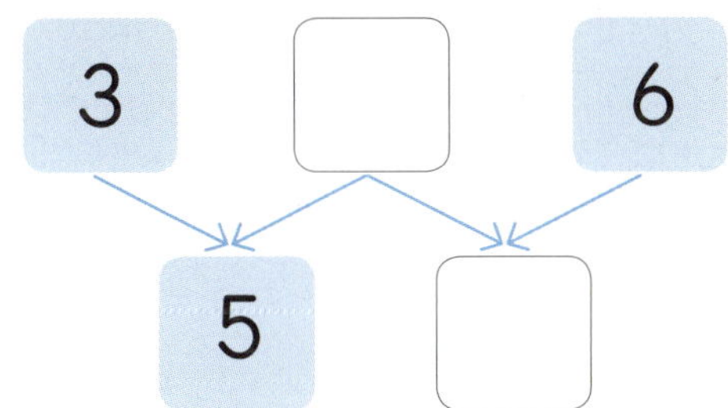
3
6
5

공부한 날
월
일

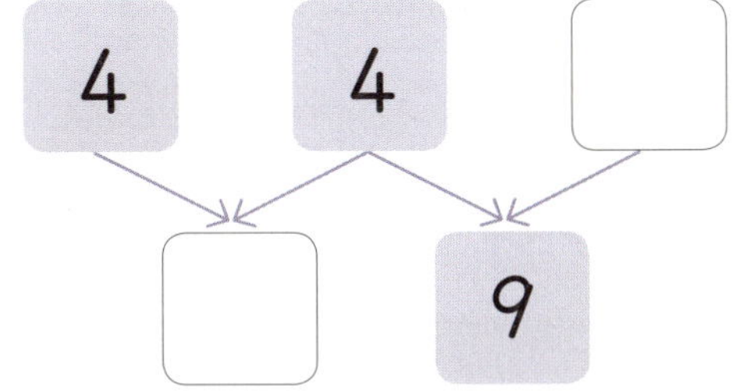
4
4
9

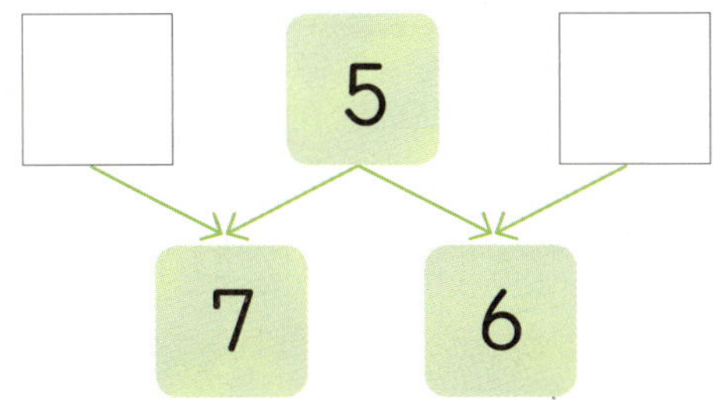
5
7
6

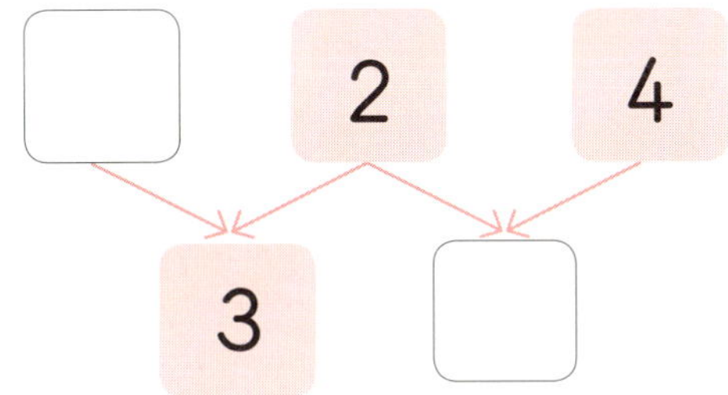
2
4
3

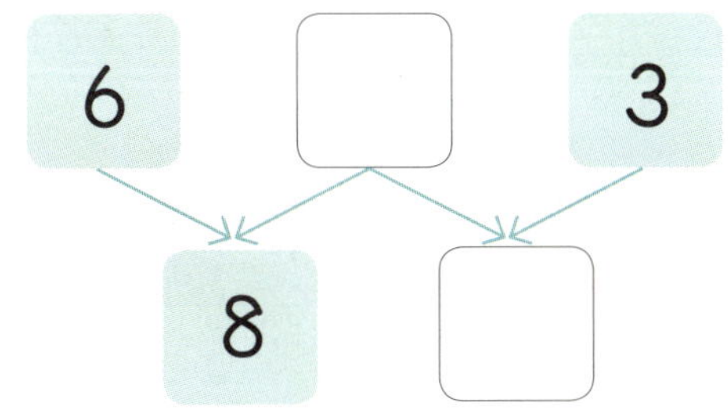
6
3
8

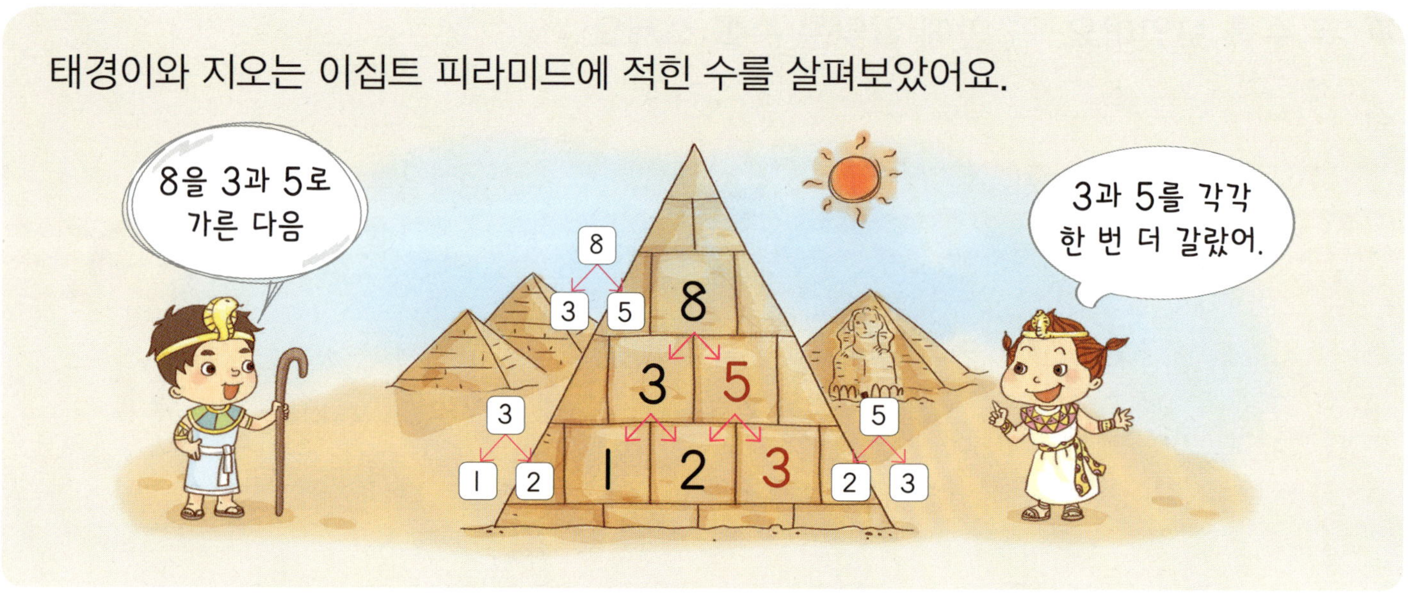

🌳 수를 가르고 또 갈랐어요. ⬚ 안에 알맞은 수를 쓰세요.

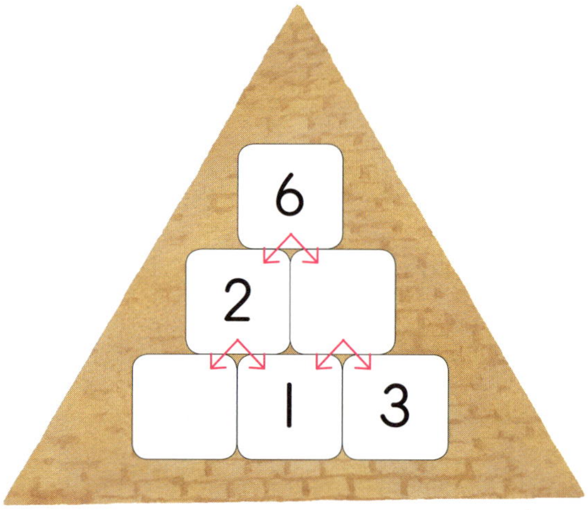

6
2
1 3

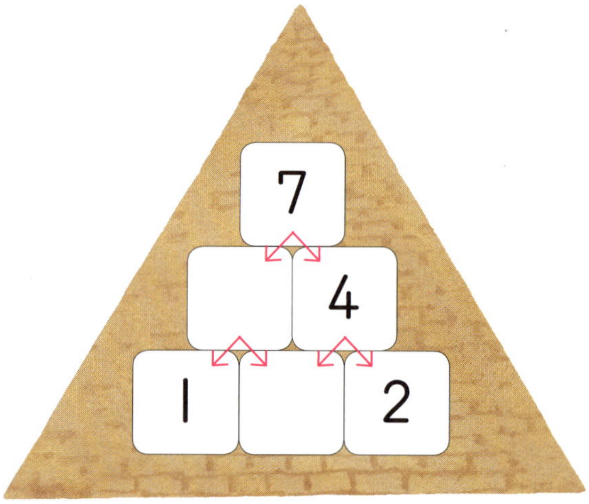

7
4
1 2

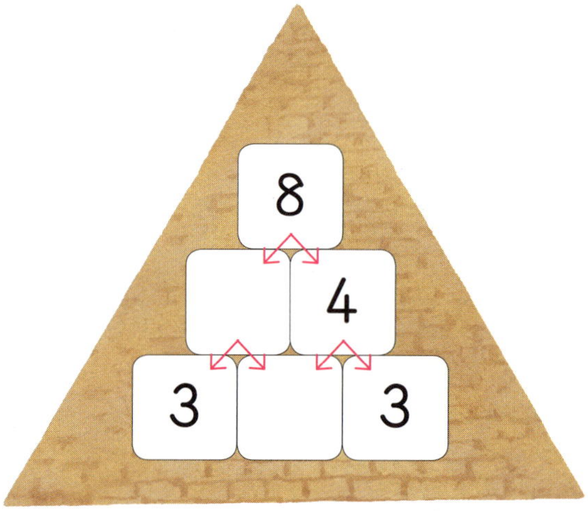

8
4
3   3

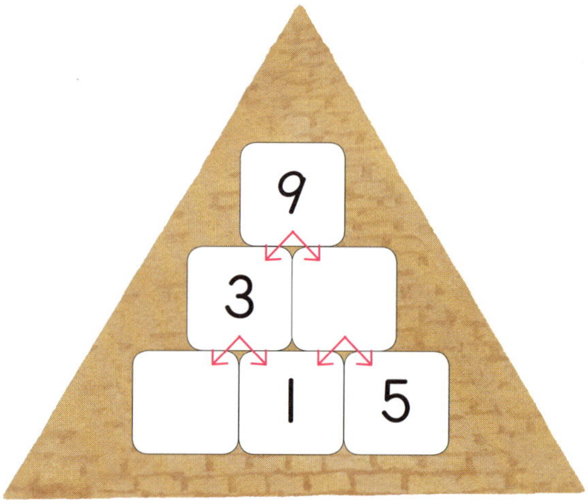

9
3
1 5

수를 가르고 또 갈랐어요. ☐ 안에 알맞은 수를 쓰세요.

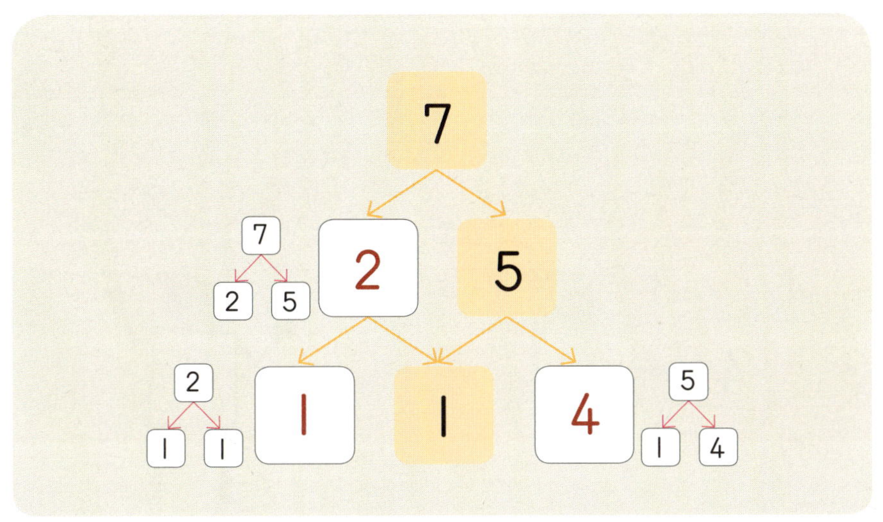

7
2   5
7 → 2 5
1   1   4
2 → 1 1
5 → 1 4

가른 두 수를
각각 또 다시
가를 수 있어.

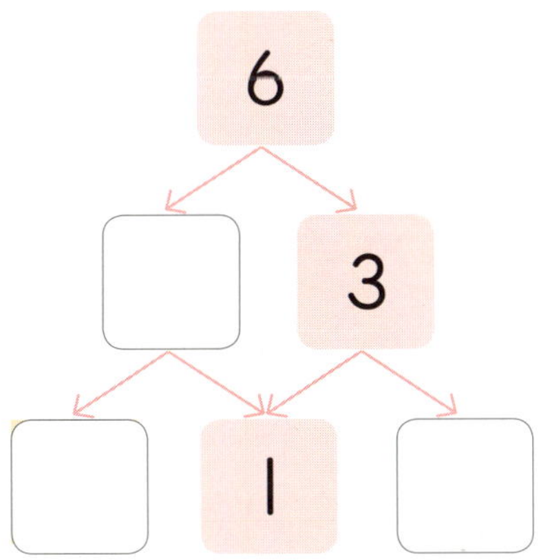

6
3
1

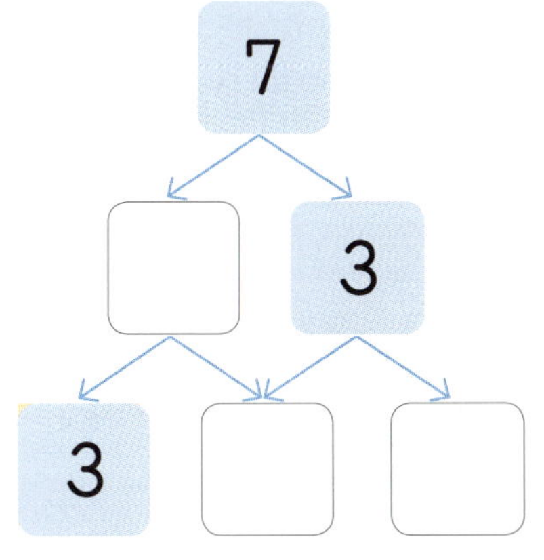

7
3
3

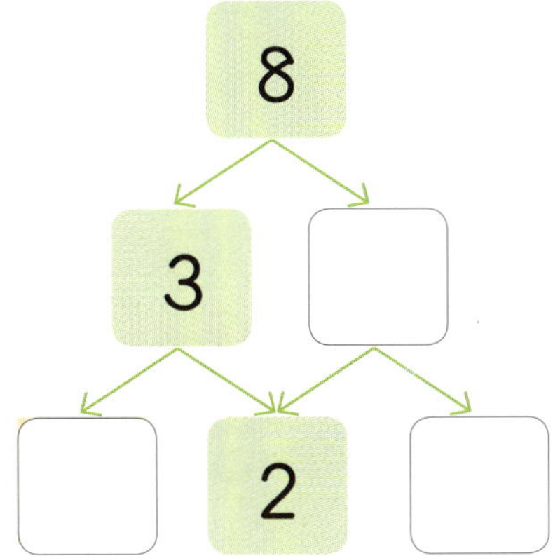

8
3
2

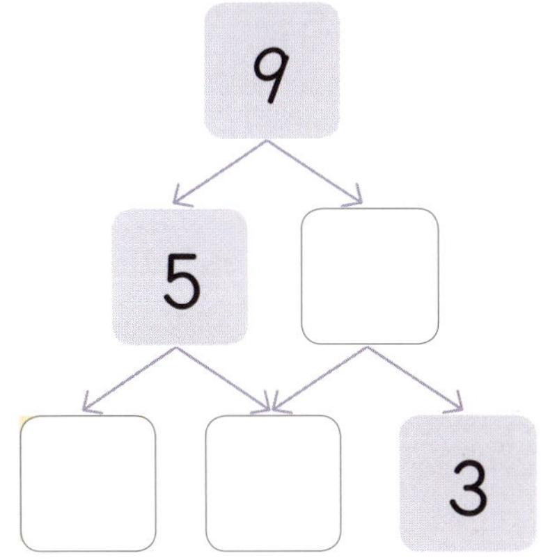

9
5
3

위의 두 수를 모아 아래에 써요.

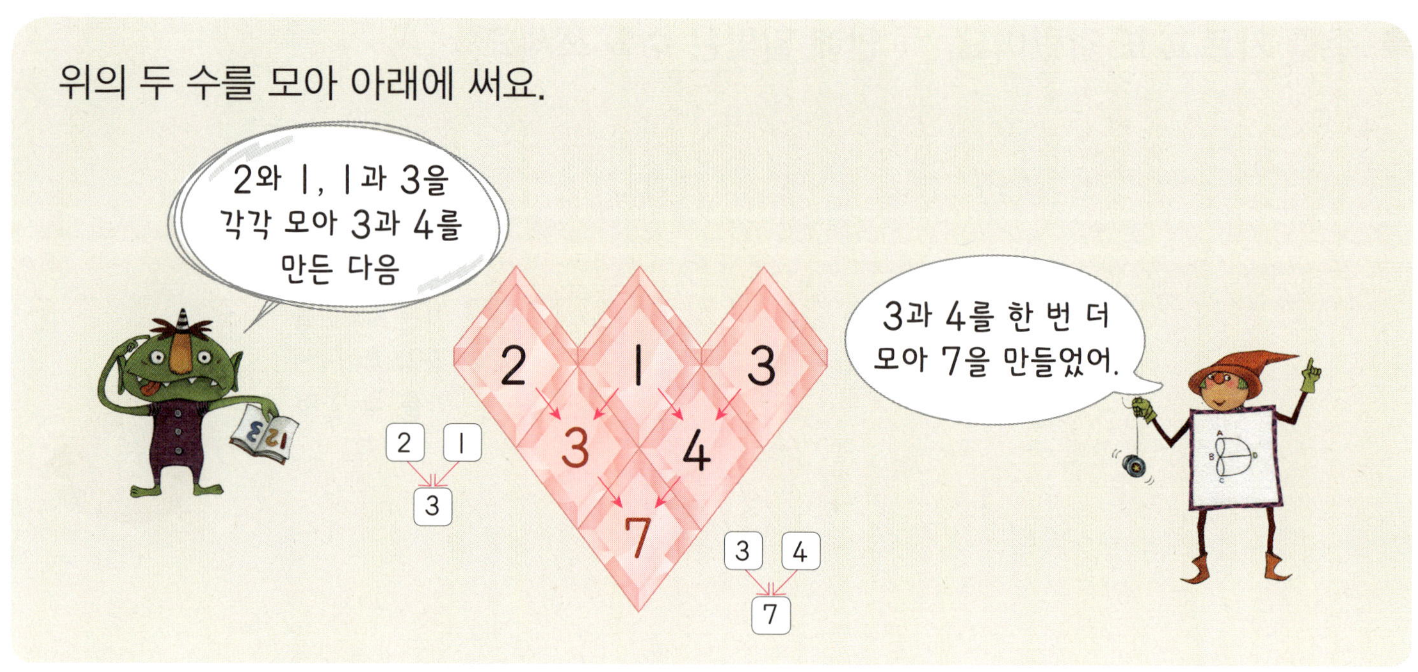

🌳 수를 모으고 또 모았어요. 빈 곳에 알맞은 수를 쓰세요.

🌳 수를 모으고 또 모았어요. ☐ 안에 알맞은 수를 쓰세요.

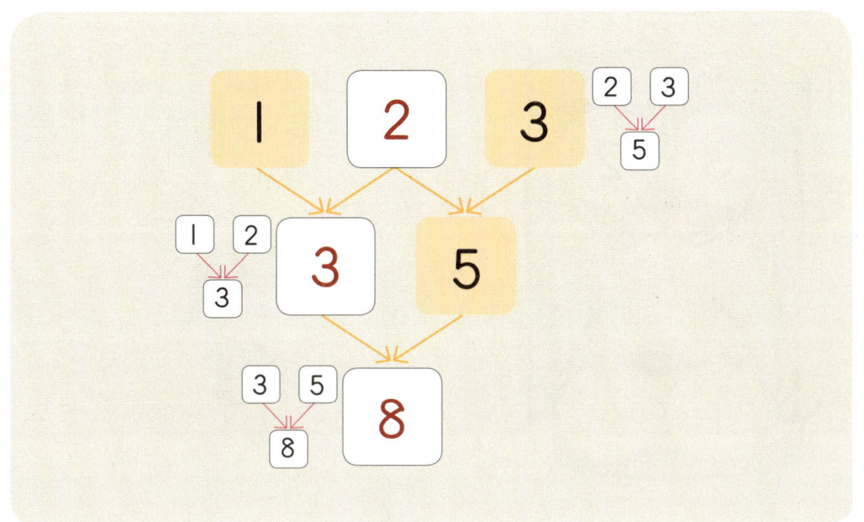

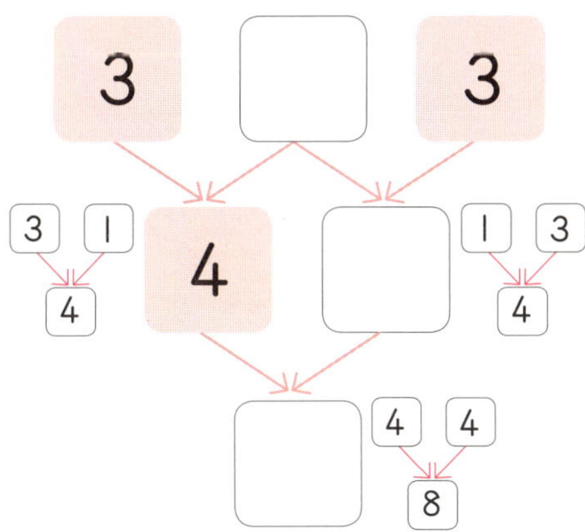

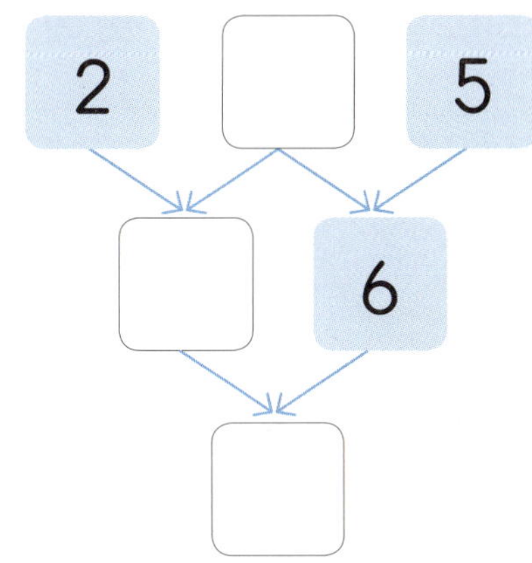

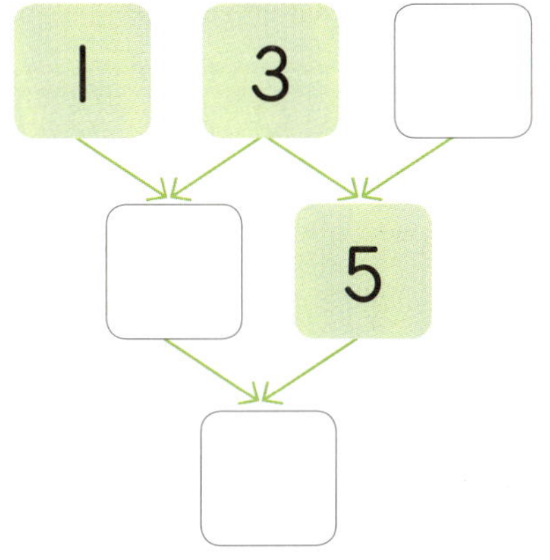

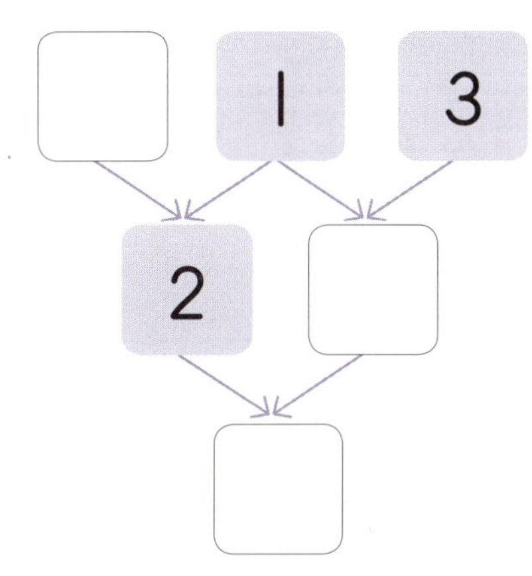

가르고 모으기

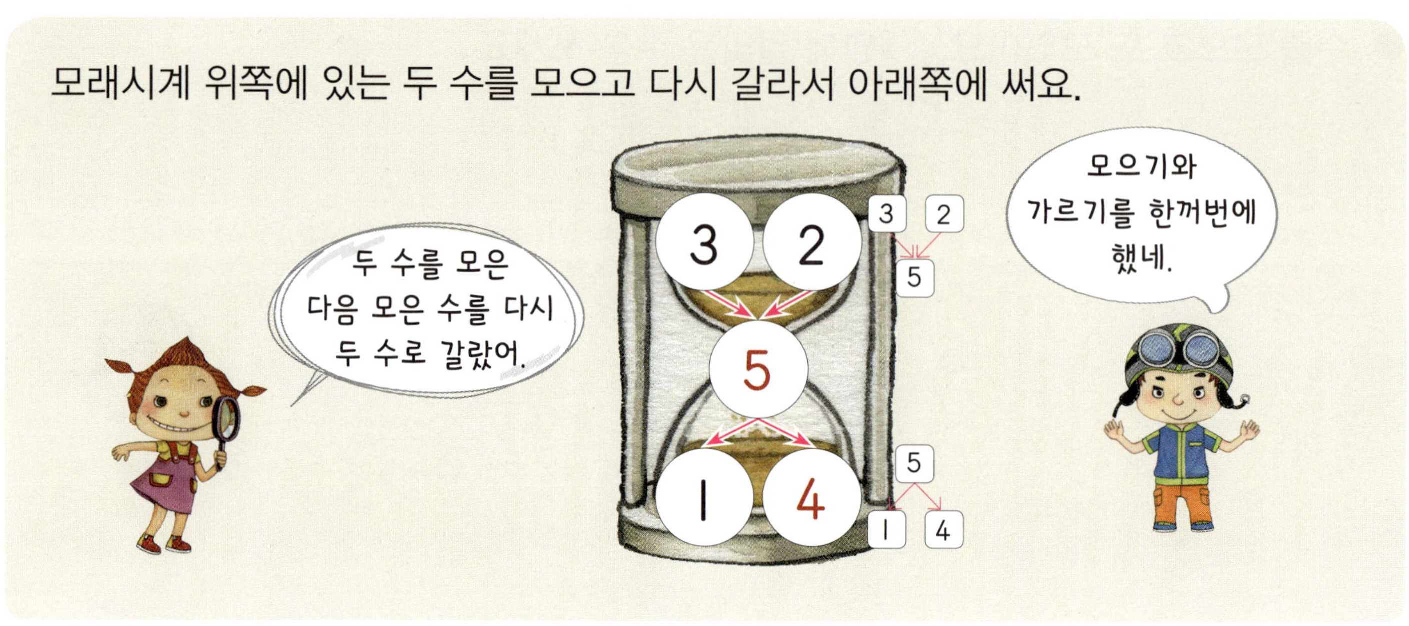

🌳 수를 모으고 갈랐어요. 빈 곳에 알맞은 수를 쓰세요.

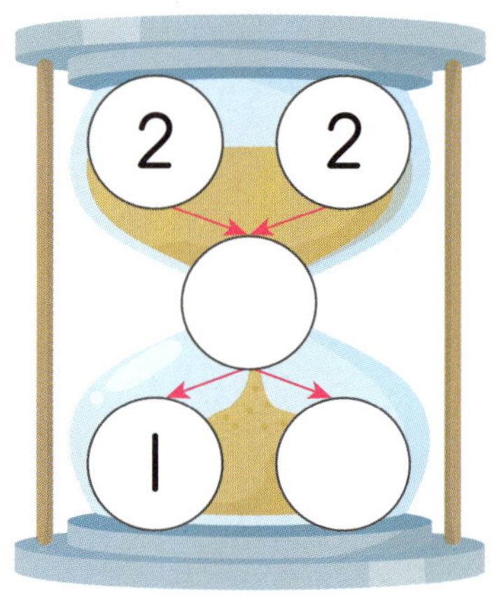

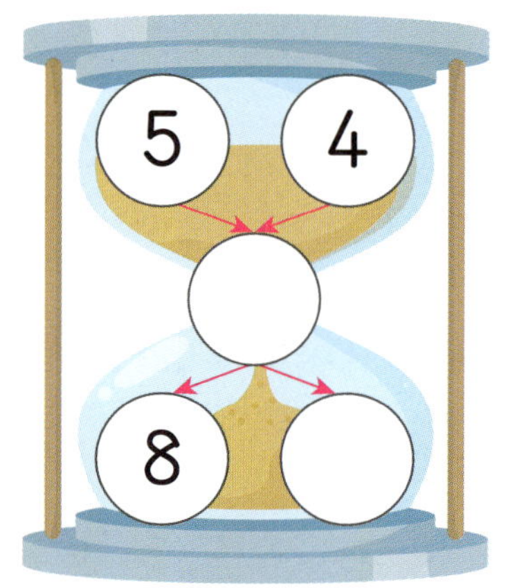

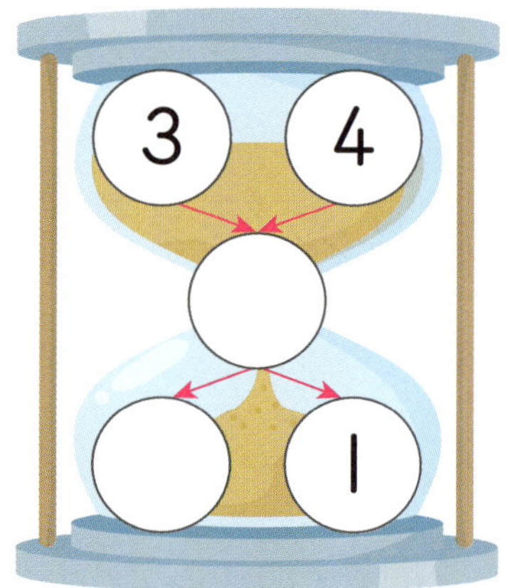

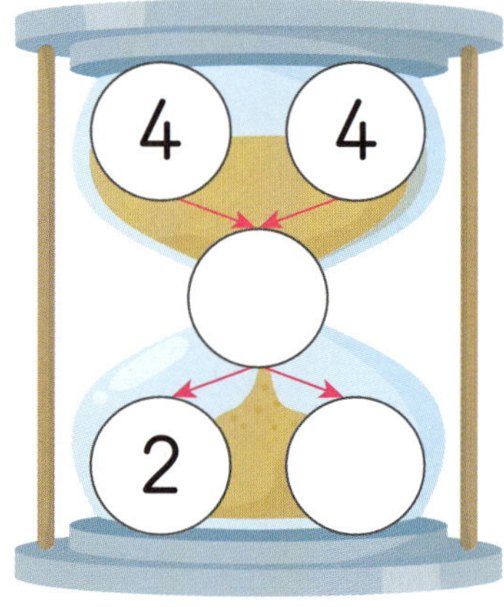

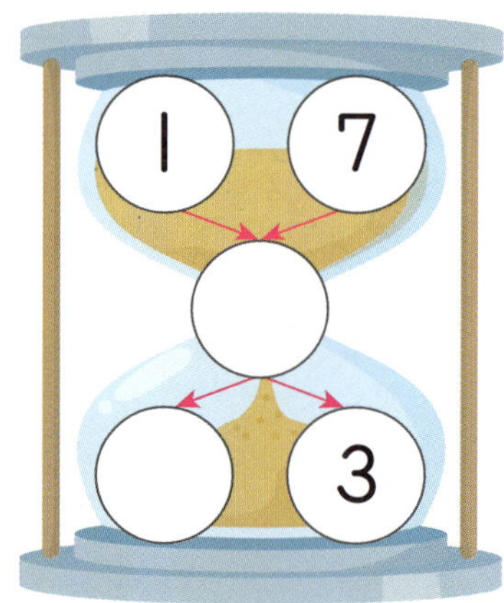

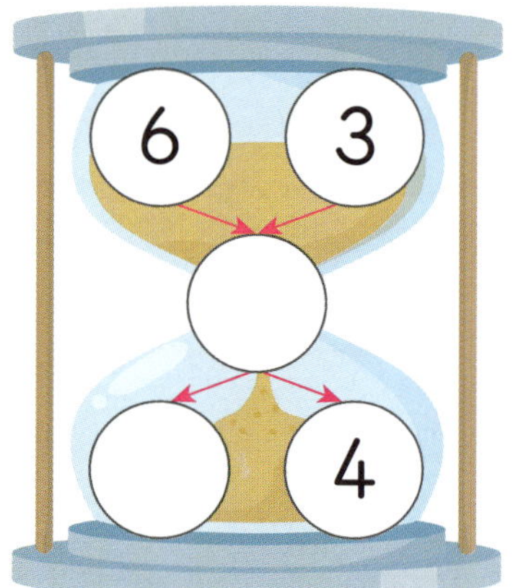

수를 모으고 갈랐어요. ◻ 안에 알맞은 수를 쓰세요.

벽돌에 쓰여 있는 수를 가르고 모아 봐요.

🌳 수를 가르고 모았어요. 빈 곳에 알맞은 수를 쓰세요.

🌳 수를 가르고 모았어요. ☐ 안에 알맞은 수를 쓰세요.

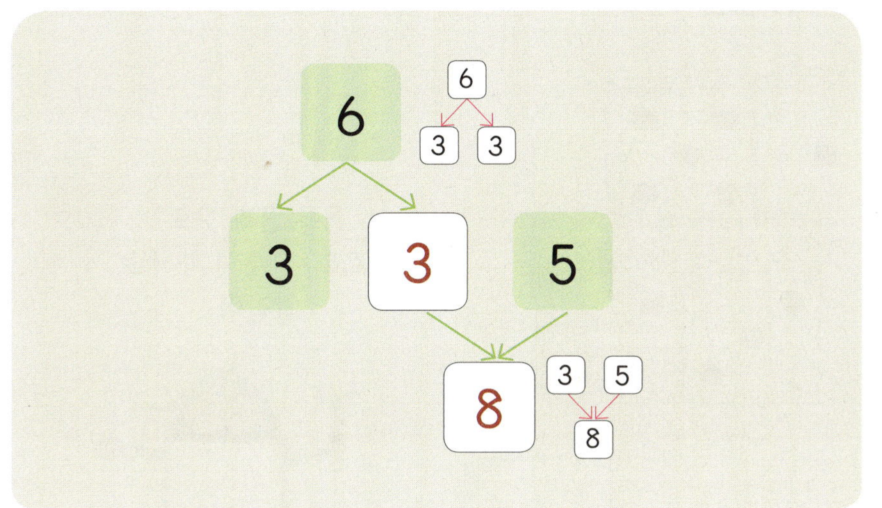
6
6
3 3
3 3 5
8
3 5
8

6을 3과 3으로 가르고
3과 5를 모았네.

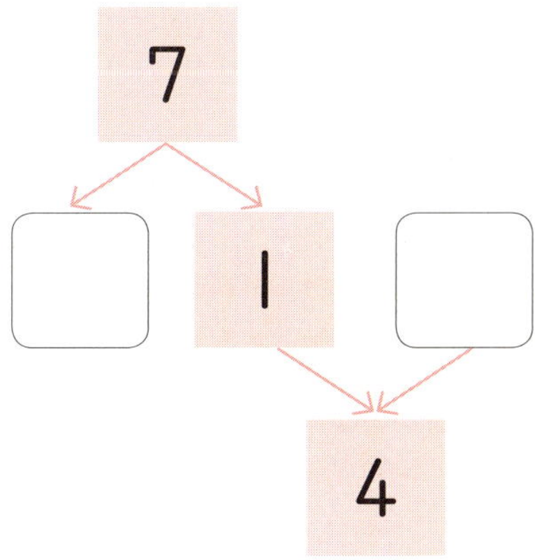
7
1
4

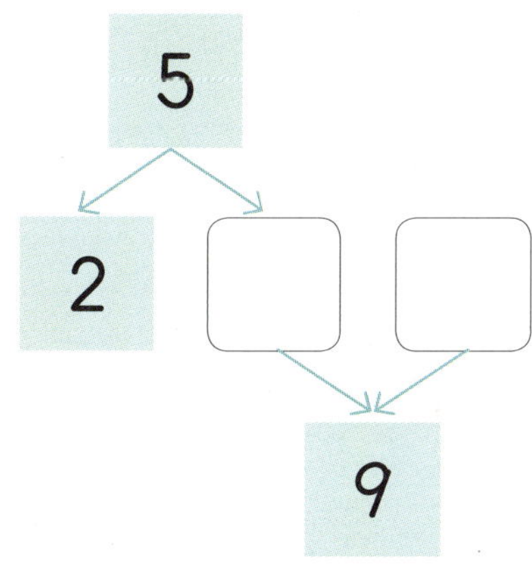
5
2
9

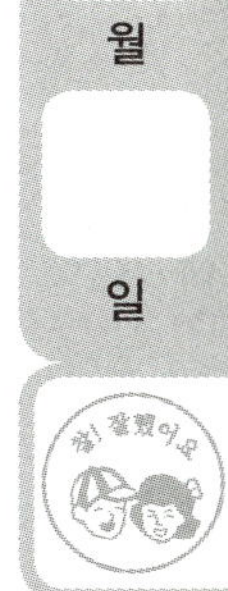
공부한 날
월
일

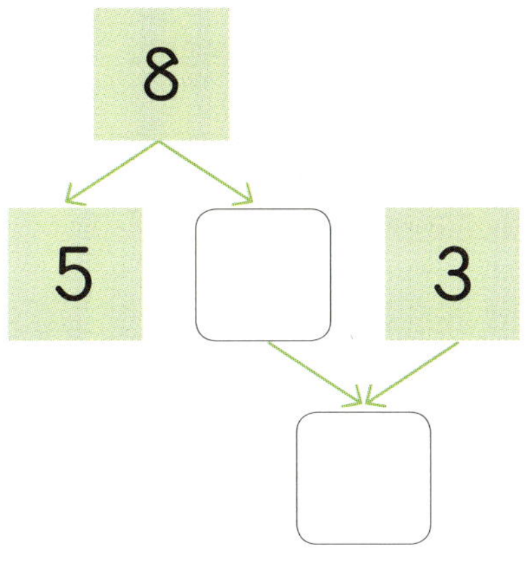
8
5 3

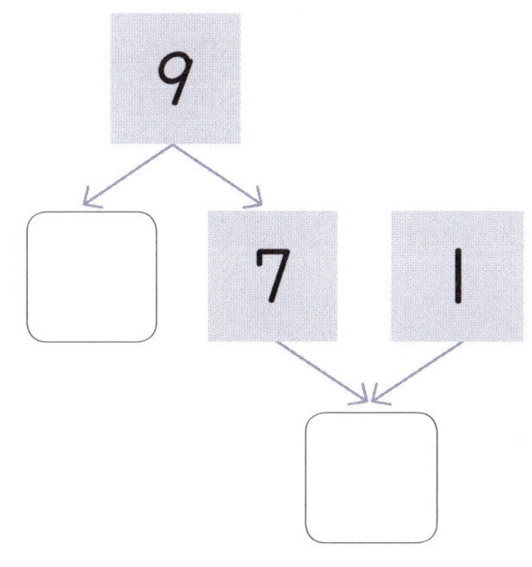
9
7 1

도미노 가르기와 모으기

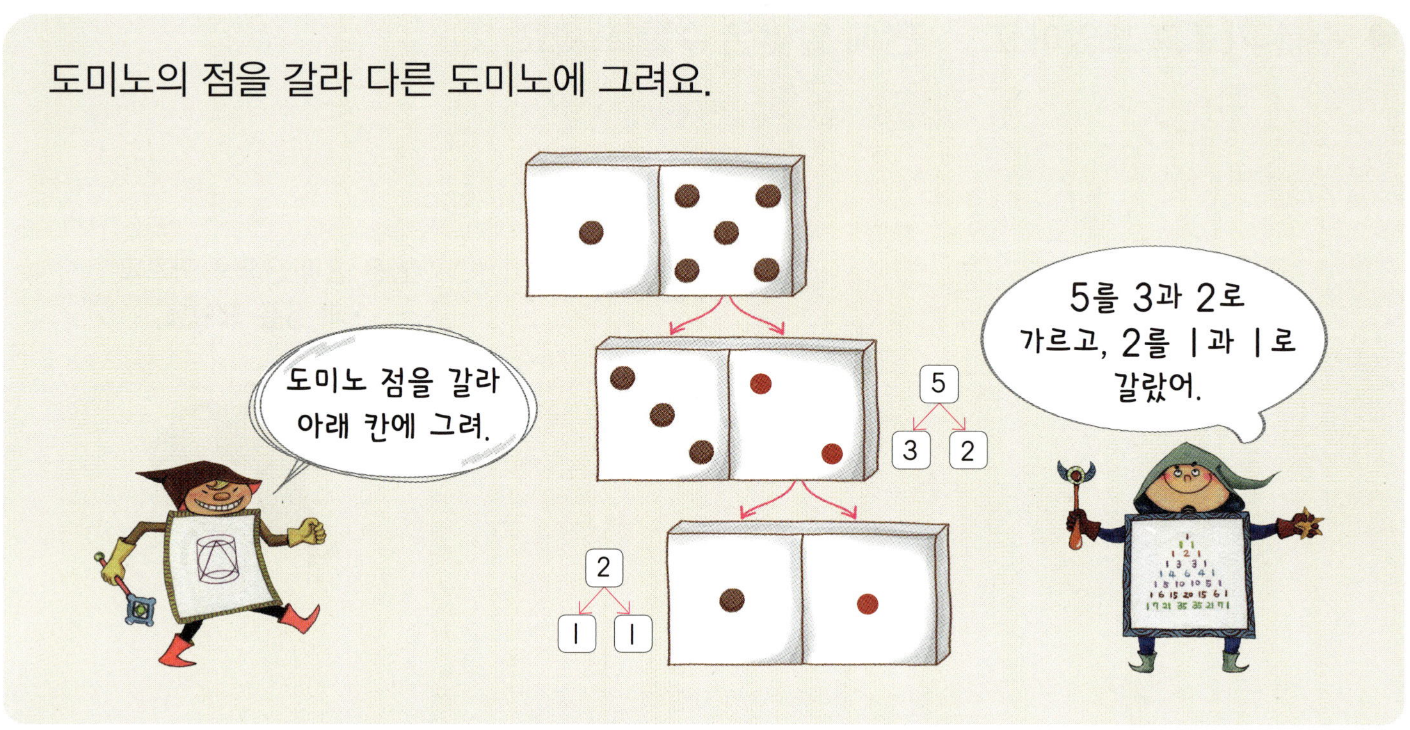

🌳 도미노의 점을 갈랐어요. 빈 곳에 알맞게 점을 그리세요.

도미노의 점을 갈랐어요. 빈 곳에 알맞게 점을 그리세요.

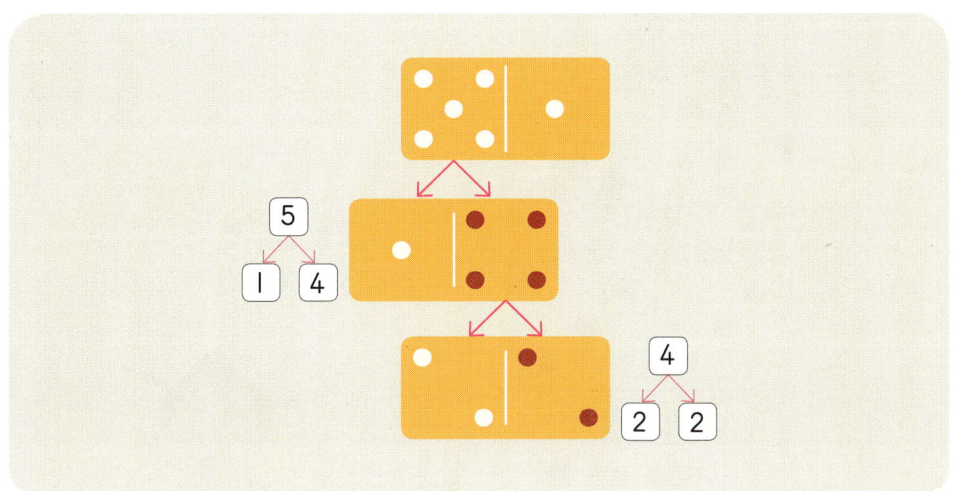

5를 1과 4로 가른 다음
4를 2와 2로 갈랐어.

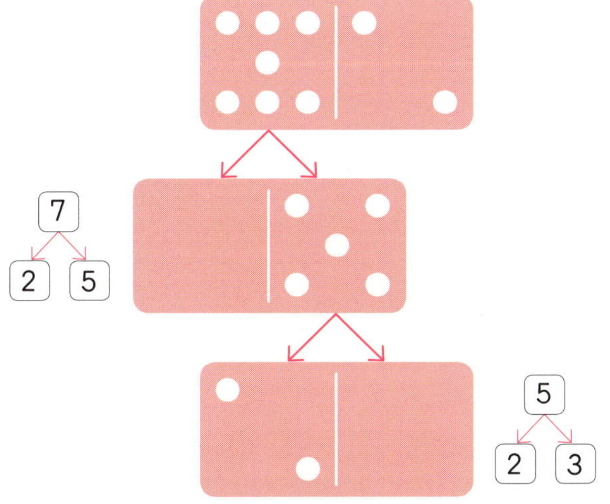

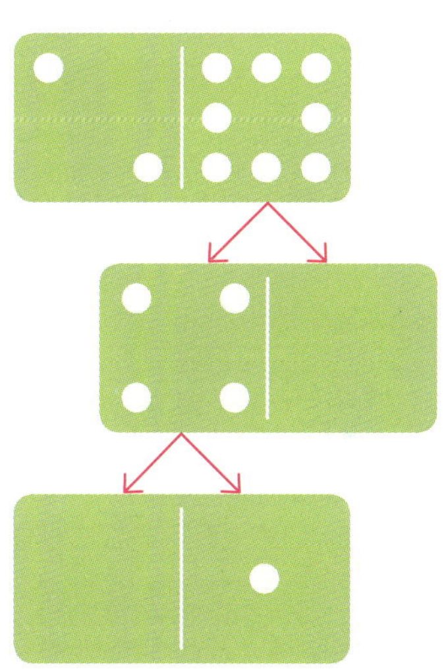

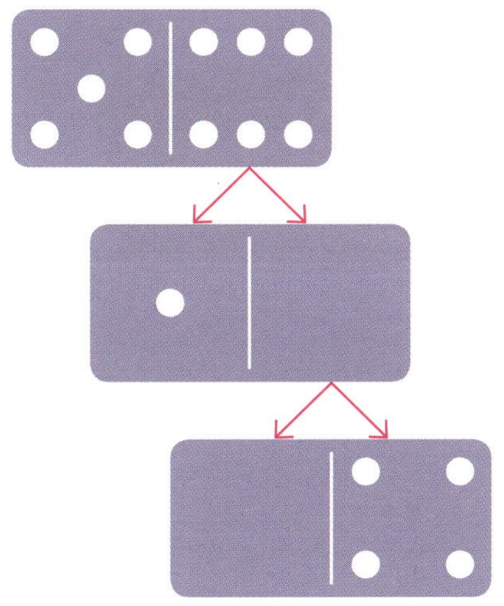

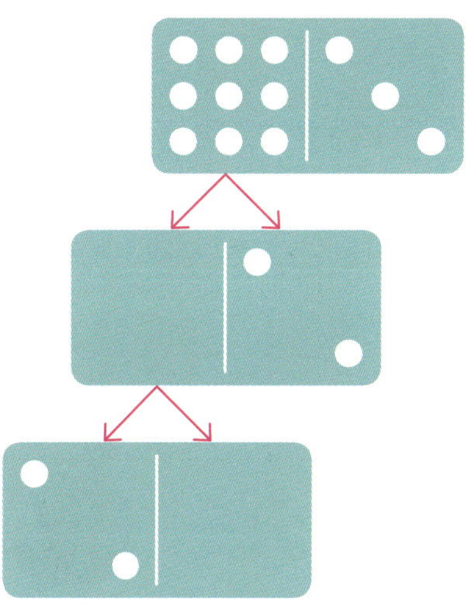

도미노의 양쪽 점을 모아 다른 도미노에 그려요.

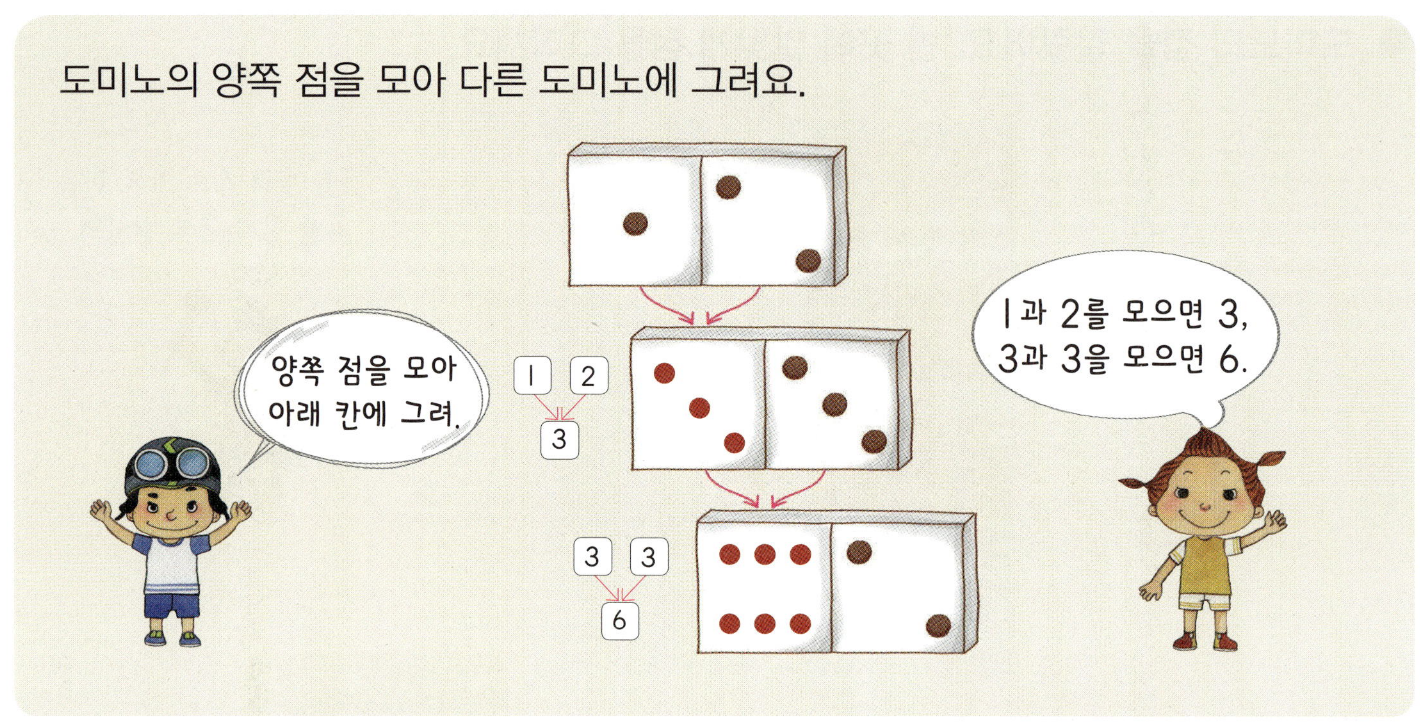

🌳 도미노의 양쪽 점을 모았어요. 빈 곳에 알맞게 점을 그리세요.

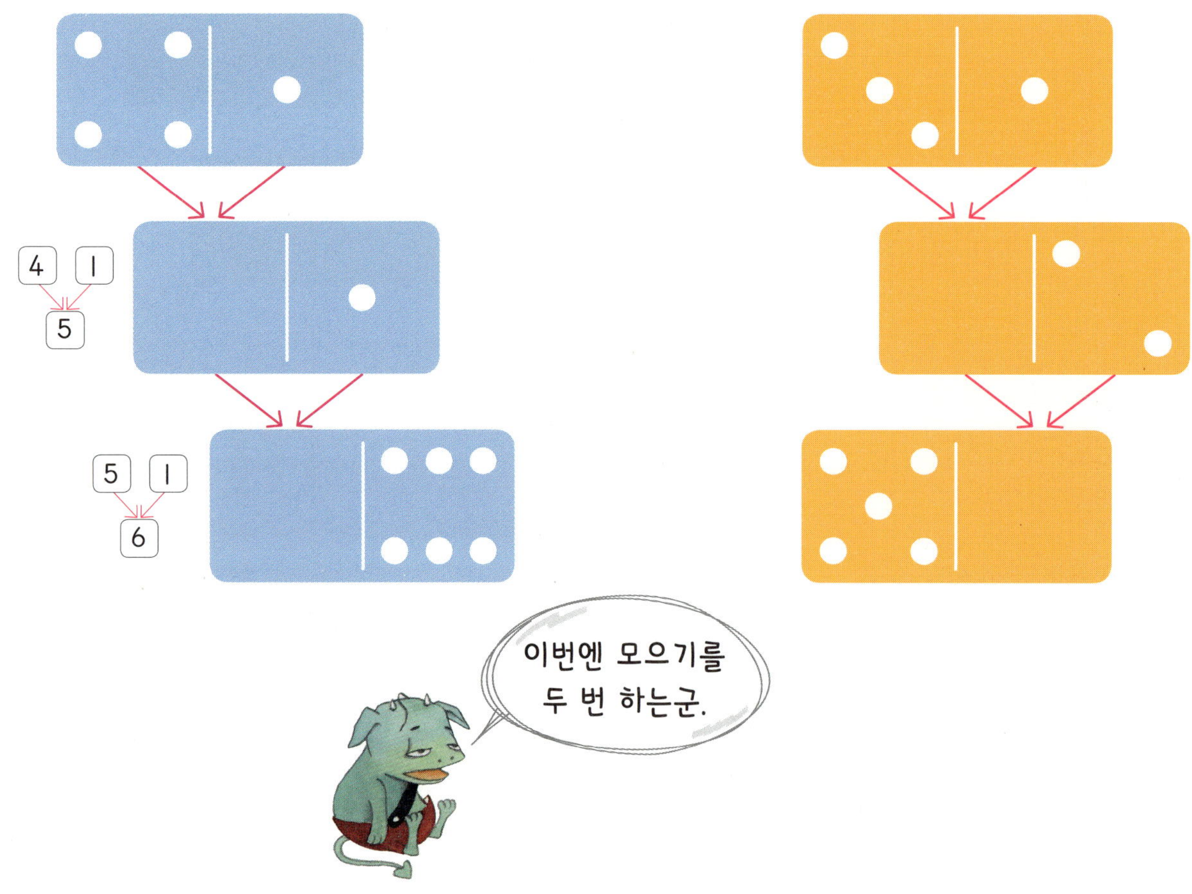

🌳 **도미노의 양쪽 점을 모았어요. 빈 곳에 알맞게 점을 그리세요.**

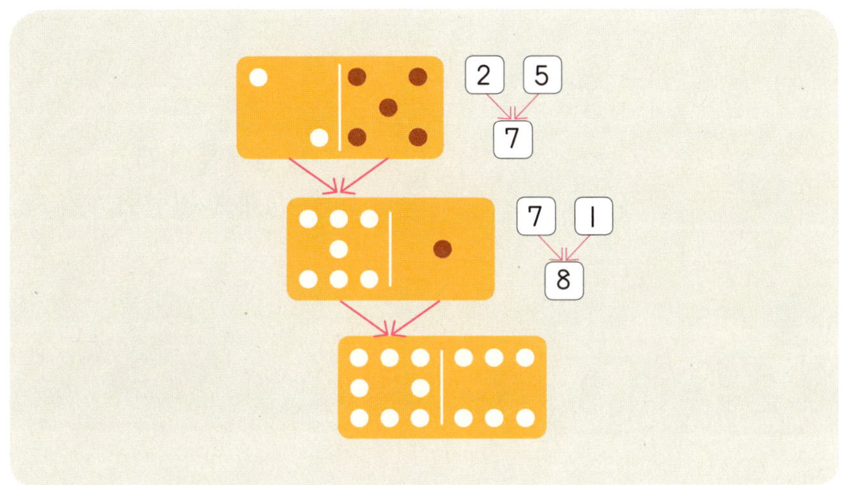

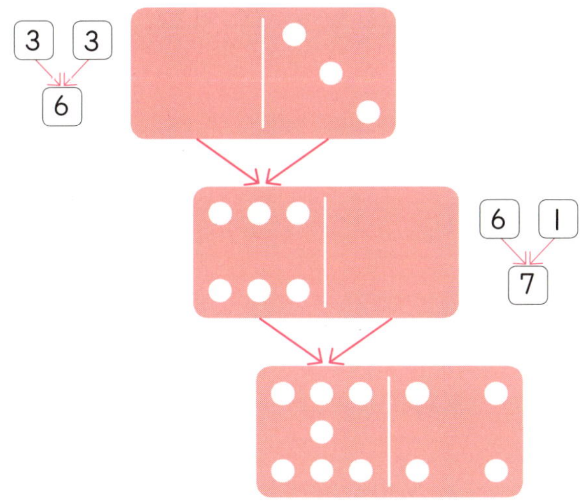

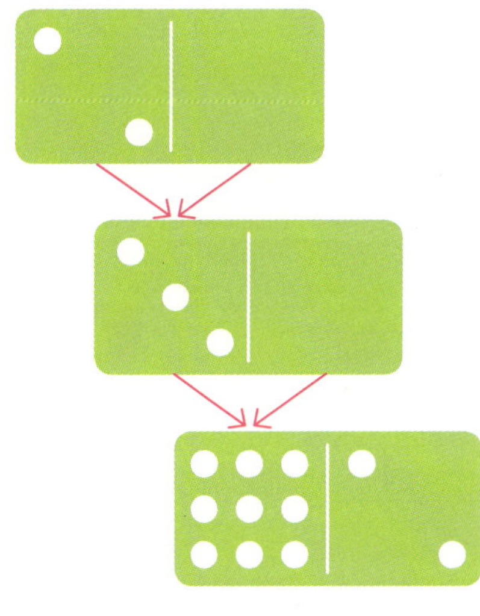

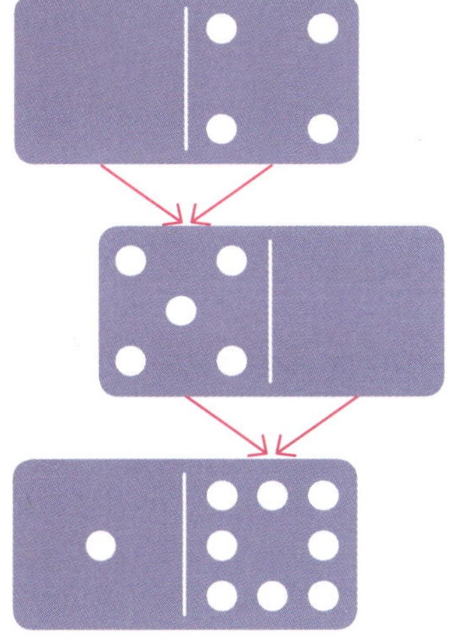

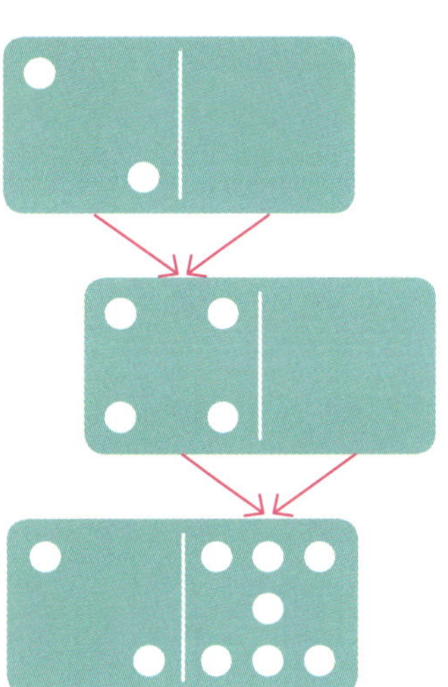

세 수 가르기와 모으기

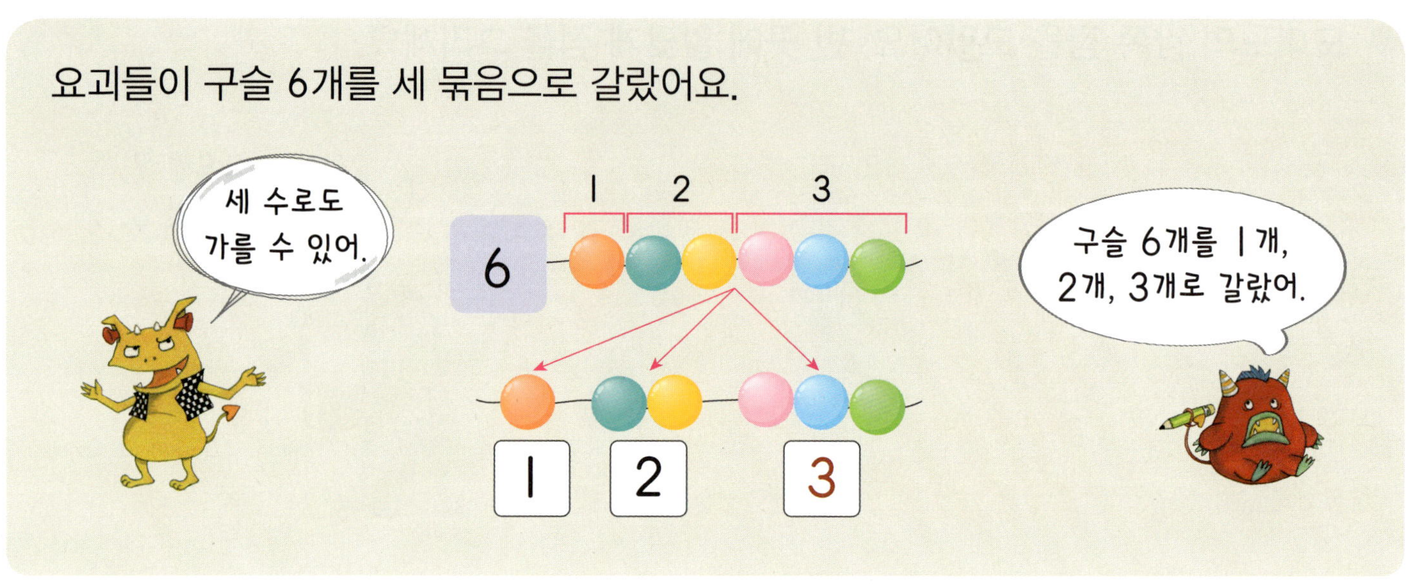

🌳 구슬을 세 묶음으로 갈랐어요. 빈 곳에 알맞게 ●를 그리고 수를 쓰세요.

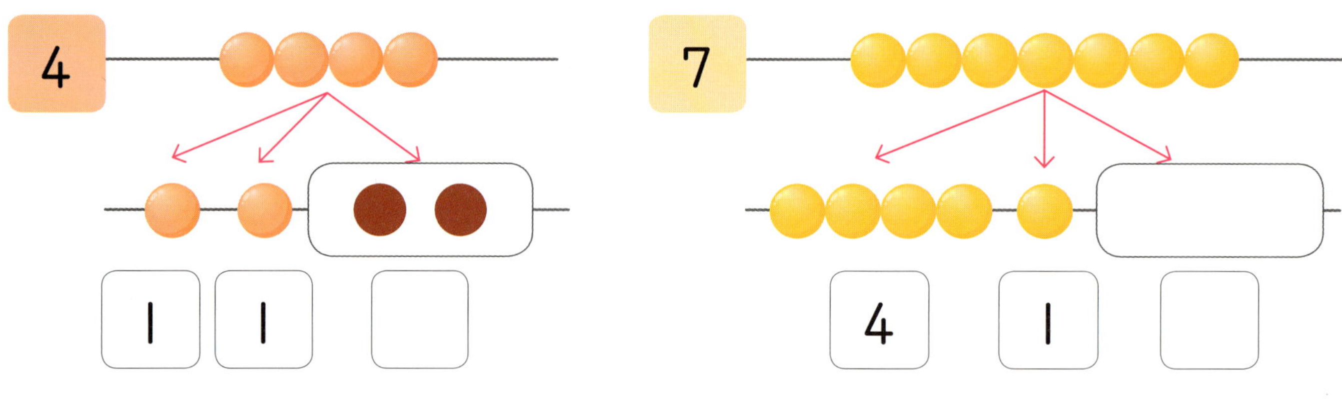

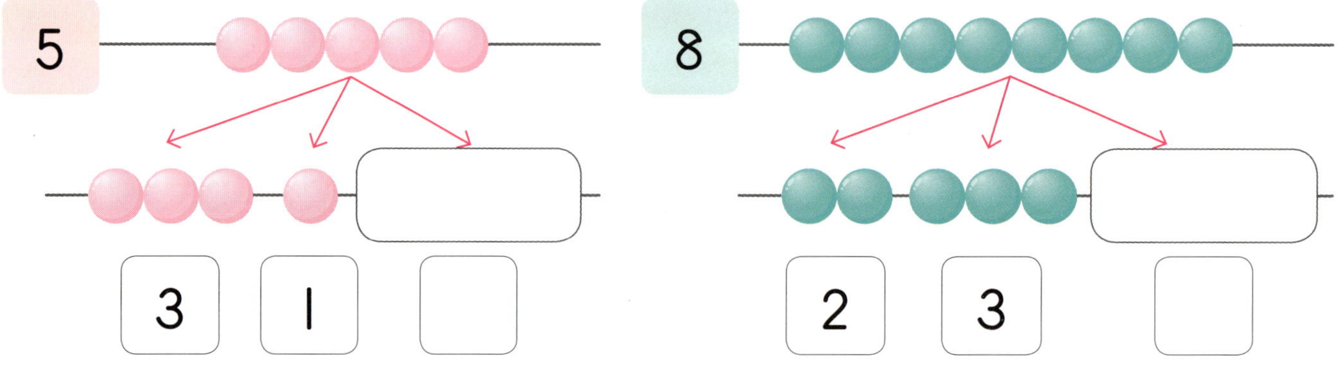

🌳 세 수로 갈랐어요. ☐ 안에 알맞은 수를 쓰세요.

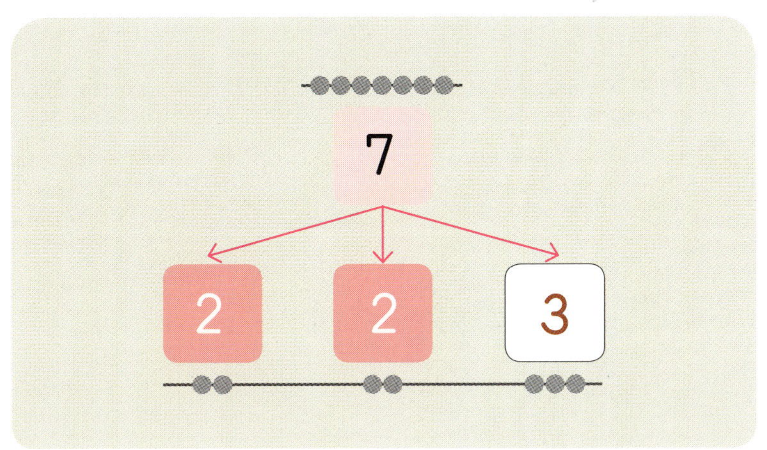

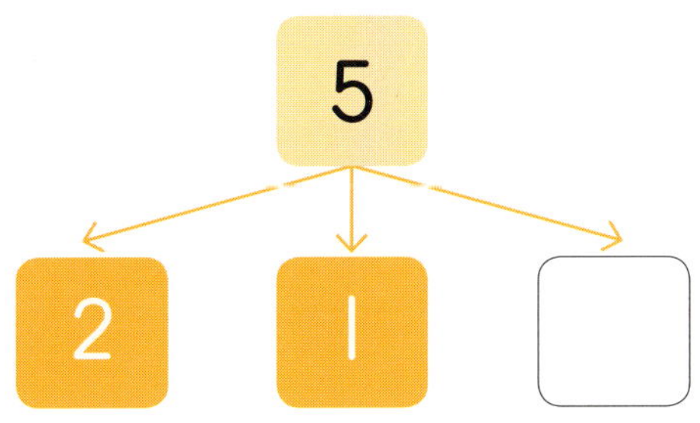

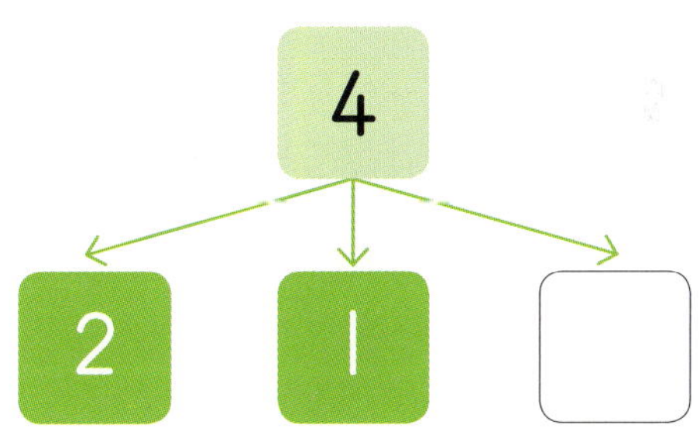

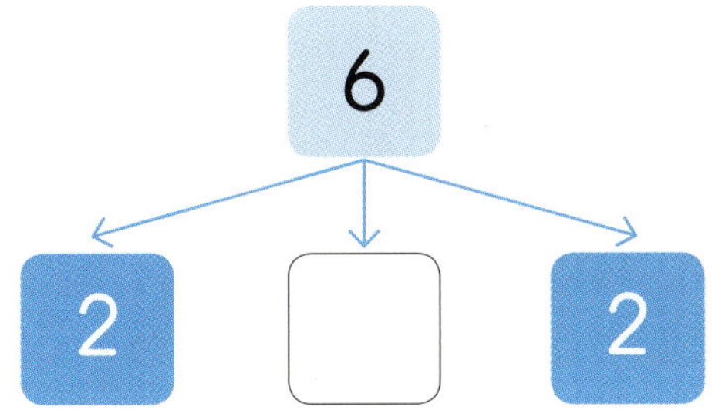

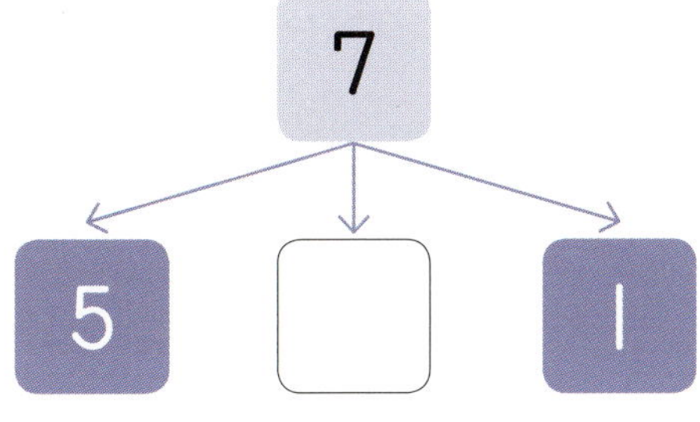

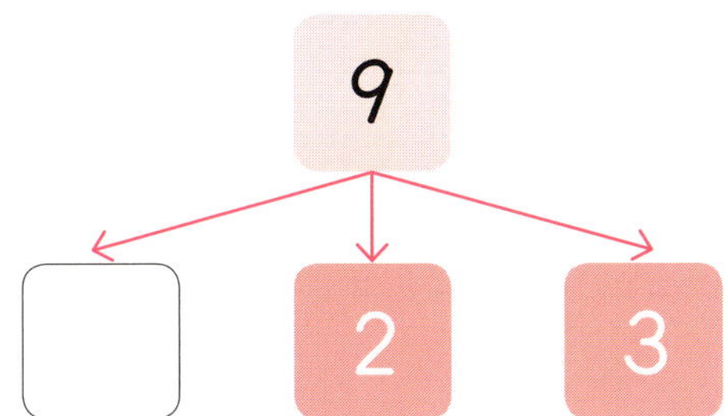

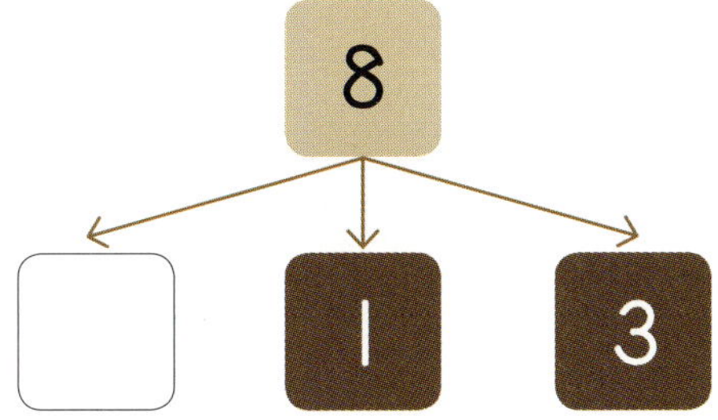

🌳 사탕을 모두 가운데로 모아 수를 세려고 해요. 빈 곳에 알맞은 수를 쓰세요.

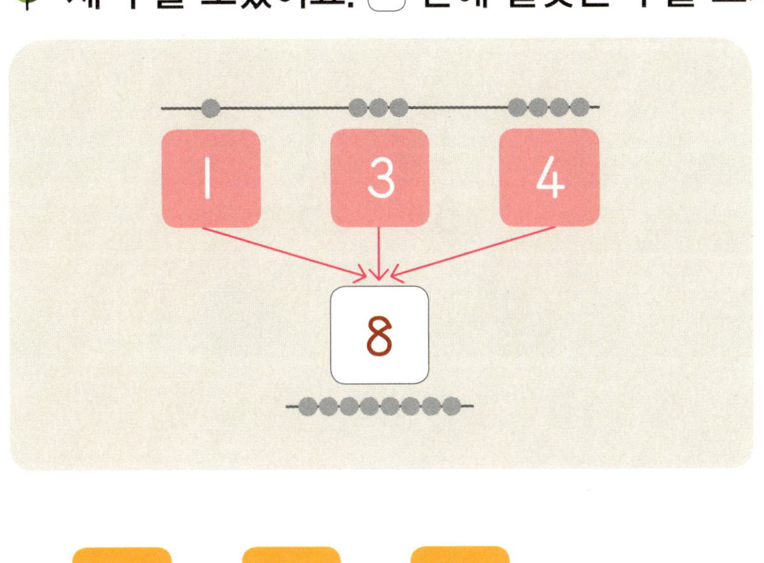

1개, 3개, 4개를
모두 모으면 8개.

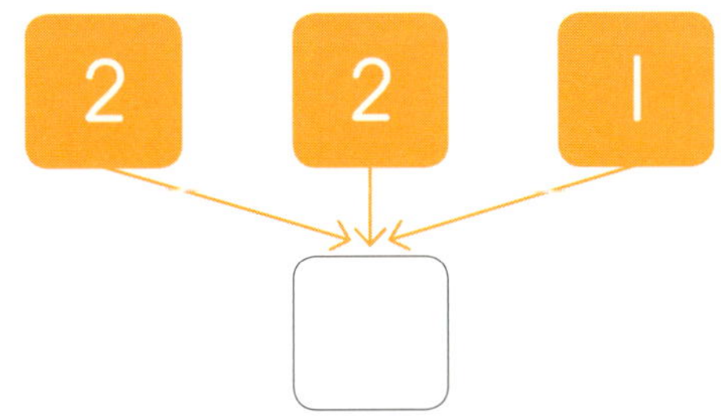

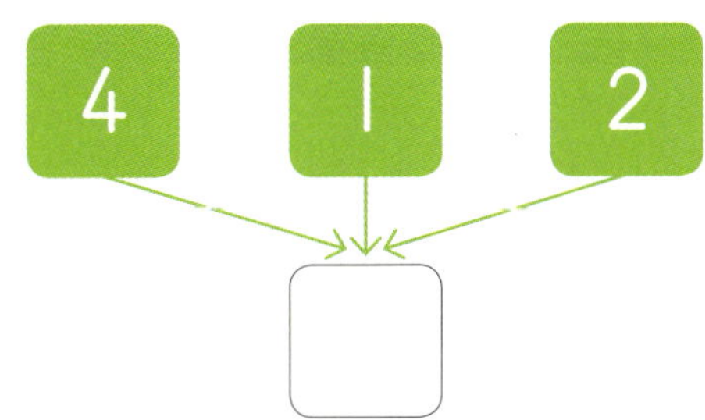

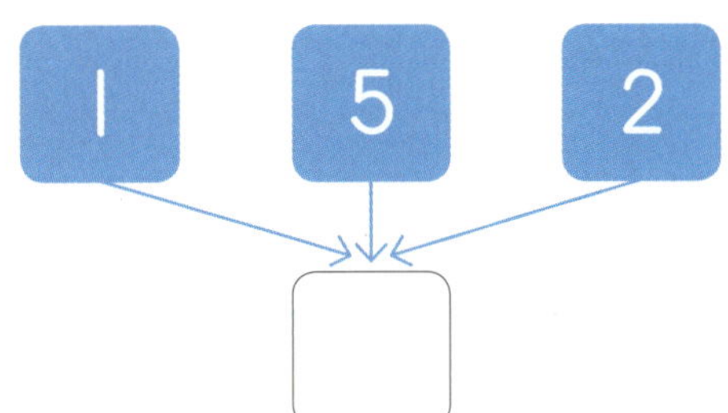

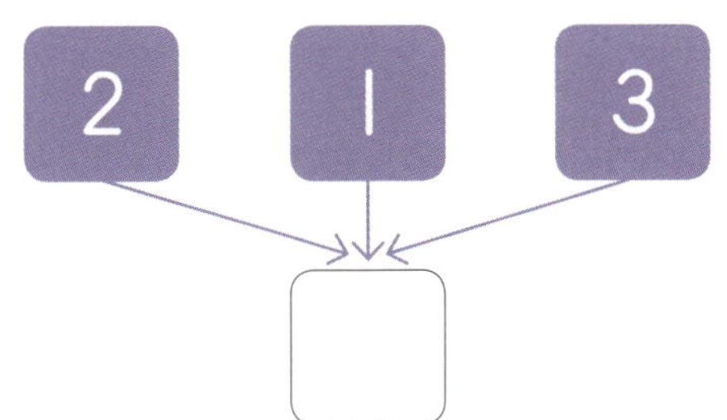

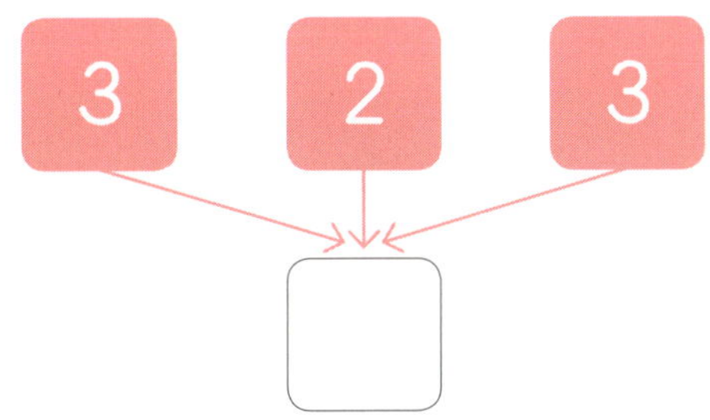

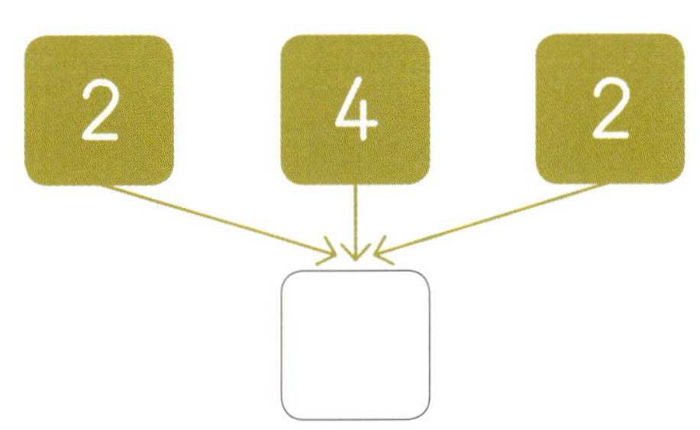

공부한 날

월

일

무엇을 배웠을까요

▲ 두 수로 갈랐어요. 빈 곳에 알맞은 수를 쓰세요.

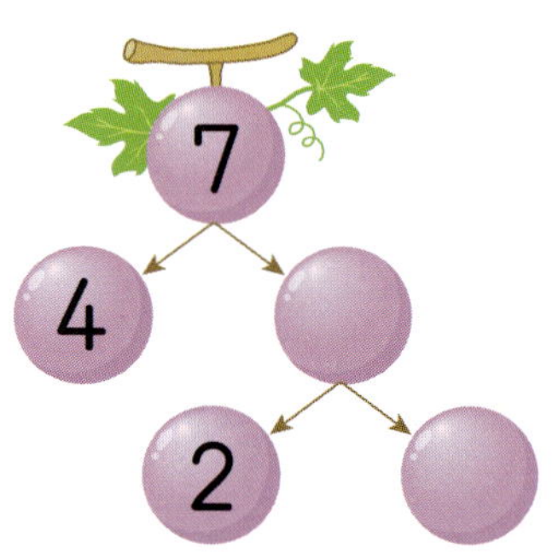

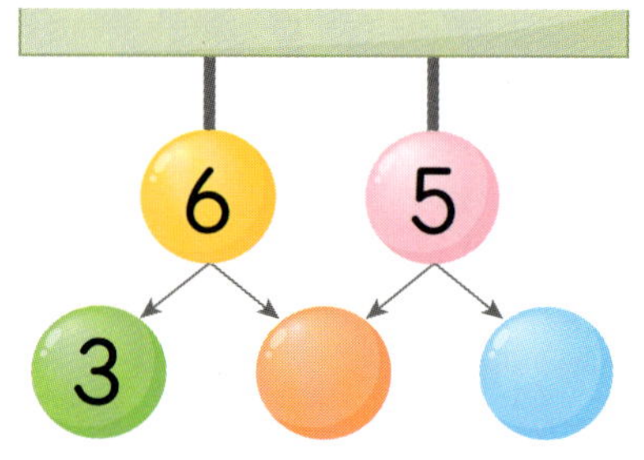

▲ 수를 가르고 또 갈랐어요. ☐ 안에 알맞은 수를 쓰세요.

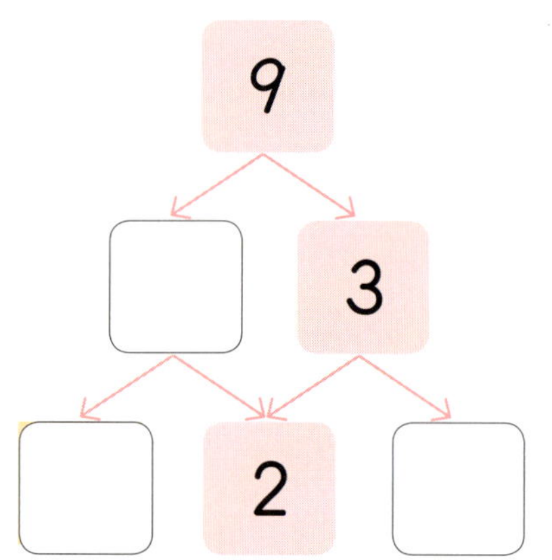

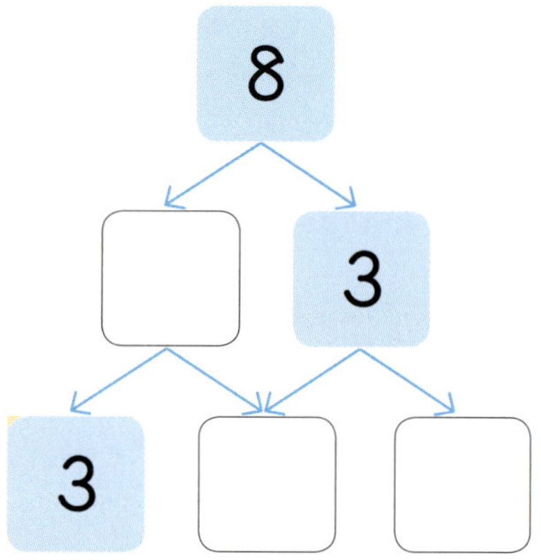

▲ 수를 모으고 또 모았어요. ☐ 안에 알맞은 수를 쓰세요.

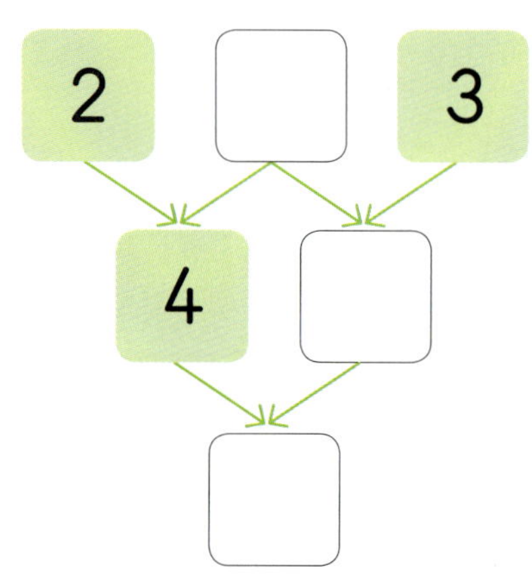

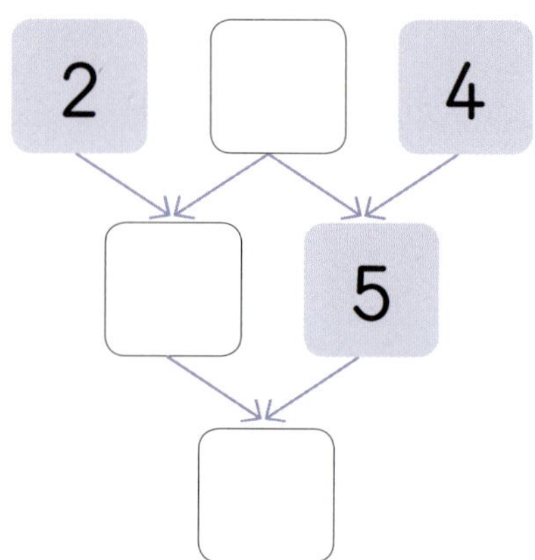

▲ 도미노 점을 갈랐어요. 빈 곳에 알맞게 점을 그리세요.

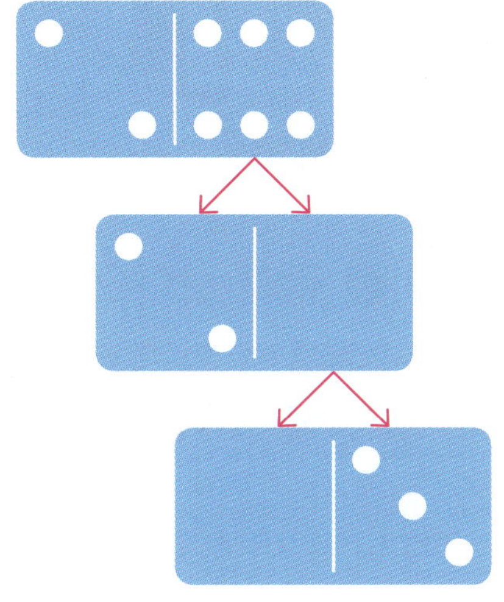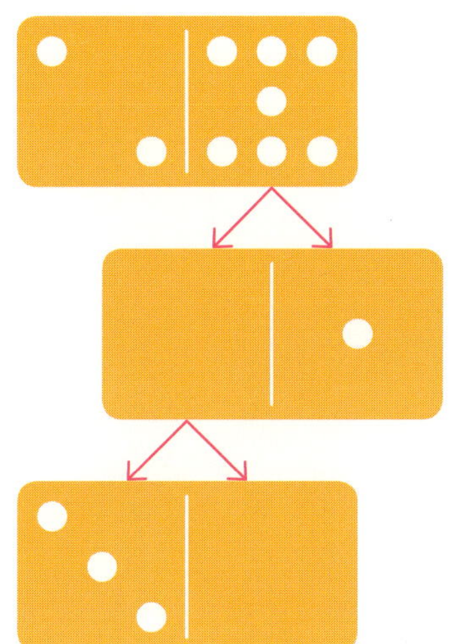

▲ 세 수로 갈랐어요. ☐ 안에 알맞은 수를 쓰세요.

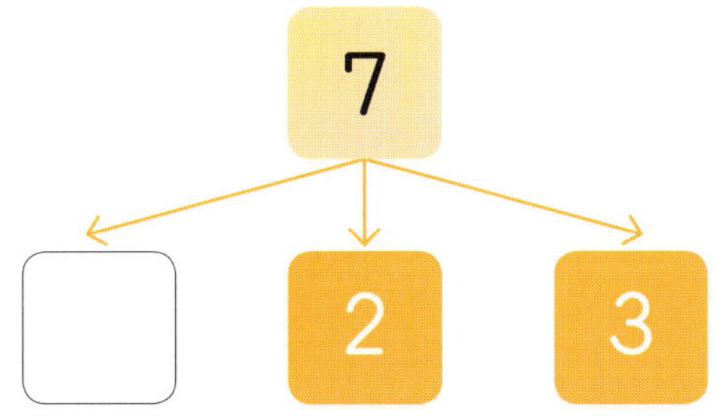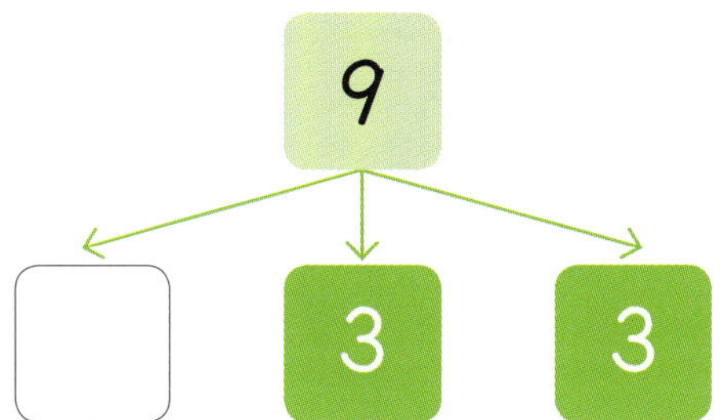

▲ 세 수를 모았어요. ☐ 안에 알맞은 수를 쓰세요.

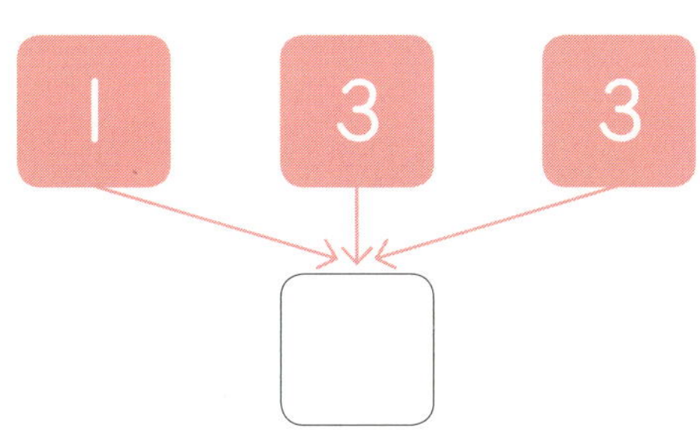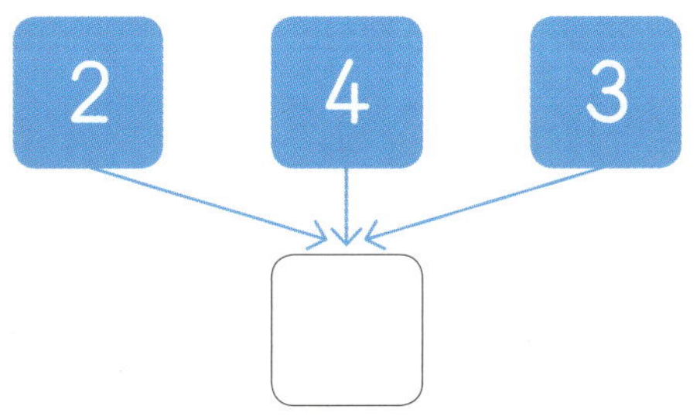

연산력 게임

신기한 수 가르기

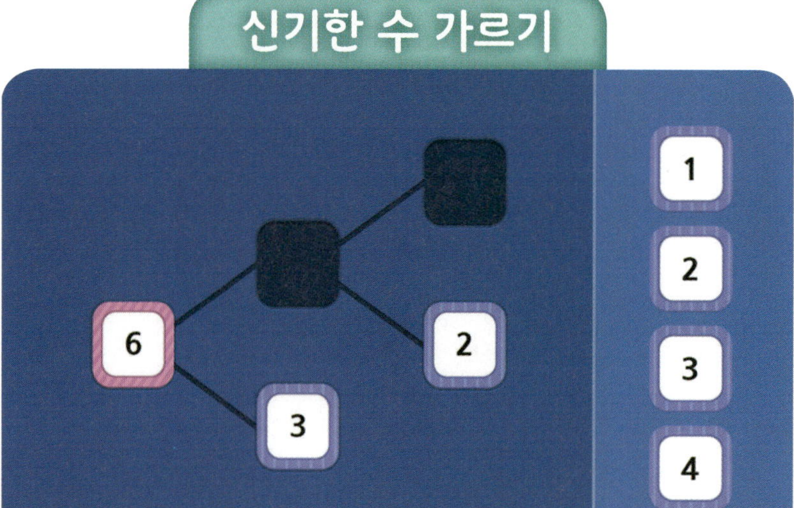

수를 두 번 갈라 보아요.

맨 왼쪽 수부터 차례로 갈라서 빈 곳에 들어갈 수를 오른쪽에서 찾아 손가락으로 끌어서 넣으세요.
3과 1을 차례로 넣으면 정답입니다.

수를 두 번 모아 보아요.

맨 왼쪽부터 두 수씩 모아서 빈 곳에 들어갈 수를 오른쪽에서 찾아 손가락으로 끌어서 넣으세요.
4와 9를 차례로 넣으면 정답입니다.

신기한 수 모으기

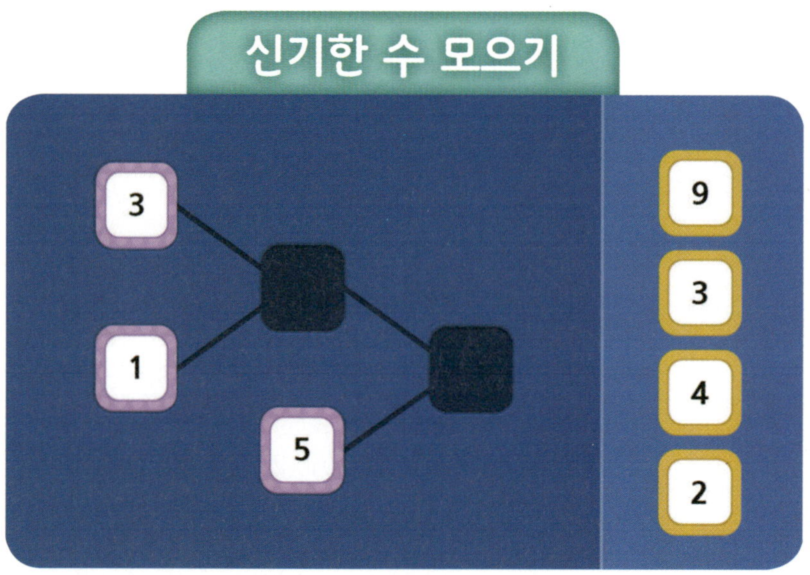

연산 보충 학습

❖ 두 수로 갈랐어요. ⬜ 안에 알맞은 수를 쓰세요.

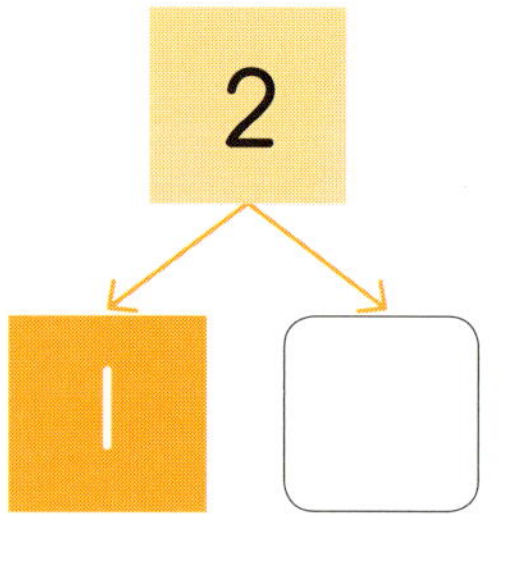

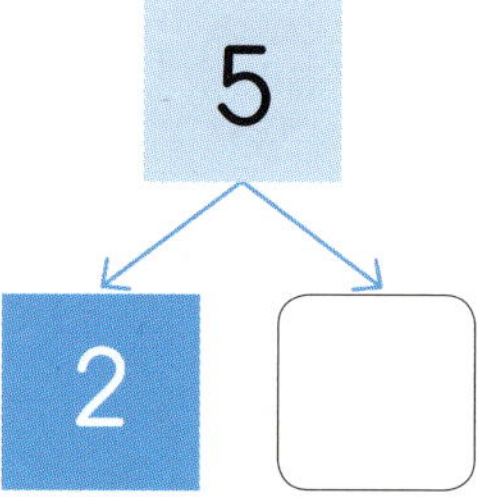

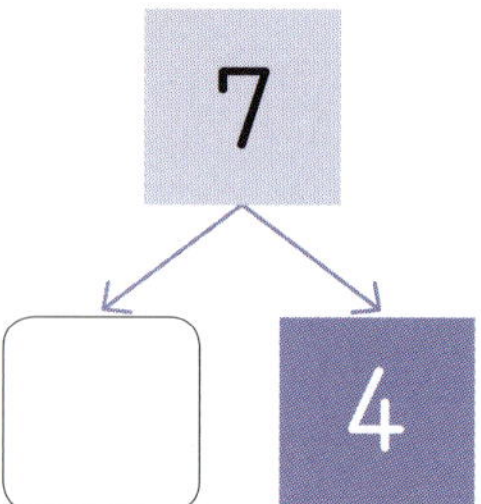

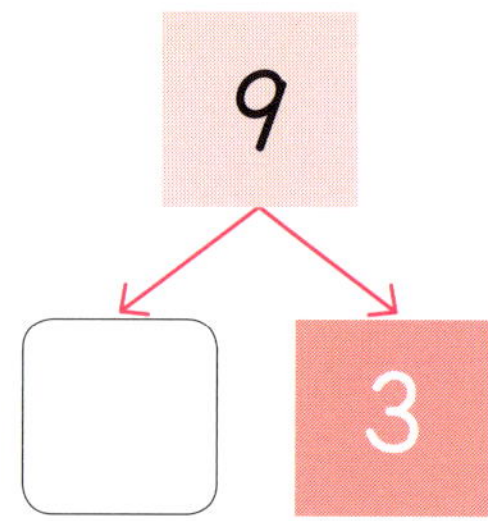

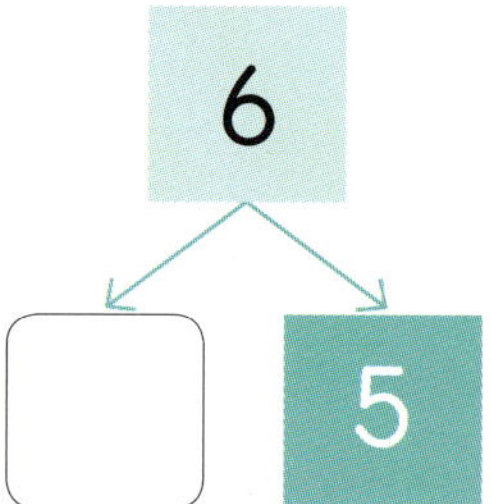

❖ 수를 여러 가지 방법으로 가르세요.

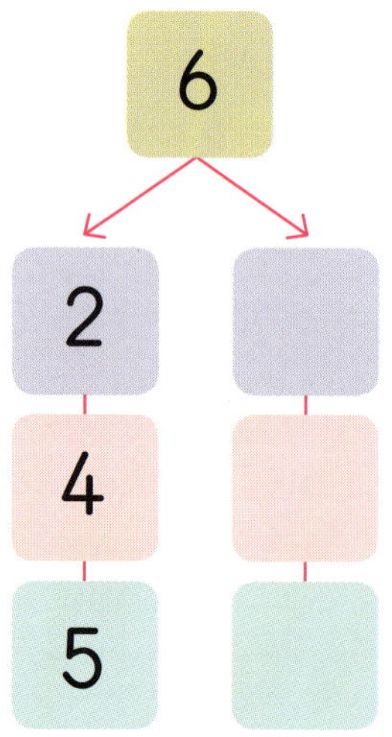

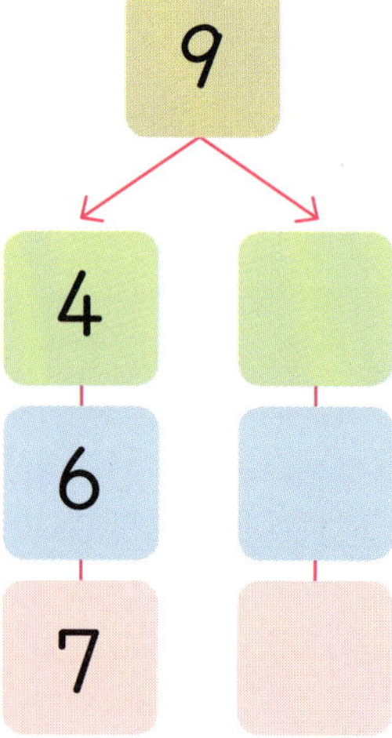

모으기

❖ 두 수를 모았어요. ◻ 안에 알맞은 수를 쓰세요.

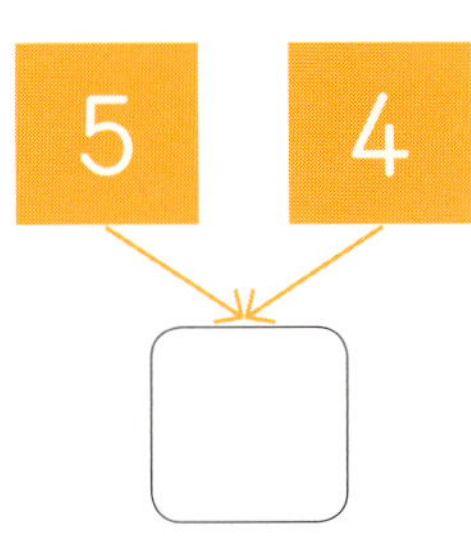  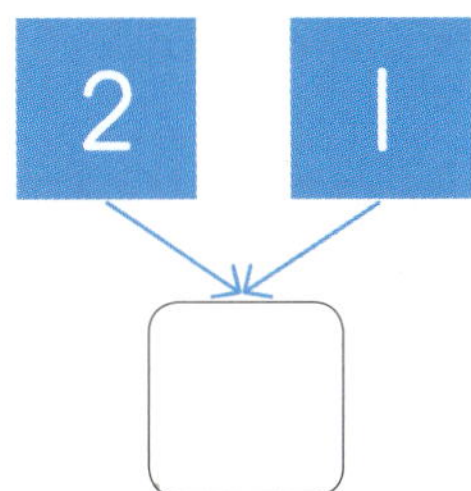

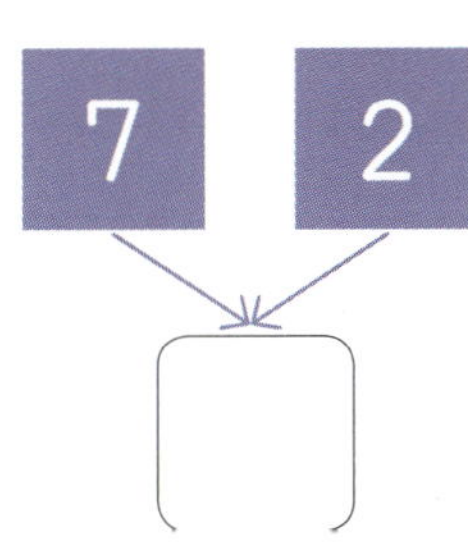 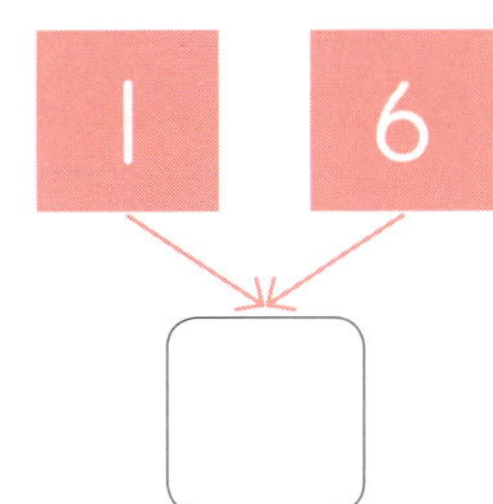 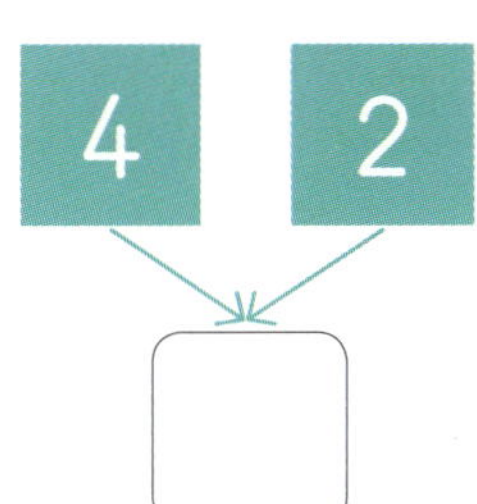

❖ 두 수씩 모았어요. ◻ 안에 알맞은 수를 쓰세요.

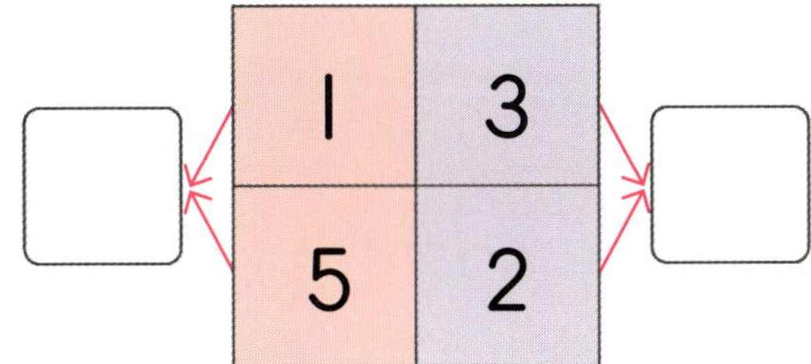 

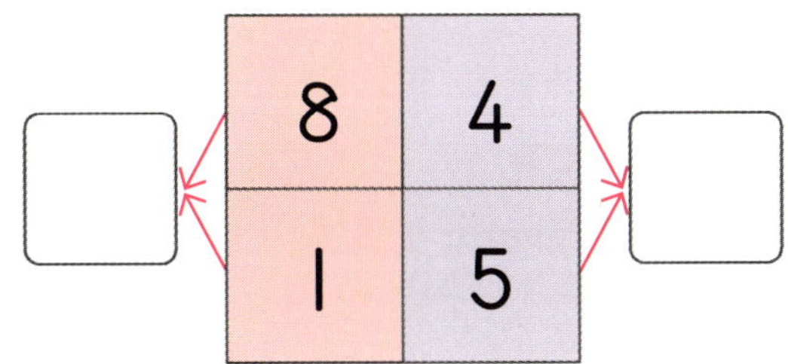 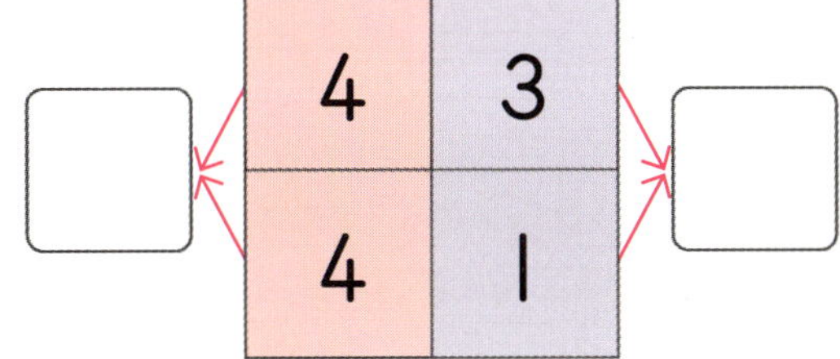

❖ 수를 네 방향으로 모았어요. ☐ 안에 알맞은 수를 쓰세요.

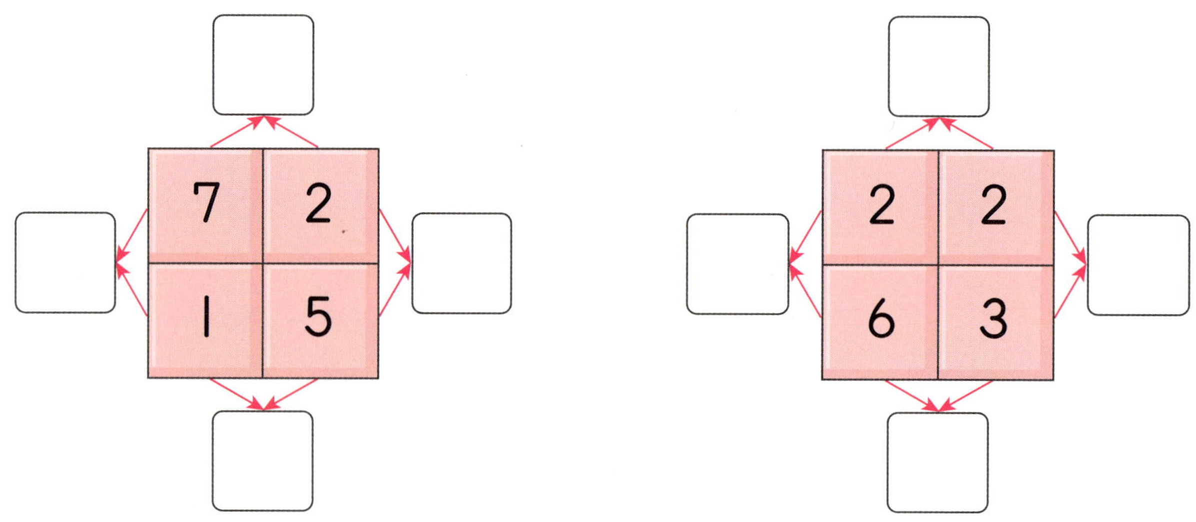

❖ 위쪽 두 수를 모으면 아래쪽 수가 돼요. ☐ 안에 알맞은 수를 쓰세요.

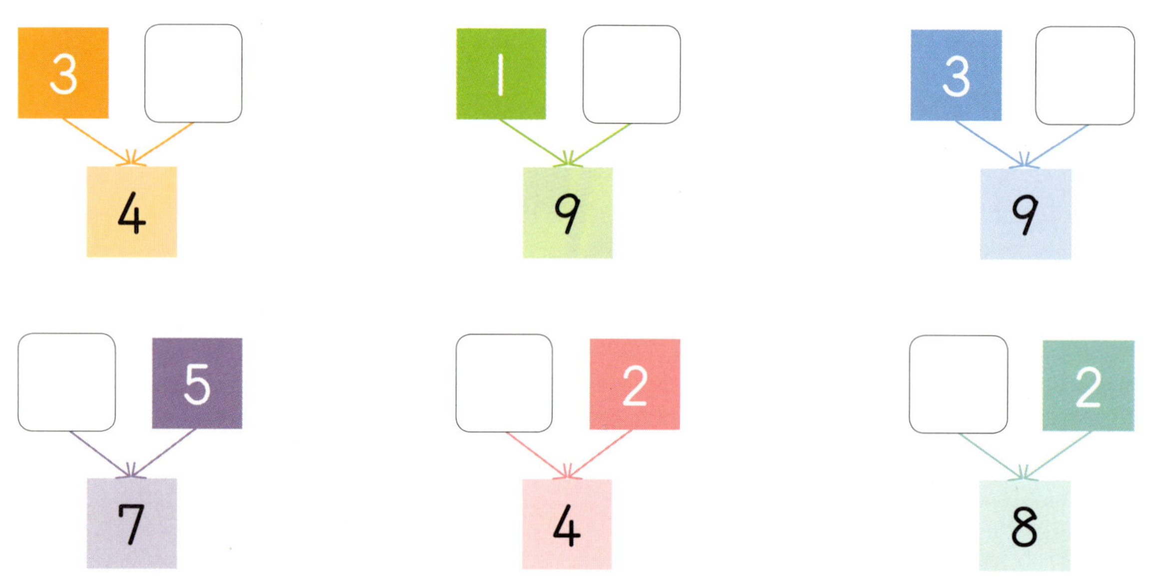

❖ 똑같은 두 수로 갈랐어요. ☐ 안에 알맞은 수를 쓰세요.

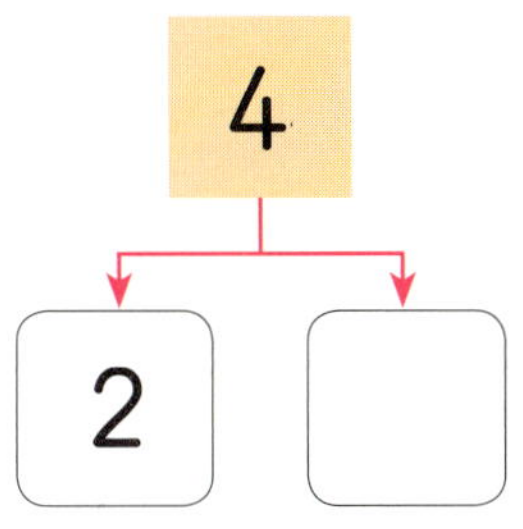
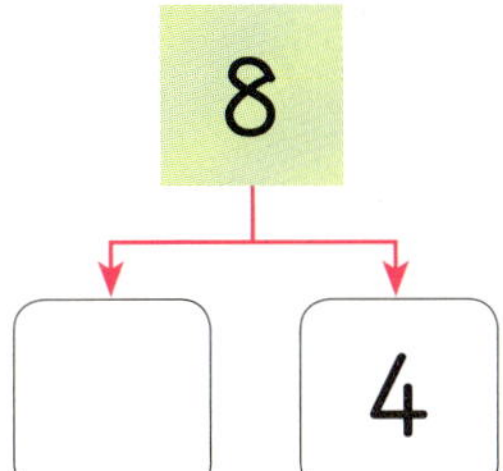
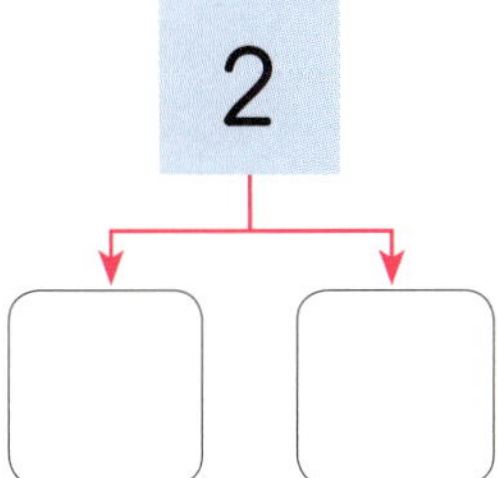
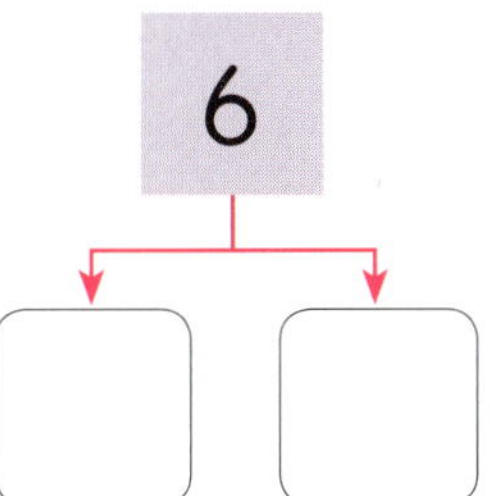
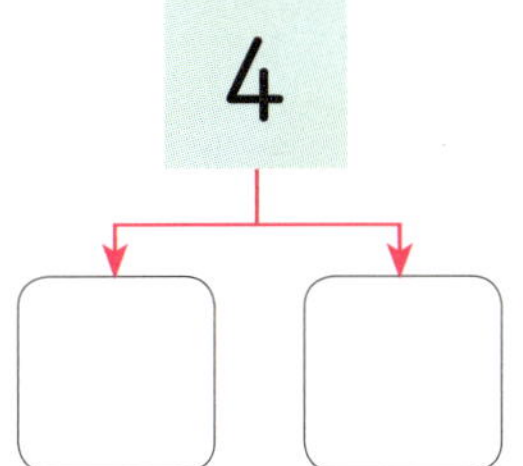
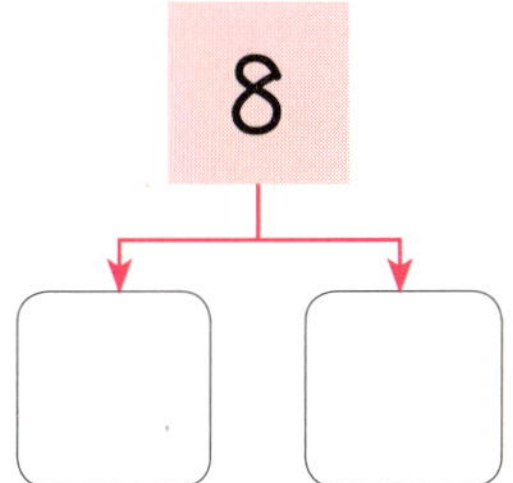

❖ 오른쪽이 I 큰 수가 되도록 두 수로 갈랐어요. ☐ 안에 알맞은 수를 쓰세요.

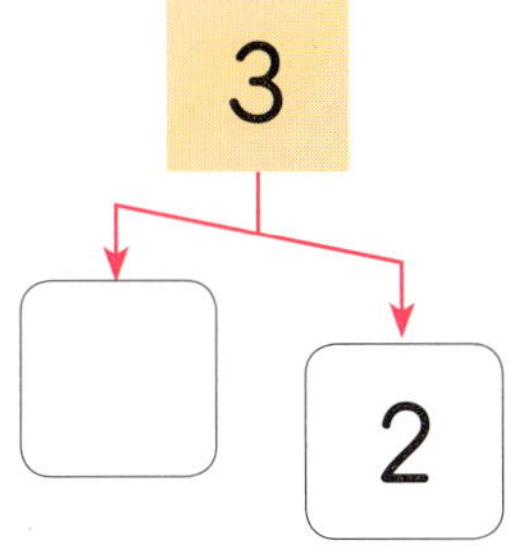
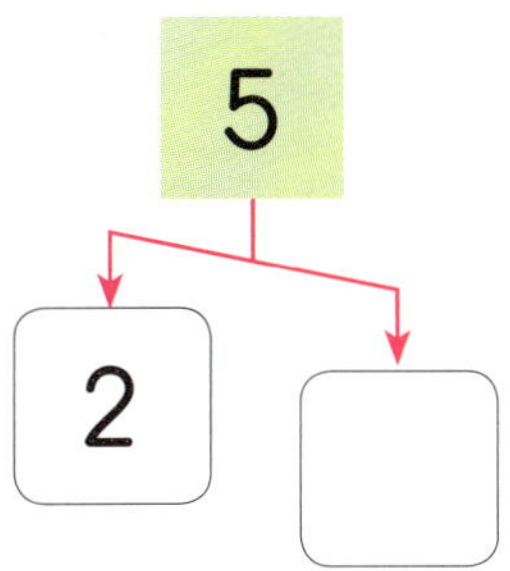
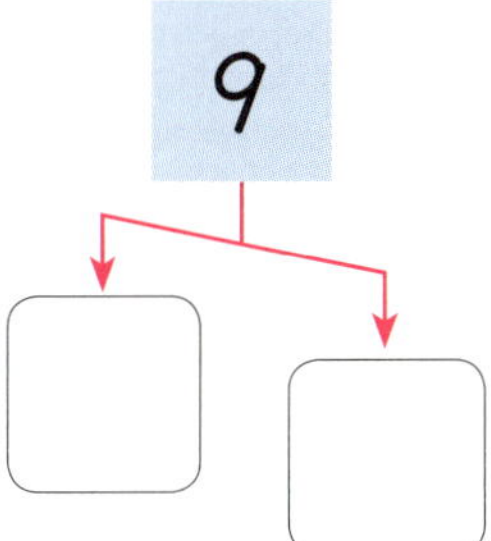
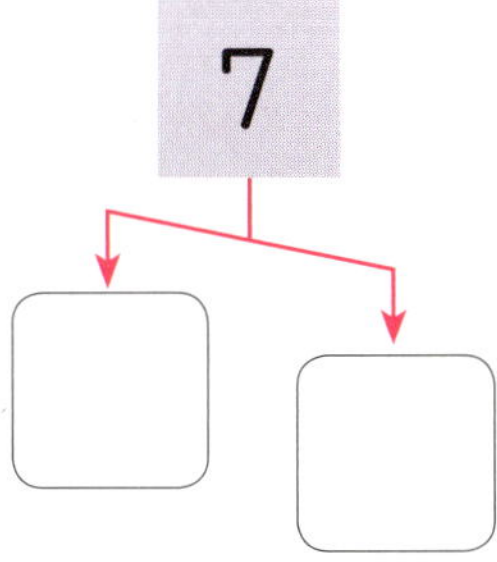
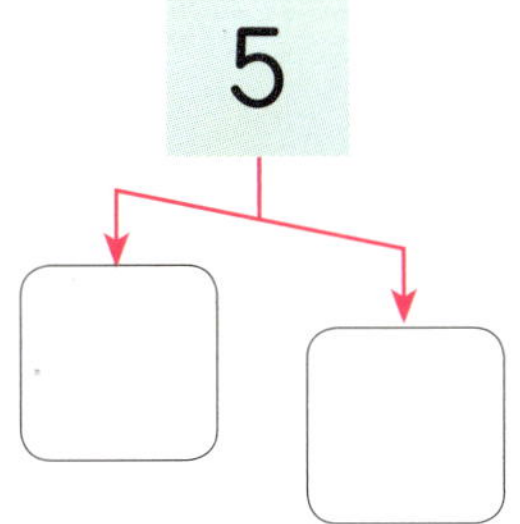
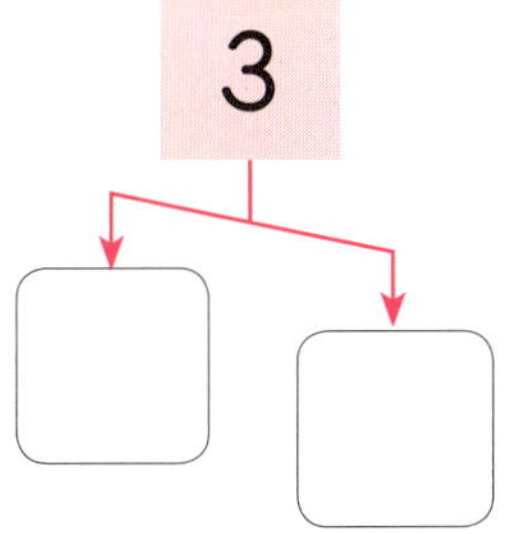

❖ 공에 적힌 수를 ☐ 안에 써넣어 두 수로 가르세요.

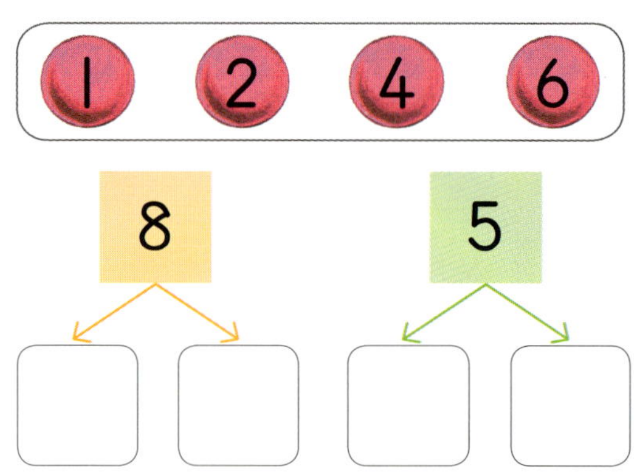

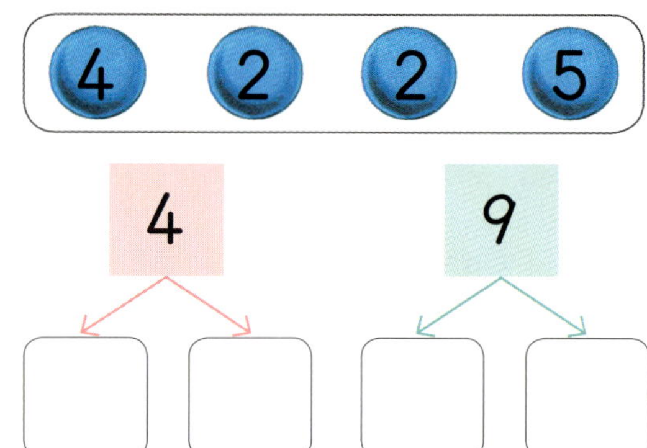

❖ 공에 적힌 수를 두 수씩 모아 아래 수가 되도록 ☐ 안에 알맞은 수를 쓰세요.

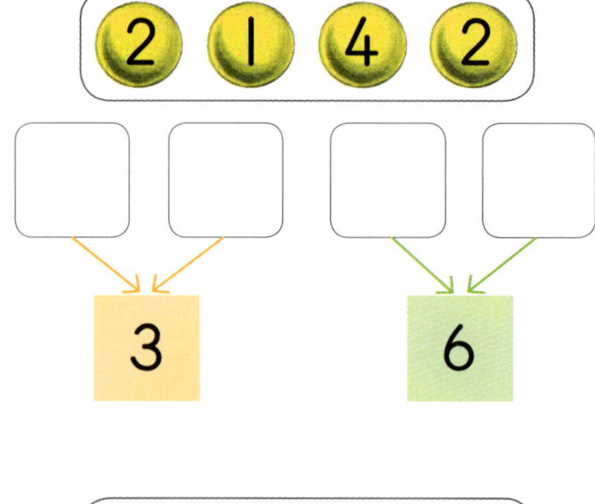

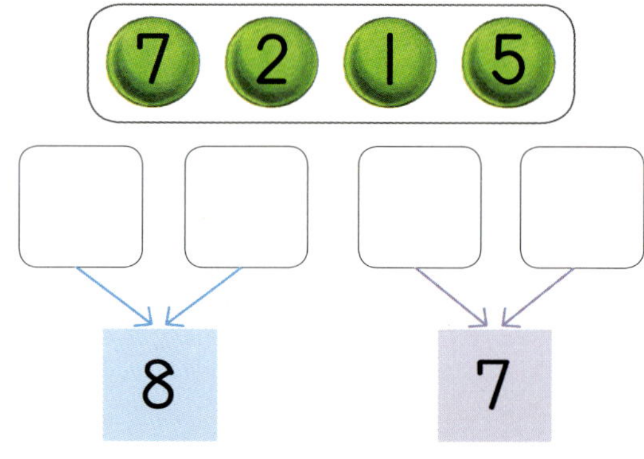

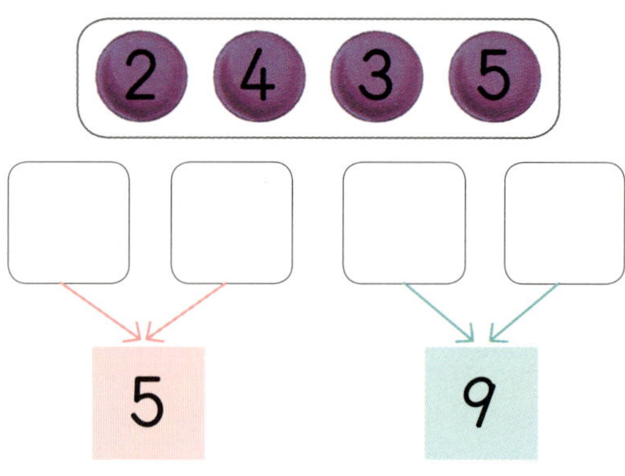

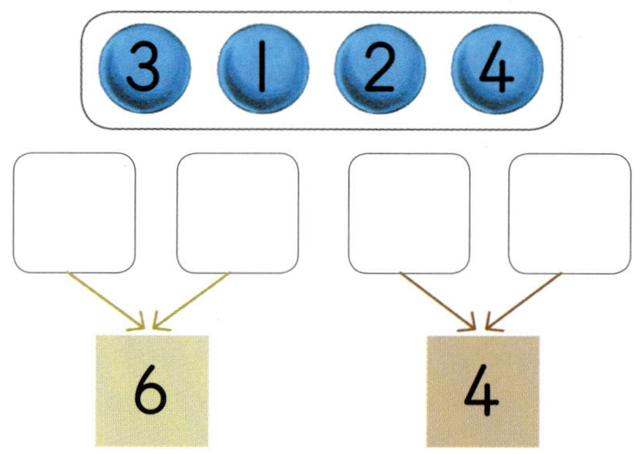

❖ 두 수로 갈랐어요. ☐ 안에 알맞은 수를 쓰세요.

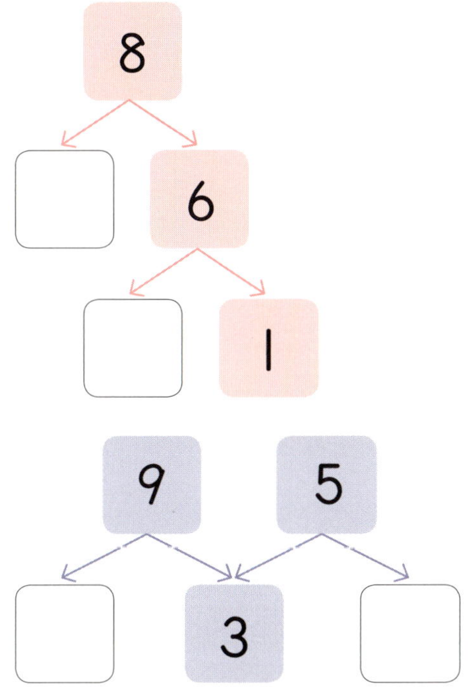

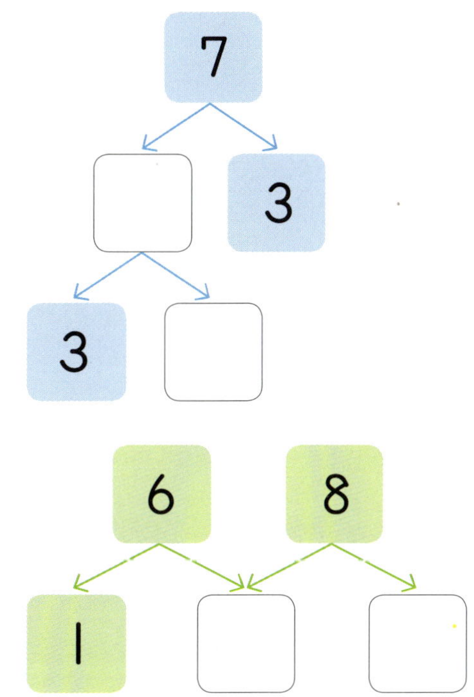

❖ 두 수를 모았어요. ☐ 안에 알맞은 수를 쓰세요.

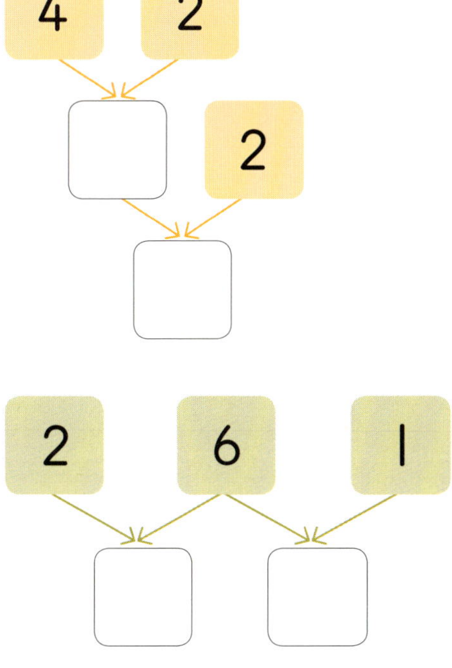

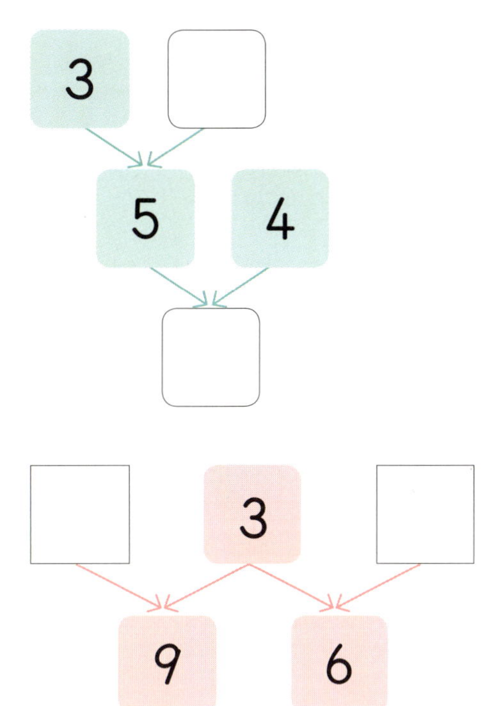

❖ 수를 가르고 또 갈랐어요. ☐ 안에 알맞은 수를 쓰세요.

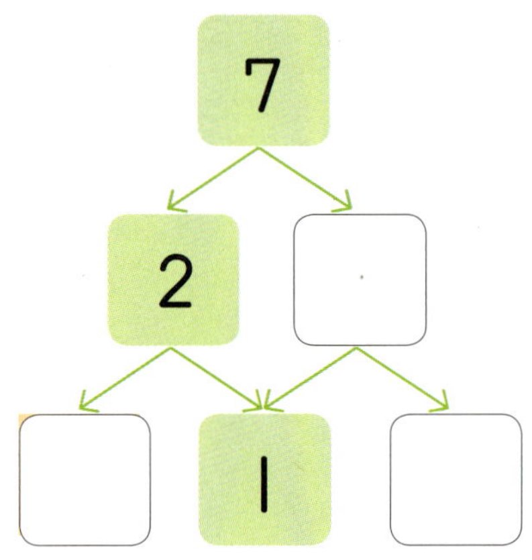 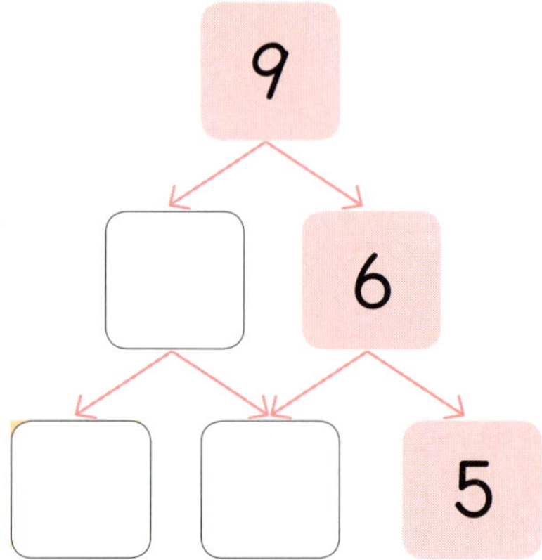

❖ 수를 모으고 또 모았어요. ☐ 안에 알맞은 수를 쓰세요.

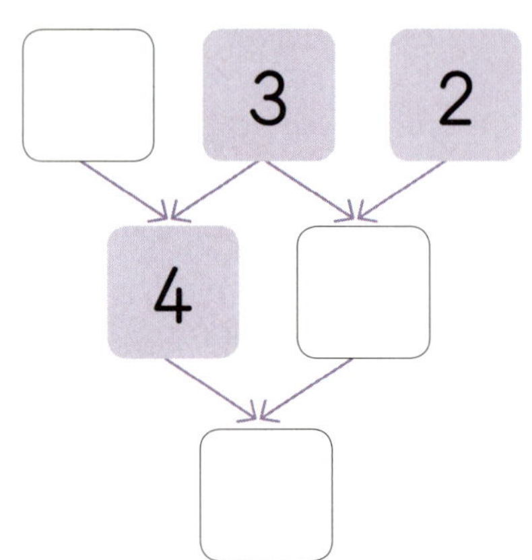 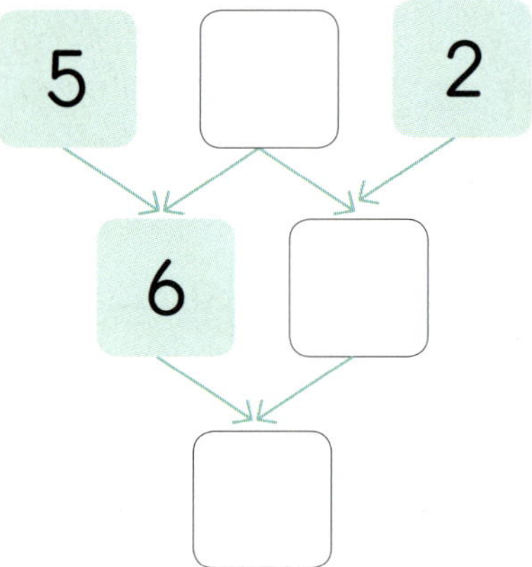

❖ ☐ 안에 알맞은 수를 쓰세요.

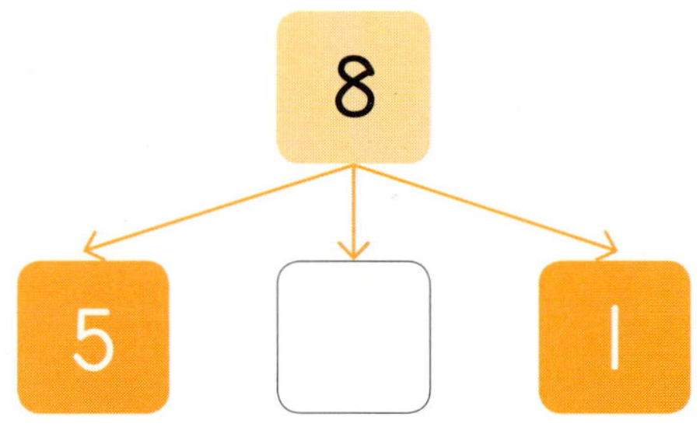 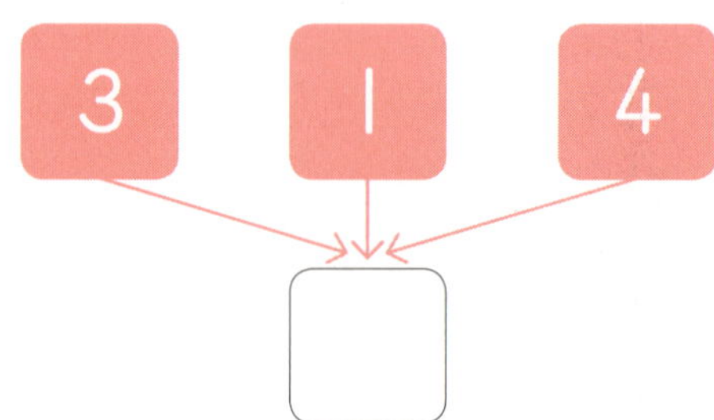